TABLE DES MATIÈRES

CHAPITRE Ier

ÉTAT ACTUEL DES PROBLÈMES
AUTOUR DE JOCUNDUS ET SON OEUVRE

§ 1. *La personne*

Parti d'Anvers pour leur grand voyage d'Italie, qui durerait du 22 juillet 1660 au 21 décembre 1662, et remontant le Rhin, les Bollandistes Godefroid Henschenius (1600–1681) et Daniel Papebrochius (1628–1714) firent un crochet pour recueillir des matériaux dans les bibliothèques de Trèves. A la bibliothèque de l'abbaye de Saint-Matthie ils examinèrent un manuscrit (actuellement le ms. 1138/46 de la Bibliothèque de la Ville de Trèves), qui contenait la Vie de saint Servais, composée par un prêtre du nom de *Jocundus* (notre Texte A). Ils en avaient, peut-être, appris l'existence par la bouche du recteur du Collège des Jésuites à Trèves dont le lointain prédécesseur Christophe Browerus (1561–1617) avait déjà consulté ledit manuscrit, sans toutefois rendre public le nom de l'auteur [1]. Sinon, ils en ont pris connaissance par le catalogue manuscrit de la bibliothèque de Saint-Matthie, catalogue qui date des années 1530 environ (actuellement le ms. 2229/1751 de la Bibliothèque de la Ville de Trèves) et qui donne en toutes lettres le nom de Jocundus: *Perg. Vita s. Servatii episcopi tongerensis edita per Jocundum presbiterum* [2].

Vingt ans après, en 1680, Henschenius a enfin pu livrer à l'imprimeur

---

[1] Christophorus Browerus et Jacobus Masenius, *Antiquitatum et Annalium Trevirensium libri XXV*, tom. I (Leodii 1670) 546: *Atque dignum hic memoratu, quod in actis s. Servatii, ex filii ore acceptum, scriptor aequalis, de Godefridi morte, literis mandavit.* Il s'agit d'un songe de Godefroid II le Barbu, duc de Lotharingie (1065–1069), raconté par Jocundus au chap. 56 de ses *Miracula sci Servatii* (éd. Koepke, p. 115). L'indication *scriptor aequalis* garantit que Browerus a puisé le récit dans le manuscrit de Jocundus. – Browerus rapporte aussi des récits qu'il a empruntés à un manuscrit des *Gesta sci Servatii*, conservé à la bibliothèque du collège des Jésuites de Coblence; voir tome I, p. 535: *Haec scriptor gravis, in actis sancti Servatii posthumis* (en marge: *MS. Colleg. Soc. Jes. Confl.*): récit relatif au domaine de Güls qui ne se trouve pas dans Jocundus, mais bien dans les *Gesta* (éd. Wilhelm, pp. 94–95).

[2] Josef Montebaur, *Studien zur Geschichte der Bibliothek der Abtei St. Eucharius-Matthias zu Trier*. Freiburg i. Br. 1931. no. 549, p. 105.

la vie de saint Servais avec quelques leçons du manuscrit de Trèves et divulguer ainsi le nom de son auteur [3]. D'extrême justesse, car en 1676 le Norbertin Guillaume Ricquaert, curé de Grimbergen (près de Bruxelles), l'avait devancé en mentionnant le nom de Jocundus dans un opuscule néerlandais de sa main, consacré à saint Servais, patron de sa paroisse [4]. N'ayant pas eu entre les mains cet opuscule [5], je n'ai pu établir, si Ricquaert a pris ce renseignement chez les Bollandistes à Anvers ou bien s'il en avait connaissance par le manuscrit de son abbaye de Grimbergen qui contient une Vie de saint Servais avec attribution explicite à Jocundus (actuellement le ms. 5 des Bollandistes: notre Texte B).

Ainsi, vers 1680, le nom de Jocundus est entré dans le domaine public par la presse, grâce surtout aux Bollandistes qui étaient écoutés du monde des savants. Fait d'importance inestimable, car le nom d'un auteur est le principal critère de son identité et de l'authenticité de son oeuvre. Avant d'ajouter foi à un auteur, il est nécessaire de nous assurer que son nom n'est pas un nom d'emprunt et que son oeuvre n'est pas une imposture.

Il est dommage que la découverte a eu lieu tant de siècles après la mort de l'auteur: siècles qui sont autant de siècles d'oubli total. L'indice que couvre le nom retrouvé, ne repose sur aucun témoignage étranger à l'oeuvre de l'auteur. C'est donc, en l'espèce, un indice

---

[3] AA. SS. Boll., Maii III (1680) 209–231. Au no. 39 (pp. 222–223) Henschenius rapporte que ledit manuscrit porte la notice marginale: *Hic mons est Mons S. Beati prope Confluentes, ubi Carthusiani habitant, ut dicitur, et reliquie huius gloriosi Seruacii ibi habentur copiose.* Or, une notice parfaitement identique se lit au bas du f. 52ᵛ du ms. 1138/46 (notre Texte A) de la Ville de Trèves, apposée au chap. 35 (de l'édition de Koepke) qui est identique au no. 39 de Henschenius. – A la page 227, Henschenius fait la remarque que le *miraculum de mortuo ressuscitato* se lit aussi *apud Iocundum qui historiam concludit cum anno 1088*. – C'est donc un fait avéré que, lors de leur visite à Trèves en 1660, les Bollandistes ont pris des extraits du manuscrit actuellement coté 1138/46 qui contient la Vie de saint Servais, composée par Jocundus.

[4] Gulielmus Recquart, *Leven van den H. Servatius, bisschop van Maastricht, Patroon van de parochiale kercke van Grimberghen*. Brussel 1676. Parmi les auteurs cités, en marge, on y trouvera le nom de Jocundus. Une réimpression parut à Bruxelles en 1742. – Natif de Bruxelles, Ricquaert prononça ses voeux à Grimbergen en 1653 et devint curé de la paroisse de Grimbergen qui était incorporée à son abbaye. Le patronage de saint Servais y est attesté depuis le milieu du XIIᵉ siècle. – La page du titre porte les sigles: G.R.P.G. (= Gulielmus Ricquaert Parochus Grimbergensis). Le nom est orthographié *Ricquaert* ou *Recquart*.

[5] Je m'en rapporte à J. Notermans, *Cultus, vita en legende van Sint Servaas*, dans: Limburg, XLVII (1968) 117–128, 163–183; spéc. à la p. 127 (description de l'impression de 1676). L'opuscule de Ricquaert est devenu rarissime. La *Bibliotheca Catholica Neerlandica Impressa* (La Haye 1954), no. 13530, n'en mentionne qu'un seul exemplaire: l'exemplaire que, en 1902, avait en sa possession le chanoine L. Goovaerts O. Praem., auteur des *Ecrivains ... de l'Ordre de Prémontré*. Voir le tome II (Bruxelles 1902), p. 93 de cet ouvrage, au mot: *Ricquaert (Guillaume)*. Un autre exemplaire se trouve à Bonn (Institut für geschichtliche Landeskunde); voir: Matthias Zender, *Räume und Schichten mittelalterlichen Heiligenverehrung* (Düsseldorf 1959), p. 63 à la note 22.

purement interne. Faute d'indices externes, l'historien en est réduit à la seule méthode de la convergence des indices internes. Heureusement, les indices internes ne font jamais absolument défaut, car tout auteur – même de pure fantaisie – nous instruit sur lui-même. Leur nombre s'est accru considérablement à la suite de l'édition d'une partie de l'oeuvre, faite par R. Koepke en 1856.

Voyons, comment les historiens ont exploité l'indication d'auteur, révélée par les Bollandistes en 1680, et les autres indices internes que l'édition de Koepke y a joints en 1856. Commençons par le premier et principal de ces indices: la formule d'indication d'auteur qui est, pour ainsi dire, un signalement.

Voici ce signalement de Jocundus, rendu d'après ses propres paroles: *homo alienus, presbiter indignus nomine Iocundus* (*Vita*, Texte A, chap. 2, début du prologue) ou *ego homo alienus, presbiter indignus nomine Iocundus* (*Vita*, Texte B, chap. 145, à l'épilogue). Puis il y a le Texte C qui, dans l'en-tête, est annoncé comme un *Excerptum de libro Jocundi presbyteri*. Sur l'orthographe du nom aucun doute n'est possible. La leçon *Jucundus*, introduite par Henschenius en 1680 et maintenue en 1688 [6], n'est attestée par aucun manuscrit. Aussi Guillaume Cuperus (1646–1741) a-t-il eu soin de réparer cette erreur de son prédécesseur, quand, en 1725, il fit paraître les vies des saints Monulphe et Gondulphe qui sont tirées du texte de Jocundus [7].

On voit, dans la suite, combien les auteurs d'expression française hésitent à rendre en français le nom latin, et à quel point ceux qui ne partagent pas leur scrupule, se trouvent en divergence. Des Pères Mauristes [8] à l'Abbé Balau, de 1747 à 1903, ces derniers n'ont pas cessé d'employer la forme *Joconde*. Seule voix discordante: celle de l'Abbé Ulysse Chevalier (1877) qui a avancé la forme *Jocond* [9], mais, autant

---

[6] AA. SS. Boll., Maii III (1680) 222 ss. (*Jucundus*, à côté de *Jocundus*; Maii VII (1688), Tractatus preliminaris, pp. XXI-XXII, nos. 10 et 12.

[7] AA. SS. Boll., Julii IV (1725) 152–164, spéc. p. 156 n. 17 et p. 158 n. 2. – La fausse variante *Jucundus* est trouvée encore chez Paquot (1770) et Van Arenbergh (1889); voir ci-après, à la note 8.

[8] *Histoire littéraire de la France*, VIII (Paris 1747) 341–344. – J. N. Paquot, *Mémoires pour servir à l'histoire littéraire des dix-sept provinces des Pays-Bas, de la principauté de Liège et de quelques contrées voisines*, III (éd. en-fol., Louvain 1770) 160; et XIV (éd. en-4to. Louvain 1770) 208: *Juconde*, à côté de *Joconde*. – A. Sevestre, *Dictionnaire de patrologie*, III (Petit-Montrouge 1854) 900–902. – A. Wauters, *Table chronologique des chartes et diplômes imprimés concernant l'histoire de la Belgique*, I (Bruxelles 1866) 569. – Em. Van Arenbergh, dans: *Biographie nationale de Belgique*, X (Bruxelles 1889) 499–500 (*Juconde*, à côté de *Joconde*). – Sylvain Balau, *Etude critique des sources de l'histoire du Pays de Liège au moyen-âge* (= Mémoires couronnés et mémoires des savants étrangers publiés par l'Académie royale des sciences, des lettres et des beaux-arts de Belgique. tome LXI). Bruxelles 1902–1903. pp. 312–320.

[9] Ulysse Chevalier, *Répertoire des sources historiques du Moyen-Age. Bio-bibliographie*. 1ere éd. (Paris 1877–1886), col. 1296; 2e éd. (Paris 1905), col. 2641.

que je sache, aucun historien ne lui a fait écho. La forme *Josse*, employée une seule fois par Dom H. Leclercq (1931) à côté de la forme *Jocundus* dont il se sert à l'ordinaire [10], n'a elle non plus fait école. Résumant, nous pouvons établir que, depuis 1903, les médiévistes et théologiens d'expression française se servent à l'unanimité de la forme latine *Jocundus*, attestée par les manuscrits A, B et C, pour désigner le biographe de saint Servais [11], ce que font également leurs confrères étrangers.

Pourquoi hésite-t-on à attribuer au biographe de saint Servais le nom de *Jocond* dont on se sert sans scrupule pour désigner les nombreux saints du nom de *Jocundus* ? [12] La forme *Jocond*, il est vrai, se prête moins à l'équivoque et à certaines associations désobligeantes que la forme *Joconde*, mais cet avantage ne retire rien aux obstacles d'ordre méthodologique qui, en l'espèce, sont inhérents aux deux formes et qui ont éveillé la circonspicion des historiens.

La forme *Jocundus*, dans ce contexte, recouvre-t-elle un adjectif ou un nom de personne ? un prénom ou un nom patronymique [13] ?, ou bien un toponyme [14] ? S'agirait-il d'un nom de religion ? d'un nom de plume ? ou, peut-être, d'un *senhal* littéraire ? On ne peut plus négliger ce problème, depuis que Friedrich Wilhelm (1910) [15] a voulu prétendre que Jocundus ne nous a pas donné son vrai nom et que Bruno Krusch (1912) [16] s'est associé à cette opinion présomptueuse. Il faut tenir

---

[10] H. Leclercq, *Maestricht*, dans: *Dictionnaire d'archéologie chrétienne et de liturgie*, X, 1 (Paris 1931), col. 948: *Le prêtre Josse* (à côté de la forme *Jocundus*).

[11] A. Poncelet, dans: Analecta Bollandiana, XXIX (1910) 351 (compte-rendu de l'ouvrage de Friedr. Wilhelm). – L. Duchesne, *Fastes épiscopaux de l'ancienne Gaule*, III² (Paris 1915) 188. – H. Leclercq, *Maestricht*, dans: *Dictionnaire d'archéologie chrétienne et de liturgie*, X (1931) c. 922–977, spéc. aux cc. 940–941 (mais à côté de la forme *Josse*). – E. de Moreau, *Histoire de l'Eglise en Belgique*, I (Bruxelles 1940) 230, et 2ᵉ éd. (Bruxelles 1945) 241. – Jos. De Ghellinck, *L'essor de la littérature latine au XIIᵉ siècle*, II (Paris 1946) 182. – Michèle de Vuyst, *Monulfo di Tongres*, dans: *Bibliotheca Sanctorum*, IX (Rome 1967) 577–583. – A. D'Haenens, *Les invasions normandes en Belgique au 9ᵉ siècle. Le phénomène et sa répercussion dans l'historiographie médiévale*. Louvain 1967. pp. 245–247. – Baudouin de Gaiffier, *Etudes critiques d'hagiographie et d'iconologie*, Bruxelles 1967. p. 426.

[12] Particulièrement significative est la façon dont le Père Edouard de Moreau, *Histoire de l'Eglise en Belgique*, II² (Bruxelles 1945), parle de *Jocundus*, biographe de saint Servais (p. 241) et de saint *Jocond* de Reims (p. 308). Dans son *Répertoire* précité (voir plus haut, à la note 9), l'Abbé Chevalier a conféré le nom *Jocond* à tous les saints *Jocundus* et *Jucundus*.

[13] *Jean Gioconde O.P.* (mort en 1517) est appelé communément *Frère Gioconde*.

[14] Aux XIIIᵉ-XIVᵉ siècles, les seigneurs (plus tard ducs) de Joyeuse (Ardèche, arr. de Largentière) étaient surnommés tantôt *de Gaudiosa* (*de Gaudiaco*), tantôt *Jucundus*. Voir: le Père Anselme, *Généalogie de la maison royale de France*, III (1728) 808–810, 835–840; IX, 423–424; P. L. J. Bétencourt, *Noms féodaux*, II (Paris 1867) 15; et: *Art de vérifier les dates*, XI (1818) 421–426.

[15] Friedrich Wilhelm, *Sanct Servatius*. Munich 1910. p. XXX.

[16] Bruno Krusch, dans: Neues Archiv der Gesellschaft für ältere Deutsche Geschichtskunde, XXXVII (1912) 331.

compte aussi de la fusion fréquente des formes *jocundus, jocosus* et *gaudiosus* et en intégrer les modalités à sa méthode. Mais la plus grande difficulté réside dans l'incertitude dans laquelle on est toujours, au sujet de la nationalité, de la patrie et de la langue maternelle du premier biographe de saint Servais. Faudra-t-il le baptiser *Joconde? Jocond? Jocou* ou *Joccou*[17]? *Joyos*[18], *Joyeux?* ou même *Josse*[19]? ou autrement? Vraiment, aussi longtemps que l'identité, la patrie et les débuts du biographe de saint Servais n'apparaissent pas avec évidence, la prudence nous commande de lui laisser le nom latin (ou latinisé) qu'il s'est donné lui-même.

Qui et quel fut ce *Jocundus?* Induit en erreur par son sujet (la Vie de saint Servais), on l'a, de 1680 à 1855, tenu pour un prêtre du diocèse de Liège, vivant soit à Maestricht[20], soit à Tongres[21]: opinion qui de nos jours encore reparaît quelquefois dans des ouvrages de second plan[22]. Le problème a changé de face en 1856 par suite de la première publication intégrale d'une partie importante de l'oeuvre de Jocundus. Impressionné par les nouvelles indications qu'il mit au jour, l'éditeur R. Koepke fut le premier à avancer la thèse que Jocundus était un Français (Franco-Gallois) ou, du moins, qu'il n'était point un ressortissant du Saint Empire. Depuis lors, tous les spécialistes dans la matière se sont mis du côté de Koepke dont l'opinion est maintenant l'opinion commune.

Rademacher (1921), dans sa thèse de Bonn, a pu faire un pas en

[17] Nom populaire de l'abbaye de *Jocus* ou *Jocundense* (Bas-Languedoc, diocèse d'Alet). Il existe plusieurs toponymes de ce genre, e.a. l'ancien Jucondiac (*Jucundiacum*, IXe-Xe siècles; aujourd'hui *Joac* ou *Le Palais*), près de Limoges (Haute-Vienne); voir: R. de Lasteyrie, *Etude sur les comtes et vicomtes de Limoges antérieurs à l'an 1000* (Paris 1874), pp. 34 et 112.

[18] *Joyos:* troubadour de Toulouse, vers 1200; cfr. *Histoire littéraire de la France*, XX (1842) 599–600.

[19] voir à la note 11 (H. Leclercq).
La confusion des formes *Jocundus* et *Judocus* a été occasionnée, peut-être, par les formes bretonnes *Judcondoes* et *Judcum* qu'on trouve dans le Cartulaire de l'abbaye de Redon, publié par Aurélien de Courson en 1863.

[20] G. Henschenius, dans: AA. SS. Boll., Maii III (1680) 222 ss.,; Maii VII (1688), Tract. prel., pp. XXI-XXII.

[21] *Histoire littéraire de la France*, VIII (1747) 341–344. J. N. Paquot, *Mémoires pour servir à l'histoire littéraire des dix-sept provinces des Pays-Bas* ..., III (en-fol. Louvain 1770) 160.

[22] Ont choisi pour Maestricht: P. J. Blok, *Geschiedenis van het Nederlandsche volk*, I (1892) 169; 3e éd. (1923) 131. Ul. Chevalier, *Bio-bibliographie*, I (2e éd. 1905). *Algemene Geschiedenis der Nederlanden*, XII (1958) 452 (J. A. Kossmann-Putto). *Index scriptorum Mediae Latinitatis A.D. 800–1200 qui afferuntur in novo glossario ab Academiis Consociatis Iuris Publici facto.* Copenhagen 1957. p. 105.
Et pour Tongres: U. Chevalier, *Bio-bibliographie*, Iere éd. (1877–1886), col. 1296: *prêtre à Tongres* (Chevalier sera d'une autre opinion dans la deuxième édition). Gustav Gröber, *Grundriss der romanischen Philologie*, II, (Strasbourg 1902) 269; réimpression Munich 1963, p. 269. Voir encore à la note 56.

avant. Etendant ses recherches à la partie inédite de l'oeuvre de
Jocundus, cet élève talenté de Wilhelm Levison a non seulement pu
élever l'hypothèse de Koepke au niveau d'une probabilité, mais il a
encore cru pouvoir la préciser de façon que Jocundus serait un fils du
Midi de la France [23]. Pour ce qui est du dernier, Vlekke (1936) [24] a
jugé peu convaincante l'argumentation de Rademacher. Malheureusement, il n'a reproduit aucun élément de cette argumentation, et l'exemplaire unique de la thèse dactylographiée de Rademacher qu'il a
pu lire, a péri dans la guerre de 1939–1945. Aussi sommes-nous obligés
de refaire le dossier de Rademacher avant de nous prononcer sur la
valeur de la conclusion qu'il en a tirée, ce que nous ferons au § 5.

En voilà assez pour le nom et les origines de Jocundus. Sur la suite
de sa vie on sait moins de choses encore. L'expression *Abbas noster
sanctus Benedictus*, employée par Jocundus (*Vita*, ch. 120) et citée
pour la première fois par Rademacher, justifie à elle-seule la conclusion
qu'il appartenait à l'Ordre de saint Benoît.

La seule indication explicite de date que renferme l'oeuvre, est celle
par laquelle se termine l'*Additamentum* aux *Miracula* (chap. 78): *Acta
sunt autem hec anno dominicae incarnationis 1088 indict. 11....* (p. 125
de l'édition de Koepke). Henschenius (1680) déjà en a conclu que
Jocundus a terminé son oeuvre vers 1088 ou peu après. A quelques
nuances près, sa conclusion est partagée de tous les historiens, de son
temps jusqu'à nos jours. La principale nuance est celle qui fut apportée
par l'Abbé Sylvain Balau (1902) [25]. Celui-ci a observé que ladite indication de date vaut seulement pour l'*Additamentum* qui est une adjonction, et que le corps du texte ne donne aucun miracle postérieur
à 1080. Il en a conclu que c'est vers 1080 que Jocundus doit avoir
composé ses *Miracula*.

Voilà le peu qu'on sait sur le nom et l'identité de Jocundus. Maigre
résultat de trois siècles de recherches! Devant une telle constatation

---

[23] Heinrich Rademacher, *Die Entwicklung der lateinischen Servatius-Legende bis zur Mitte
des 12. Jahrhunderts*. Thèse dactylographiée de l'Université de Bonn 19 déc. 1925 [1928].
L'exemplaire unique n'existe plus. Le texte est plus ou moins connu par quelques comptes-
rendus, par les extraits que Wilhelm Levison en a publiés dans le Jahrbuch der Philosophischen Fakultät der Universität Bonn, III (1924/25, paru en 1928) 187–190, et par le résumé
que B. Vlekke (1935) en a donné dans sa thèse de Nimègue (voir à la note qui suit). Levison
et Vlekke donnent l'année 1921 comme l'année en laquelle fut composée la thèse de Rademacher.

[24] B. H. M. Vlekke, *St. Servatius. De eerste Nederlandsche bisschop in historie en legende*.
Thèse Nimègue. Maestricht 1935. p. 85.

[25] Sylvain Balau, *Etude critique des sources de l'histoire du Pays de Liège au moyen-âge*.
Bruxelles 1902–1903. p. 314 (*après 1080*). L. Duchesne, *Fastes épiscopaux de l'ancienne
Gaule*. III² (Paris 1915) 188 (*vers 1080*). M. Zender, *Räume und Schichten mittelalterlichen
Heiligenverehrung in ihrer Bedeutung für die Volkskunde*. Düsseldorf 1959. p. 62 (*1080 environ*).

on est pris de doute et porté, par moments, à donner dans la super-critique de Friedrich Wilhelm (1910) [26]. D'après cet érudit, Jocundus ne serait qu'un personnage d'emprunt, entré dans la peau de l'auteur des *Gesta sci Servatii*. La date 1088, offerte par l'*Additamentum*, se rapporterait à l'auteur des *Gesta* et Jocundus aurait composé son oeuvre à la fin du XIIe siècle ou, peut-être, au commencement du XIIIe siècle seulement. Noys y reviendrons plus bas (§§ 3, 47). Nous n'avons rien à retenir de cette thèse fougueuse que tous les spécialistes ont rejetée et qui s'est survécue dans certains ouvrages de seconde ou de troisième main, parmi lesquels deux manuels respectables [27].

Ceux chez qui le sens critique est mieux ancré, ne nient pas que certains aspects soient alarmants, mais ils attendent un recensement exhaustif et une édition complète de l'oeuvre avant de prononcer leur jugement. Voyons donc, comment il en est pour l'étendue et la diffusion de cette oeuvre.

§ 2. L'oeuvre et l'état de son édition

La liste est brève et probablement doit-elle être encore élaguée.

La *Vie de saint Monulphe* et la *Vie de saint Gondulphe* nous ont été transmises chacune en deux versions dont l'une est apparemment un extrait, l'autre un dérivé de la Vie de saint Servais, composée par Jocundus. Leur interdépendance étroite fut déjà constatée par les Mauristes (1747) [28] et Vlekke (1935) [29] en a démontré l'évidence de façon plus détaillée. Ces Vies des saints Monulphe et Gondulphe que Jocondus a intégrées à sa Vie de saint Servais, sont-ce des textes de son cru? ou bien des adaptations de vies préexistantes? Si ce sont vraiment des créations de Jocundus, on peut se demander encore, si leur auteur les a publiées uniquement comme parties intégrantes de sa Vie de saint Servais ou bien s'il les a mises en circulation aussi sous forme de vies séparées et indépendantes. Ces questions sont encore

---

[26] Friedrich Wilhelm, *Sanct Servatius oder wie das erste Reis in deutscher Zunge geimpft wurde*. München 1910. Introduction.

[27] Max Manitius, *Geschichte der lateinischen Literatur des Mittelalters*, III (Munich 1931), 84–86 (avec référence explicite à Friedrich Wilhelm). – H. Leclercq, *Maestricht*, dans: *Dictionnaire d'archéologie et de liturgie*, X (1931) col. 922–977. – Jos. De Ghellinck, *L'essor de la littérature latine au XIIe siècle*, II (Paris 1946 1946) 182 (se base sur Manitius; aucune référence à Wilhelm). – Il convient de remarquer que ces auteurs, tout en admettant la thèse de Wilhelm, en ont adouci les angles, en classant Jocundus parmi les auteurs du XIIe siècle (et non pas du XIIIe siècle). –

[28] *Histoire littéraire de la France*, VIII (1747) 342–344.

[29] Vlekke, *o.c..*, pp. 106–108.

trop problématiques pour qu'on puisse faire figurer lesdites Vies à une liste dressée avec discernement.

Par contre, la *Translation de saint Servais* que l'abbé Balau (1902) [30] a cru reconnaître, en doit être rayée avec décision. La tripartition (Vie, Translatio, Miracles) qui, depuis le Xe siècle, était de mode chez les hagiographes, n'a guère arrangé Jocundus qui avait sur les bras deux translations: une translation historique faite par saint Monulphe, et une translation légendaire qui aurait eu lieu sous Charlemagne. L'auteur inventif a résolu cette difficulté par la suppression de la partie moyenne (*Translatio*) comme texte séparé, par un renoncement donc au schéma tripartite, et par la distribution des deux translations sur les deux parties d'une oeuvre désormais bipartite: il a fait rentrer l'une dans la *Vita*, l'autre dans les *Miracula* (ou *Virtutes*).

La structure bipartite de l'oeuvre paraît de la position des épilogues et prologues: chaque partie est marquée d'un prologue et d'un épilogue, la *Vita* aussi bien que les *Miracula*. De fait, la tradition manuscrite de l'une est loin d'être identique à celle de l'autre. Il serait donc incorrect de conférer aux chapitres une numérotation suivie pour l'ensemble des deux parties. Il en est autrement pour les *Gesta sci Servatii* qui ont été conçus comme un tout, muni d'un seul prologue et d'un seul épilogue [31].

En fin de compte, la liste comprend seulement deux unités dont l'ensemble représente l'oeuvre connue, à savoir la *Vita sancti Servatii* et les *Miracula sancti Servatii*. Dans le plus ancien manuscrit (A), le texte ne porte ni titres ni en-têtes [32] et dans les dérivés souvent tardifs la terminologie changeante n'inspire pas confiance. Pour ne pas compliquer les choses, nous employons des termes de notre choix qui sont appropriés aux besoins bibliographiques.

C'est sans doute son prestige d'écrivain célèbre qui a décidé les chanoines de Maestricht à invoquer le secours de la plume de Jocundus. Il y a encore une chance que des découvertes et des restitutions vien-

---

[30] Balau, *o.c.*, p. 312. Aucune *Translatio sci Servatii* ne nous a été transmise sous la forme d'un texte séparé. L'oeuvre de Jocundus est essentiellement bipartite. Il est doublement regrettable que Koepke a publié les *Miracula* sous le titre *Translatio et Miracula*.

[31] Aussi l'éditeur Wilhelm (1910) a-t-il fait bien de conférer une numérotation suivie aux chapitres des *Gesta*. Le Bollandiste Henschenius (1680) a fait de même, mais avec moins de plausibilité, puisque son édition est un amalgame de Jocundus et des *Gesta*.

[32] Dans le petit poème qui ouvre le manuscrit A, le texte de Jocundus est annoncé comme un *Actus* (*sci Servatii*). Quelques auteurs de la fin du XIe ou du début du XIIe siècle citent en référence une *Vita sancti Servatii* qui est apparemment celle de Jocundus (voir au § 37). Le manucrit B porte des titres qui offrent les termes: *Vita* et *Translatio et quaedam miracula*. Le Texte C porte: *Liber de vita et virtutibus sci Servatii*: titre qui est aussi bon, si pas meilleur.

nent étendre son oeuvre. Mais ne nous faisons pas trop d'illusions, car l'attendu arrive rarement.

Avant de convier à la consultation des tableaux des éditions de l'oeuvre de Jocundus, il importe de remarquer que nous y avons fait entrer aussi les éditions données par les Bollandistes et par Kempeneers, bien que celles-ci ne soient pas des éditions proprement dites, mais plutôt des amalgames, des fontes en un tout de plusieurs rédactions. Les Textes B et C étant jusqu'ici inédits, il va de soi que, sauf indication contraire, les éditions indiquées reproduisent toujours le Texte A (le ms. 1138/46 de Trèves).

TABLEAU CHRONOLOGIQUE DES ÉDITIONS

GOD. HENSCHENIUS, dans: AA. SS. Boll., Maii I (1680) 442: reproduction d'un passage relatif à saint Jude-Cyriaque (= *Vita* chap. 102, fragment).

GOD. HENSCHENIUS, dans: AA. SS. Boll., Maii III (1680) 220–227 (3e éd., pp. 216–226), nos. 1–33 (*Vita*), 34–64 (*Miracula*). – Les nos. 1–33 ne sont qu'un exposé d'Henschenius, émaillé de citations de la *Vita*. Les nos. 34–64 donnent des *Miracula* un texte plus suivi, mais toujours plus ou moins abrégé. – Version abrégée, forgée de plusieurs manuscrits (*conflata ex pluribus codicibus manuscriptis*), parmi lesquels plusieurs manuscrits des *Gesta* et pas plus d'un seul manuscrit du texte de Jocundus. En fait, Henschenius a donné une version abrégée des *Gesta sancti Servatii*, basée principalement sur le ms. 1151/454 de Trèves, avec insertion de quelques éléments de la *Vita sancti Servatii* de Jocundus (le ms. 1138/46 de Trèves).

DAN. PAPEBROCHIUS, dans: AA. SS. Boll., Maii VII (1688), Tractatus preliminaris, pp. XXI-XXII (3e éd., pp. XVIII-XIX), nos. 10–12 (d'après le ms. 1138/46 de Trèves). Spécification:

    p. XXI, no. 10 = *Vita*, chap. 7.

    p. XXII, no. 11 = *Vita*, chap. 8 (fragment).

    p. XXII, no. 12 = *Vita*, chap. 102 (fragment).

G. CUPERUS, dans: AA. SS. Boll., Julii IV (1725) 158–159, 163–164. Spécification:

    pp. 158–159 = *Vita* chap. 125–134 (*Vita Secunda s. Monulphi;* version très abrégée).

    pp. 163–164 = *Vita* chap. 135–142 (*Vita Secunda s. Gondulphi;* version très abrégée).

J. GHESQUIERUS, dans: *Acta Sanctorum Belgii selecta*, I (Bruxellis 1783)

229–231, nos. 10–12: reprise de l'édition de G. Cuperus (1725).

R. KOEPKE, dans: *Monumenta Germaniae Historica*, XII (1856) 87–126:
édition des *Miracula*, faite d'après le ms. 1138/46 de Trèves et pré-
cédée de quelques extraits de la *Vita*, reproduits d'après le même
manuscrit. Spécification:

    p. 87 l.2–7: = *Vita*, chap. 145.

    pp. 88–91   = *Vita*, chap. 1–15.

    p. 91   = *Vita*, chap. 21 (fragment).

    pp. 91–92   = *Vita*, chap. 32–33.

    p. 92   = *Vita*, chap. 58 (fragment).

    p. 92   = *Vita*, chap. 147–149.

    pp. 93–126 = *Miracula* (sous le titre: *Translatio sancti Servatii*),
        chap. 1–78 (le tout).

O. GREIFELD, *Servatius eine oberdeutsche Legende des XII. Jahrhunderts.*
Inaug.-Diss. Berlin 1887. Reproduction de deux passages de la *Vita*,
d'après l'édition de Koepke:

    p. 22 = *Vita*, chap. 7 (fragment).

    p. 24 = *Vita*, chap. 32 (fragment).

FRIEDR. WILHELM, *Sanct Servatius oder wie das erste Reis in deutscher
Zunge geimpft wurde.* München 1910. – Edition critique des *Gesta
sancti Servatii*, donnée d'après 15 manuscrits. En guise d'Appendices
quelques extraits du texte de Jocundus, (d'après le ms. 1138/46 de
Trèves), à détailler comme suit:

    p. 277   = *Vita*, chap. 143–145.

    pp. 278–280 = *Vita*, chap. 43–46.

    pp. 280–282 = *Vita*, chap. 105–114.

    pp. 282–283 = *Vita*, chap. 146 (*De sinodo Coloniensi*).

    p. 147   = *Miracula*, chap. 77 (*Apologia Scriptoris*).

A. KEMPENEERS, *Hendrik van Veldeke en de Bron van zijn Servatius*
(= *Studien en Tekstuitgaven* 3). Anvers et Louvain 1913. – Edition
des *Gesta sancti Servatii*, basée sur le ms. 433 des Bollandistes, avec
collations de quelques passages des mss. 5 et 72 des Bollandistes. Un
de ces manuscrits, le ms. 5, contient le Texte B de Jocundus. Les
collations concernent seulement les passages que les trois manuscrits
ont communs; encore ces passages n'ont-ils pas été marqués de
manière suffisamment claire et distincte.

TABLEAU SYSTÉMATIQUE DES ÉDITIONS

Vita sancti Servatii (149 chapitres)
    édités: chap. 1–15   par R. Koepke (le chap. 7 aussi par Dan. Papebroch).
            chap. 32–33   par R. Koepke.
            chap. 43–56   par Friedrich Wilhelm.
            chap. 105–114 par Friedrich Wilhelm.
            chap. 143–144 par Friedrich Wilhelm.
            chap. 145   par R. Koepke et Fr. Wilhelm.
            chap. 146   par Friedrich Wilhelm.
            chap. 147–149 par R. Koepke.
    inédits: chap. 16–31, 34–42, 57–104, 115–142.
Miracula sancti Servatii (78 chapitres).
    édités: chap. 1–78   par R. Koepke (le chap. 77 aussi par Fr. Wilhelm).
    inédit: rien.

Ce qui frappe, dès l'abord, c'est la place disproportionnée des *Miracula* dans l'édition de l'oeuvre de Jocundus. A part quelques citations et collations, 120 sur 149, soit 80%, des chapitres de la *Vita* sont toujours inédits, alors que l'ensemble des *Miracula* a été mis à la portée de tous par la voie de l'imprimerie. A notre époque, on a peine à concevoir la ferveur avec laquelle les historiens ont accueilli les *Miracula*, au détriment de la *Vita*. Une fois répudiée, la *Vita* était, selon un processus normal, vouée à l'oubli et point rares ne sont les manuels où elle n'a plus une place dans le dénombrement et l'analyse de l'oeuvre de Jocundus [33].

§ 3. La Vita sancti Servatii en disgrâce

On voit, par les précédents tableaux, que la *Vita sancti Servatii* est toujours en majeure partie inédite. Le curieux est que, en manuscrit,

---

[33] J. A. M. Fabricius, *Bibliotheca latina mediae et infimae latinitatis*, IV (Patavii 1754) 172. – W. Wattenbach, *Deutschlands Geschichtsquellen im Mittelalter*, II[4] (Berlin 1878) 134, et II[6] (Berlin 1894) 176–177. – Aug. Potthast, *Bibliotheca historica medii aevi*, II[2] (Berlin 1896) 1570. – H. Hurter, *Nomenclator literarius theologiae catholicae*, I[3] (Oeniponte 1903) 1082; I[4] (ibid., 1926) 1082. – Ferd. Lot, *Index scriptorum operumque Latino-Gallicorum medii aevi saec. XI (1000–1108)*, dans: Archivum Latinitatis Medii Aevi, XVI (1942) 39, no. 202, donne: *Iocundus, sacerdos, saec. XI ex.*, Translatio s. Servatii (c. 1088 conscripta), v. *Vitae*, mais à la page 58, au mot *Vitae* (no. 289), on cherche en vain la Vie de saint Servais.

elle avait connu un regain de popularité (voir au § 49) avant d'encourir la disgrâce de ses découvreurs et conséquemment des imprimeurs.

D'après le Mauriste Dom Antoine Rivet (1747) [34], la *Vita* ne serait même pas un roman, parce que la ressemblance n'y est pas même gardée, et elle ne serait peu plus qu'un amas de fables extravagantes. Il loua les Bollandistes de s'être sagement bornés à n'en publier que quelques extraits. Même Koepke (1856) s'est laissé rebuter par le discrédit général, au point d'exclure la *Vita* de son édition de l'oeuvre de Jocundus, aggravant ainsi sa disgrâce d'une discrimination par rapport aux *Miracula*. N'osant pas parler de la *Vita*, les historiens et commentateurs se sont rattrapés sur les *Miracula*.

La période moyenne du XIXe siècle fut aussi la période de découverte de quelques importantes Légendes rimées de saint Servais en langue thioise, composées pendant la seconde moitié du XIIe siècle: une Légende anonyme en moyen-haut-allemand (1845) [35] et une Légende en moyen-néerlandais (1856), oeuvre du poète mosan Hendrik van Veldeke (vers 1170). [36] Le vent, hélas, était aux romantiques, souvent dilettants qui ne faisaient aucune différence de gravité entre les textes historiques et les poèmes épiques et entremêlaient les uns aux autres sans s'enquérir de leur âge et de leur filiation.

Ils furent vites à reconnaître, voire prôner, Jocundus comme modèle de ces merveilleux poèmes et comme auteur de toute l'hagiographie de saint Servais pour la période comprise entre 1050 et 1170, tant il y a de ressemblances entre ses *Miracula* et le second livre de l'oeuvre desdits poètes thiois. A tort, évidemment, car ce qu'ils prirent pour une filiation, est en réalité la ramification d'une branche. En d'autres termes: à l'oeuvre personnelle de Jocundus ils ont substitué toute une branche d'oeuvres du type jocundien et à la filiation textuelle ils ont fait prévaloir le groupement thématologique [37]. On ne peut pas trop leur en

---

[34] *Histoire littéraire de la France*, VIII (1747) 342.

[35] Première édition par Moritz Haupt, dans: Zeitschrift für deutsches Althertum, V (1845) 75–192. Edition critique, mais fort critiquée, par Friedrich Wilhelm, dans son: *Sanct Servatius* (Munich 1910), pp. 149–269.

[36] Découverte en 1856; première édition, en 1858, par J. H. Bormans d'après le manuscrit unique, du XVe siècle (le ms. BPL. 1215 de la Bibl. de l'Univ. de Leyde). L'édition la plus récente est celle, faite par G. A. van Es, *Sint Servaes Legende*, Anvers etc. 1950. Le texte donné par Theodor Frings et Gabriele Schieb, *Die Epischen Werke des Henric van Veldeken*. I. *Sente Servas. Sanctus Servatius*, Halle (Saale) 1956, n'est pas une reproduction du manuscrit du XVe siècle, mais une tentative pour reconstruire l'orthographe de l'original perdu du XIIe siècle.

[37] Cette détermination globale s'est fait sentir même dans la *Bibliotheca Hagiographica Latina* (Bruxelles 1898–1899) où deux versions des *Gesta* (nos. 7617–7621 et 7633–7637) sont présentées comme des versions de l'oeuvre de Jocundus. L'erreur a été réparée à la p. 278 du *Supplément*, paru en 1911.

vouloir, car ils ne connaissaient point le texte de la *Vita* – qui à l'opposite des *Miracula* – est essentiellement différente desdits poèmes en thiois.

Or, cette divergence à elle-même suffit à garantir qu'il a existé un texte latin intermédiaire entre celui de Jocundus et ceux des poètes thiois. Greifeld (1887) [38] et W. Meyer (1883) [39] ont, de surcroît, observé que le chroniqueur Gilles d'Orval donne des extraits d'une Vie latine de saint Servais qui n'est pas celle de Jocundus. Ils ont non seulement deviné l'existence d'une Vie latine intermédiaire, ils étaient déjà sur la voie de leur découverte [40]. En 1910, enfin, Friedrich Wilhelm réussit à déterminer cette Vie et à lui donner la notoriété sous le titre adéquat, bien qu'arbitrairement choisi, de: *Gesta sancti Servatii*.[41]

Aujourd'hui, les polémiques autour de cette publication de Wilhelm ne sont qu'un souvenir. Certaines de ses thèses (intervertissement de Jocundus et de l'auteur des *Gesta* [42]; le débat présumé sur la puissance-clef [43]; etc.) ont été dûment réfutées. On estime, généralement, que les *Gesta* ont été composés, non point vers 1087 (comme le voulait Wilhelm), mais vers 1120, peut-être même vers 1126 ou peu après [44]. Le côté extravagant de l'ouvrage de Wilhelm n'enlève rien au grand mérite de son auteur d'avoir, par la détermination des *Gesta*, rendu le coup de grâce au type jocundien pour libérer l'individu Jocundus, désormais à étudier en lui-même. Les Bollandistes ont reconnu ce mérite en revisant en conséquence l'article *Servatius* de leur *BHL.*, dans le *Supplément* qu'ils firent paraître en 1911 et qui n'a d'autre désavantage que celui de sa rareté [45].

[38] O. Greifeld, *Servatius, eine oberdeutsche Legende des XII. Jahrhunderts*. Inaug. – Diss. Berlin 1887. p. 26.

[39] Wilhelm Meyer, dans: Zeitschrift für deutsches Altertum und Literatur, XXVII (1883) 150–157.

[40] C'est, peut-être, l'Abbé Sylv. Balau qui, de tous, a été le plus près de la découverte des *Gesta*; voir son *Etude critique* etc. (1902–1903), pp. 312–320. Friedrich Wilhelm a bien butiné dans l'ouvrage de Balau, mais, sans jamais s'y référer.

[41] Friedrich Wilhelm, *Sanct Servatius oder wie das erste Reis in deutscher Zunge geimpft wurde*. München 1910. pp. 1–147. Edition critique, basée sur 15 manuscrits.

[42] Voir, en premier lieu, les comptes-rendus faits par le Père A. Poncelet S. J., dans: Analecta Bollandiana, XXIX (1910) 352, et Wilhelm Levison, dans: Westdeutsche Zeitschrift für Geschichte und Kunst, XXX (1911) 510–517. Le dernier a été réimprimé dans: W. Levison, *Aus rheinischer und fränkischer Vorzeit*. Düsseldorf 1948. pp. 49–56. – On trouvera des examens à fond des thèses de Wilhelm dans les thèses de Heinrich Rademacher (Bonn 1928) et de B. H. M. Vlekke (Nimègue 1935). citées plus haut dans les notes 23 et 24. – Même le germaniste J. van Dam a rejeté la thèse principale de Wilhelm; voir son article *Servatius*, dans: Wolfgang Stammler, *Die Deutsche Literatur des Mittelalters. Verfasserlexikon*, II (1936), col. 362.

[43] Jean Paquay, *Les prétendues tendances politiques des Vies des premiers évêques de Tongres*, dans: *Mélanges d'histoire offerts à Charles Moeller*, I (Louvain et Paris 1914) 244–265.

[44] Au § 47, nous reviendrons sur la datation des *Gesta*.

[45] Avant 1969, il n'en existait pas d'exemplaire à la Bibliothèque de l'Université de Leyde.

Wilhelm a donc admirablement servi la cause de Jocondus, ne fût-ce qu'en lui rendant ses proportions naturelles. Non qu'il ait voulu élever le peu de crédit dont jouissait le pauvre Jocundus. Bien au contraire. Non content de flétrir son «style hypomnématique» [46] et sa pose d'épateur (*Windbeutel* [47]), il l'a avili au niveau d'un imposteur et claironné que sa *Vita* ne vaut pas la peine et les frais d'une édition [48]. Mais par cela même Jocundus a trouvé ses premiers défenseurs parmi les adversaires de Wilhelm.

Le principal adversaire, Wilhelm Levison (1911) [49] a, par contrecoup, mis tout l'accent sur l'urgence d'une édition de la *Vita* de Jocundus; il en est même venu à déclarer que cette édition était plus urgente que celle des *Gesta* que venait de présenter Wilhelm. Tout en se demandant (dans la terminologie de Wilhelm!), si une édition vaudrait la peine et les frais, Vlekke (1935) [50], a, au moins, voulu reconnaître la réelle importance historique du texte. Naguère, Holtzmann (1967) [51] a mis en relief un autre aspect, en soulignant la valeur que l'oeuvre de Jocundus a pour la «préhistoire de l'épique populaire», bien que probablement son auteur n'ait fait que ramasser, traduire et réunir en un tout des récits préexistants.

Il reste que, entre l'appréciation qui va croissant, et les possibilités réelles, l'écart se creuse. Il y a la carence de la tradition manuscrite, il y a aussi la stérile abondance de la littérature. Après le travail d'élagage. effectué par Wilhelm en 1911, le nombre des manuscrits de Jocundus s'est trouvé réduit à un seul: le ms. 1138/46 de la Bibliothèque de la Ville de Trèves. Encore ce témoin unique offre-t-il une copie assez mauvaise, comme Levison l'a observé à juste titre [52]. Non moins décourageant est l'énoncé plus récent de R. M. Kloos (1958) [53], que les recherches sur les biographies de saint Servais sont à refaire de fond en comble.

Plus d'un demi-siècle s'est écoulé et le voeu de Levison ne s'est

---

[46] Fri. Wilhelm, *Sanct Servatius* (Munich 1910), p. XXIX.

[47] Fri. Wilhelm, *o.c.*, p. XXX.

[48] Fr. Wilhelm, *o.c.*, p. XXV.

[49] Voir l'article de W. Levison, cité à la note 42 du présent chapitre, spécialement à la page 516.

[50] B. H. M. Vlekke, *St. Servatius* (1935), p. 83.

[51] Wilhelm Wattenbach und Robert Holtzmann, *Deutschlands Geschichtsquellen im Mittelalter*, II (Darmstadt 1967) 738–739.

[52] Voir à la note 49 du présent chapitre, et surtout: W. Levison, Résumé de la thèse de H. Rademacher, dans: Jahrbuch der Philosophischen Fakultät der Universität Bonn, III (1924/25, paru en 1928) 187–190.

[53] Lambertus de Legia, *De vita, translatione, inventione ac miraculis sancti Matthiae Apostoli libri quinque* éd. R. M. Kloos (= *Trierer Theologische Studien* 8). Trier, Paulinus-Verlag, 1958. p. 28 à la note 54.

toujours pas accompli. On conçoit que certains chercheurs se soient laissés rebuter [54]; on conçoit moins bien, que d'autres chercheurs se soient complus à de stériles biais qui ne mènent pas au coeur des problèmes. Ce n'est pas une petite entreprise que de s'attaquer à la tâche désignée, mais je me fais fort de pouvoir la remplir, à condition de l'affronter à visage découvert; ça veut dire: établir et publier le texte, l'examiner en lui-même, en détecter la structure, tirer au clair les tendances et les circonstances qui l'ont fait naître.

§ 4. Nouvelles perspectives

La transcription du microfilm que, en 1955, nous avions fait faire du ms. 1138/46 de Trèves, se révéla plus décevante que les avertissements de Levison ne l'avaient fait attendre: la recension qu'offre ce manuscrit, est non seulement mauvaise, mais aussi, par endroits, interpolée et abrégée. Comme à tous ceux qui envisagent un texte uniquement connu par une mauvaise copie, les questions d'authenticité et de crédibilité s'imposaient à nouveau, comme elles s'étaient imposées à Wilhelm. Après un long intervalle, une inspection oculaire du manuscrit nous a fait oublier cette première déception par la constation que l'écriture date des premières années du XIIe siècle au plus tard et non point de la fin du XIIe siècle ou du début du XIIIe siècle, comme l'avait prétendu Wilhelm. Cette constation suffit à laver Jocundus du blâme d'imposture, jeté sur lui par Wilhelm; à le faire reprendre rang parmi les auteurs du XIe siècle, et à lui restituer la paternité littéraire de la *Vita et Miracula sancti Servatii*.

Notre premier souci serait désormais de dénicher des textes congénères ou du moins des bribes de texte égarées dans des Vies dérivées, mais, ici encore, la première prospection fut très décevante. A l'aide de microfilms et d'inspections oculaires, nous gagnions la certitude que tous les manuscrits, allégués par l'éditeur Koepke comme des témoins de Jocundus, offrent en réalité la version des *Gesta sancti Servatii*; y compris le ms. 5 des Bollandistes dont la consultation nous paraissait inutile, parce que Levison déjà en avait classé le texte parmi les témoins des *Gesta*. Cette prospection qui prenait beaucoup de temps et

---

[54] Cependant, je serais le dernier à prétendre que les défaillances et les biais sont toujours sans utile effet. En cours de route, j'ai fait la connaissance d'un biographe inconnu de saint Servais (Gobert de Laon) et publié une Vie inconnue de saint Servais, composée par Barthélemy de Tongres. – P. C. Boeren, *Maître Gobert de Laon, poète belge du XIIe siècle*, dans: Archivium latinitatis medii aevi, XXXI (1961) 129–140. P. C. Boeren, *Twee Maaslandse dichters in dienst van Karel de Stoute*. La Haye 1969.

nécessitait deux voyages, nous a au moins valu la certitude que certains vers du ms. 1138/46 sont des interpolations et que certains passages des *Gesta*, voire quelques chapitres, sont des emprunts faits à l'original perdu de Jocundus. Résultats vraiment trop maigres pour compenser le chagrin d'avoir manqué son but! Les recherches ont stagné une seconde fois, mais la morsure d'âme, encourue par la négligence du ms. 5 des Bollandistes, nous empêchait de nous résigner pour de bon.

C'est au prix de telles déceptions que les progrès sont réalisés. Echappé de ses mauvais pas, le chercheur déçu rentre dans sa coquille ténébreuse et s'il demeure attentif aux cheminements secrets de son penser et de la grâce, la lumière se fait en lui tôt ou tard. Il arrive que le trait de lumière est apporté par un ange pressenti auquel on a confessé ses échecs et son insuffisance. Mandaté par ce messager de la sagesse, mais non sans redouter d'être inégal à la tâche, le chercheur une nouvelle fois attèle la charrue pour labourer le champ montré.

Le vénérable Président de la Société des Bollandistes, le R. P. Maurice Coens, S.J., a voulu nous remettre en train, en faisant nous donner un microfilm du ms. 5 de la Bibliothèque de sa Société, plus particulièrement des feuillets relatifs à saint Servais. Nous lui en savons un extrême gré, d'autant plus que son aide regarde le personnage énigmatique du prêtre Jocundus qui n'est pas dans sa plume et qu'il a signalé avec un peu de déconsidération comme *un biographe tardif et fantaisiste de saint Servais* [55].

Le microfilm communiqué par lui nous a fait aller de surprise en surprise. Le ms. 5 des Bollandistes nous a conservé l'oeuvre de Jocundus comme un assemblage de versions très hétérogènes. La constatation de W. Levison qui en a classé le texte parmi les témoins des *Gesta sancti Servatii*, vaut seulement pour la seconde partie, les *Miracula sancti Servatii*. La première partie, la *Vita sancti Servatii*, est une version jocundienne du meilleur aloi, elle peut même passer pour l'exemple type de la *Vita* composée par Jocundus. Souvent copiée au XVe siècle, elle deviendra dans le sein de la congrégation de Groenendaal une sorte de texte reçu de la *Vita* de Jocundus.

Le ms. 260 de l'Université de Liège [56] contient un fragment d'une

---

[55] M. Coens, dans: *Mélanges Félix Rousseau* (Bruxelles 1958), pp. 171–180. Réimpression dans: M. Coens, *Recueil d'études Bollandiennes* (Bruxelles 1963), p. 119.

[56] *Catalogue des manuscrits de la Bibliothèque de l'Université de Liège*. Liège 1875. p. 178, no. 242 (ms. 260). Le manuscrit des *Mémoires* de François Nicolas J.-B. Delvaulx (XVIIIe siècle), analysé dans le même catalogue (p. 410), contient une notice biographique sur Jocundus qui y est dit *Joconde ou Jucunde, prêtre de Tongres*, écrivant du temps de Henri le Pacifique (1075–1091).

troisième rédaction de la *Vita* de Jocundus: il a beaucoup de variantes communes avec le ms. 5 des Bollandistes, mais il n'en dérive pas, moins encore du ms. de Trèves; il a encore l'avantage de porter une indication d'auteur.

Ainsi le nombre des manuscrits qui ont conservé le nom de Jocundus et le texte de sa *Vita sancti Servatii*, s'élève à trois maintenant: le ms. 1138/46 de Trèves (le Texte A), le ms. 5 des Bollandistes (le Texte B) et le ms. 260 de Liège (le Texte C). Les textes que ces manuscrits présentent, sont des abrégés qui diffèrent l'un de l'autre et se complètent mutuellement. Quelques passages, connus par les *Gesta* surtout, sont à verser au dossier. L'ensemble donne une idée approximative de l'original perdu (Texte *J) [57]. Voici le *stemma:*

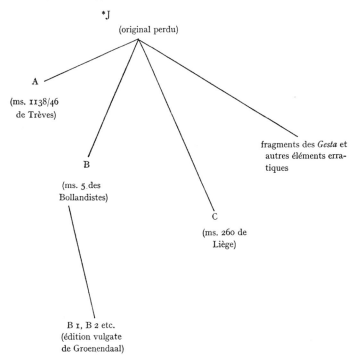

A l'égard de tous les problèmes afférents à la biographie de saint Servais et des défaillances de certains chercheurs une édition est le défi le plus fertile que l'on puisse imaginer, mais la garantie d'authen-

---

[57] L'originalité du Texte A a déjà souvent été mise en doute. D'une part, par ceux qui présumaient qu'une *Vita fabulosa* perdue eût été à sa base. D'autre part, par Friedrich Wilhelm et ses adhérents qui faisaient passer le Texte A pour un dérivé des *Gesta*.

ticité ne pouvant être que dans l'accord des leçons de tous les manuscrits, il a fallu renoncer au dessein premier de reconstruire le texte
original et de donner une édition critique au sens propre du terme. Non
seulement l'original est perdu, mais – ce qui est plus grave – aucune
copie n'en est conservée.[58] De fait, nous disposons seulement d'abrégés
et le *stemma* que nous venons de reproduire, n'est pas une généalogie
de copies, mais de rédactions abrégées.

Il n'est pas possible non plus d'établir une version pour ainsi dire
«harmonisée», même pas si les éléments disponibles seraient élargis à
un *corpus* complet d'abrégés et d'extraits, car on saurait difficilement
reconnaître les pièces de rapport et les amplifications qui seraient à
éliminer, et résoudre l'équation de plusieurs inconnues que pose toute
leçon de seconde ou de troisième main.

Ce que nous aurons de mieux à faire, ce sera de nous confiner à une
édition plus ou moins synoptique qui permettra d'embrasser d'un
regard les trois recensions connues [59]. Pour les raisons d'ordre métho-
dique, exposées plus haut, nous n'y avons pas intégré les petits éléments
erratiques trouvés ailleurs.

Cette confrontation pour ainsi dire typographique mettra immédiatement en relief la structure et les traits essentiels. A travers ces fragments mis ensemble le texte original nous apparaît sous la forme d'un
véritable traité qui, par endroits, se métamorphose en dialogue et
même en dispute. Contre Hérigère de Lobbes et autres sceptiques
l'auteur s'érige en champion de la légende de son saint patron pour
faire valoir ses titres à un culte universel. Dans la *Vita*, Jocundus joue
le rôle d'un référent complaisant de la *doctrina Trajectensium*, de la
doctrine des chanoines de Maestricht sur la vie et le culte de saint
Servais. La translation légendaire sous Charlemagne, présentée comme
un fait historique dans les *Miracula*, peut être considérée comme un
argument tard-venu à l'appui de cette *doctrina*.

Mais il importe d'en tirer bien plus large parti, en scrutant les relations, informateurs et sources de Jocundus et en établissant par un
examen critique le crédit qu'on peut lui faire. Cette partie proprement
historique de notre travail bénéficiera plus d'une confrontation avec les
Miracula que d'une analyse de la *Vita*, mais ici une réserve s'impose.

---

[58] Nous avons examiné tous les témoins manuscrits antérieurs à la période moyenne du
XIIIe siècle. Il reste toutefois possible qu'une copie complète ou partielle soit cachée dans
quelque recueil non analysé d'époque tardive qui ait échappé à l'attention des Bollandistes
dont les catalogues détaillés sont à portée de tous, mais la chanîce parat minime.

[59] Tout compte fait, il a fallu renoncer à la forme strictement synoptique. La mise des
textes en regard l'un de l'autre aurait demandé un redoublement de l'espace, et même plus,
à cause des blancs.

Des *Miracula*, il n'existe pas de recension complémentaire qui permet de compléter la recension tronquée et estropiée qu'en donne le manuscrit de Trèves. Sans cet appui, leur texte mal composé n'est pas en tout d'une authenticité autant apparente que celui de la *Vita* que nous avons maintenant en trois recensions complémentaires l'une de l'autre.

D'autres aspects encore nous voudrions élucider, mais à la communication des vérités, en fonction du présent livre, secondaires nous ne sommes visiblement pas appelés. Qui veut trop prouver, porte tort à sa cause. Nous n'abonderons donc pas en appendices d'histoire locale et régionale qui ne sont pas impliqués dans la matière. Nous ne nous enivrerons pas au point de vouloir embrasser d'un regard le développement du culte de saint Servais en général et l'essor de son hagiographie en particulier qui demandent des volumes.

CHAPITRE II

LA VIE DE JOCUNDUS

Pour faciliter les renvois, il a paru opportun de faire débuter le présent chapitre par un relevé des principaux passages relatifs aux origines et aux informateurs de Jocundus.

§ 5. Indications géographiques

VITA SANCTI SERVATII

1) chap. 2: *Sanctę Traiectensis ecclesię fratribus homo alienus, presbiter indignus nomine Iocundus, salutem corporis et anime in Ihesu domino nostro.*

2) chap. 7: *Profecto quippe fuerant ante hos dies quidam ex nobis beatę memorię fratres, qui eadem scripta* (i.e. Alagreci) *viderunt. legerunt et ad nostram transtulerunt noticiam. Per omnia benedictus deus, qui et nos longo terrarum spatio remotos tam pii pastoris tam gloriosi presulis memoria et benedictione dignatus est illustrare.*

3) chap. 8: *...Apud vos aiunt civitatem..Magontiam. Ad hanc, quasi in medio regni vestri positam.....*

4) chap. 14: *Nos vero, aliena qui sumus de terra, idem bonum sentimus in hoc dei famulo glorioso Servatio...*

5) chap. 32: *Novimus autem in eodem Traiectensi opido eodem et tempore* (i.e. sci Servatii) *ecclesiam fuisse constructam non admodum magnam, sed parvam nimisque decoram, habentem pulcrę visionis sata et montana ad meridiem nec minores valles et prata, ut ego ipse oculis probavi meis, ad septentrionem.*

6) chap. 103: *..nomen Ihesus. Quod nomen quidem gloriosum et omni laude dignissimum in Hebrea lingua et Latina idem sonat et tamen*

in nostra salvator dicitur sive salutaris, non aliam designans substantiam (Texte B) [1].

7) chap. 117: *Unde usque in fines Hispanię* [2] (B: *Equitanie*) *pervenit huius beatissimi viri magnificentia sanctitatis et letati sunt universi.*

8) chap. 118: *..ut in hoc dilecto eius videtur hodie* (référence au Martyrologe).

9) chap. 120: *Abbas noster sanctus Benedictus, ut pie recordationis papa Gregorius refert....*

10) chap. 121: *Erat inter hęc, fratres, non indignum pio redemptori nostro, hunc etiam dilectum suum in terra aliena mirabilius honorare....*

11) chap. 147: *...si forte inciderit in manus vestras libellus iste..., cum omni mansuetudine, omni cum bonitate, ut filii, ut fratres suscipiatis.....Agunt enim contentiose super hoc electo dei, maxime qui sunt in terra vestra monachi et canonici....*

MIRACULA SANCTI SERVATII

12) prologue: *...quae in libro miraculorum eius vidimus.*

13) chap. 1–5: *..Sarraceni...regnum Francorum invaserunt...interea venit exercitus ex omni parte regni collectus.....Hoc facto cum principe suo glorioso Karolo vadunt Parisius..glorificantes..sanctos... quos terra nostra gloriatur se habere patronos, in medio omnium hunc..venerabilem Servatium...Et nostri Salvatoris gratia...qui, ut credimus, idcirco nostram tunc permisit Sarracenos intrare terram, quatenus iste gloriosus pontifex quem usque in diem illum non multum novimus...gloria virtutis tantae nobis innotesceret. Innotuit quidem et claruit in universo regno nostro.*

14) chap. 15: *..Traiectum....Accurrit Equitania et Hispania, ex vobis Saxonia et omnis Germania...*

15) chap. 22: *Trajectensium vero civitas....tanta erat in gloria, ut in partibus vestris nullum....*

16) chap. 28: *..ut autem vestri principes artius retinerent...*

17) chap. 53: *Nam circa fines terrae nostrae, in campestribus longius*

---

[1] La forme française *Sauveur* couvre la même substance que la forme *Ihesus* que le latin et le hébreu ont commune.

[2] Le Roussillon et le Bas-Languedoc, depuis le Ve siècle, prolongeaient au Nord des Pyrénées le royaume visigothique d'Espagne. L'usage de les considérer comme des parties de l'Espagne se maintint après la création de la Marche de Barcelone (dite aussi d'Espagne), jusqu'au XIe siècle.

remotis ab hominibus, erat ecclesia in honore huius beatissimi pa-
troni..... [3]

18) chap. 70: ...*Ex hoc enim nomen beatissimi Servatii magnum et*
gloriosum enituit in omni regione vestra et nostra.

19) chap. 77: *Rogatu cuiusdam ex vobis, carissimi, curam huius opusculi*
suscepi.... Tamen cogitavi.... si forte ad effectum illius perducerem
affectum, Amici quidem mei intimi et unici.....

20) chap. 78: *Est namque vestra in regione villa dicta vulgo Ettha,*
Mosae fluvii in littore sita infra Traiectum.....*Compellimur et hoc*
auribus vestris intimare.....*quod in gloria vestri* [4] *nostrique beatis-*
simi Servatii nuper fecit manus excelsa, manus Altissimi.....

§ 6. Les informateurs

VITA SANCTI SERVATII

1) chap. 7: (Alagrecus) *Hęc* (B add.: *cum alacritate*) *dixit, hęc sine mora*
coram omnibus scripsit; quod profecto apud monumentum eius usque
in hodiernum diem repositum esse agnovimus. Profecti quippe
fuerant ante hos dies quidam ex nobis (B porte également *nobis*)
beatę memorię fratres, qui eadem scripta viderunt, legerunt et ad
nostram transtulerunt noticiam.

2) chap. 8: (concile de Mayence 1049:) ...*quod his fere diebus factum*
esse audivimus et ab ipsis qui interfuerunt probabilis vitę episcopis
cognovimus.

3) chap. 9: (chaque année, en la fête de saint Servais qui tombe au
printemps, le 13 mai) *ipsa... civitas Traiectensium, in qua pater hic*
memorandus est reconditus, multiplicibus signorum virtutibus –
uti nobis retulerunt, qui hoc etiam presenti anno illic fuerunt –
adornatur, illustratur....

4) chap. 147: ..*sicut factum esse iuxta Flandriam ante biennium*
audivimus ab his qui viderunt boni testimonii viri.

---

[3] Les manuscrits des *Gesta* rendent cette localisation comme suit: *In campestribus subia-*
centis vicinie Francorum (Wilhelm, p. 105; Kempeneers, p. 37; de même notre Texte B). Le
ms. B.P.L. 1215 de la Bibl. de l'Univ. de Leyde (fol. 193) donne: *In partibus Francie.* – Certaines versions en moyen-néerlandais situent l'église en question dans l'Empire; voir Hendrik
van Veldeke, vs. 5492 (*in des keiseres rike*), et le ms. de Rekem, publié par J. Habets, dans·
Publications d. l. Soc. hist. et archéol. d. l. Limbourg, XIX (1882) 71 (*inden velden die onder*
gheleghen is naest den lande van Vrancryck).

[4] G. Cuperus, dans: AA. SS. Boll., JULII IV (1725) 156 donne: *in gloriam viri nostrique*
beatissimi Servatii. Cette leçon erronée est-ce une coquille? ou provient-elle de la copie, prise
par Henschenius à Trèves en 1660?

MIRACULA SANCTI SERVATII

5) chap. 44: *Quod quibusdam ex vobis, carissimi, narrantibus audivimus*
...... (consécration de l'église des saints Simon et Jude à Goslar
par l'empereur Henri III en 1050).

6) chap. 46: (toujours au sujet de la consécration de ladite église de
Goslar:) *Aderant illic pontifices, aderant et proceres de terra nostra
perplures, quorum relatione, ut supra dictum est, agnovimus que
super hoc glorioso imperatore dicimus.*

7) chap. 56: (Godefroid II le Barbu, duc de Lotharingie, a un songe
affreux, tombe malade en Italie et est transporté en Lotharingie où
il meurt le 24 décembre 1069, après avoir confié le secret du songe
à son fils qui serait assassiné en Frise le 26 février 1076:) *Hoc revera
cognovimus quorumdam relatione fidelium monachorum, quibus per
confessionem filius eius, qui nuper in Fresonia, sicut audistis,
miserabili morte interfectus est, indicavit* (avant d'être assassiné en
Frise, le 26 février 1076, le duc Godefroid III le Bossu avait confié
à quelques moines dévoués le secret du songe de son père Godefroid II).[5]

8) chap. 73 (aventure d'un Flamand) *per eos* (les témoins oculaires)
innotuit vobis, per vos et nobis.

9) chap. 77: *nichil ex me, servo utique vestro devotissimo, praeter
paucissima, et illa a viris bonis et optimis michi cognita; sin autem
illi qui iussit.*

10) chap. 78: *Unde quod vidi, quod audivi, licet omnis scientiae ignarus,
licet omnis sapientiae alienus, confidenter tamen dicam....* (procès
sur l'église d'Echt; la châsse de saint Servais est montrée à Aix-
la-Chapelle, devant la diète qui – on le sait par d'autres sources –
y était réunie en mai 1087; à son retour à Maestricht, la châsse
est accueillie en triomphe comme suit:) *Adest et ipsius gloriosi
patroni scola, nec illa sola, verum et alia, beatae videlicet Mariae,
cum aliis qui remanserant infirmi et parvuli sine numero...* (Date
de composition du chapitre qui est une adjonction:) *Acta sunt
autem hec anno dominice incarnationis 1088 indict.II., ad laudem
et gloriam illius cuius regni (non)* [6] *erit finis. Valete, amen.*

11) chapp. 59–65 et 78: *puer (Trajectensium)*: mot couvert, employé

---

[5] cfr. *Gesta sci Servatii* (chap. 36; éd. Wilhelm, p. 108:) *Hoc enim ille postea monachis
quibusdam, illi deinceps Godefrido ipsius nuntiarunt filio, Godefridus iunior nostratum nonullis,
illi nobis, nos, o posteri, vobis.*
[6] Le mot *non* qui est exigé par le sens, manque dans le manuscrit unique (A).

par Jocundus pour désigner l'élève qui était son principal informateur. Voici un relevé spécial des mentions y relatives.

§ 7. Le puer (Trajectensium)

Dans le texte original de Jocundus, les récits de ce *puer* étaient au nombre de six, au moins. Quatre de ces récits ont passé dans le Texte A, trois dans la version bavaroise des *Gesta* (*Gesta I:* les manuscrits I, S et W), quatre dans la version franco-belge des *Gesta* (*Gesta II:* les manuscrits C, D, G, R et le ms. 5 des Bollandistes qui donne le Texte A de la *Vita*, suivi du texte des *Gesta II*) [7]. Sur les quatre récits, passés dans les *Gesta II*, deux (les chapp. 38 et 39 de l'édition de Wilhelm) n'ont de pendants ni dans le Texte A ni dans les *Gesta I*, et un troisième (le chap. 40 de Wilhelm, à la note) y figure dans une rédaction très amplifiée qui est apparemment la rédaction originale.

CONCORDANCE DES RÉCITS

	Texte A	Gesta I	Gesta II
Récit I	chap. 59–62	chap. 40	chap. 40 (ampl.)
Récit II	chap. 63	chap. 42	–
Récit III	chap. 64–65	chap. 41, 43, 44	–
Récit IV	–	–	chap. 38
Récit V	–	–	chap. 39
Récit VI	chap. 78	–	chap. 68

RÉCIT Ier

A: *cuidam eiusdem patroni de choro;* Gesta II: *Alumnus quidam ex ipsius congregatione.* – Pèlerinage à Jérusalem, par mer (Venise, Ravenne, Ancône, Durazzo: les *Gesta* II sont seuls à donner les noms de ces ports). Difficultés à Durazzo. La plupart des 200 pèlerins fait retour. Le *puer* est de ceux qui continuent le voyage et parviennent à Jérusalem. – La ville de Durazzo est dite *prima civitas Grecorum* et le mauvais

---

[7] L'éditeur a réuni les mss. des *Gesta II* sous la dénomination de *groupe néerlandais.* Nous préférons les mettre ensemble sous le nom de *groupe franco-belge,* parce qu'ils proviennent de l'abbaye d'Aulne (C), de Douai (D), de l'abbaye de Saint-Ghislain (G) et de Reims (R). Le ms. 5 des Bollandistes que (pour les *Miracula*) nous incorporons au même groupe, provient de l'abbaye de Grimbergen près de Bruxelles. Par contre, les manuscrits des *Gesta* qui sont de provenance proprement néerlandaise, dépendent plus étroitement du groupe dit bavarois.

tour joué aux pèlerins vient des marins vénitiens. L'aventure a donc eu lieu bien avant l'invasion normande (août 1081) et la prise du port de Durazzo (le 21 février 1082) [8]. Forcément, le pèlerinage fut entrepris avant l'occupation de Jérusalem par les Turcs qui eut lieu en 1076. Il en faut faire reculer la date plus loin encore, eu égard au début du deuxième récit.

RÉCIT II

A: *puero memorato....tempore post hec, verum tamen nec multo......* *puer Trajectensis.......huic puerulo.* Gesta II: *Idem aliquando puer ......chorum peciit cumque aliquibus timore superno tactis missam maiorem explevit....* – Premier pèlerinage à Rome; la trouvaille d'un denier illustre la pénurie qui força le *puer* à s'engager comme compagnon de voyage. – Ledit pèlerinage à Rome eut lieu du temps que Humbert était prévôt de Saint-Servais, donc entre 1063 et 1078.

RÉCIT III

A: *..idem puer.....puer trajectensis...memor domini sui Servatii ....Hec revera puer Traiectensium novit et qualiter factum est, nobis indicavit.* Gesta II: *Idem puer... Puer vero domini non immemor Servatii....* Second pèlerinage à Rome. Départ après la Noël, arrivée devant Rome le dimanche Quinquagésime. Pendant son absence, un litige entre le chapitre de Saint-Servais et deux déprédateurs fut arrangé au moyen d'une épreuve de l'eau. Lesdits déprédateurs moururent avant le retour du *puer*. L'un d'eux, l'avoué Thibaut, comte dans le Luihgau, apparaît dans des actes de 1041 à 1072. L'identité de l'autre, un certain comte Werner, est difficile à établir [9]. – Ledit pèlerinage fut donc entrepris à la fin de décembre de l'an 1071, au plus tôt, mais il est certain, en même temps, qu'il ne le fut pas longtemps après.

---

[8] Ferd. Chalandon, *Les Comnène*, I (1081–1118). Paris 1900. pp. 51–94. Pour compenser leur aide contre les Normands, le gouvernement de Byzance avait, en mai 1082, accordé aux Vénitiens un quartier franc à Byzance et franchise de tout impôt indirect dans toute l'étendue de l'Empire; cfr. John Danstrup, *Indirect taxation at Byzantium*, dans: Classica et Mediaevalia, VIII (1946) 139–167. Robert Guiscard mourut le 15 juillet 1085; deux jours après, les Normands occupaient toujours le port de Durazzo.

[9] Lire sur ce comte, conseiller du roi Henri IV et tué en 1065: G. Meyer von Knonau, *Jahrbücher des Deutschen Reiches unter Heinrich IV. und Heinrich V.*, II (Leipzig 1894) 208ss.; V (1904) 319. Son identification est suivie par Friedrich Wilhelm, *Sanct Servatius*, p. 46, mais elle est en contradiction avec l'année de la mort du comte Thibaut et la date approximative du second pèlerinage à Rome du *puer*.

RÉCIT IV

Gesta II: *..ex canonicis eius quidam...satis religiosus..Lectioni et orationi assidue vacabat. Sanis bonorum colloquiis frui adamabat, chorum pro modulo suo frequentabat.....* – Récit dépourvu de tout élément de datation.

RÉCIT V

Gesta II: *Ierat idem frater...Stabulaus* [10] *....Trajectensis ille....* – Récit dépourvu de tout élément de datation.

RÉCIT VI

A et Gesta II: *..Nocte quadam..astitit mihi senior* (Servatius) *...scribere mandavit, quod puer ille rogavit;* comparer le début: *Rogatu cuiusdam ex vobis, carissimi, curam huius opusculi suscepi.* – Vision de Jocundus, sans date. Il en ressort, que le *puer* a demandé Jocundus à composer les *Miracula sancti Servatii* et que saint Servais, apparaissant en songe, a enjoint à celui-ci de devancer les voeux de son élève. – La relation rythmée de la vision peut donner quelque association à l'antique dialogue du poète et de la Muse, l'*invocatio*, servant à rendre compte de l'inspiration et de la commande.

§ 8. Autres contemporains mentionnés par Jocundus

1) *Adelbertus*, chanoine de Saint-Servais, connu seulement par Jocundus (*Vita*, chap. 71: *quidam ex canonicis beatae memoriae Adelbertus*). A moins que les mots *beatae memoriae* n'aient été interpolés, il peut difficilement être identique à l'Adelbert qui figure comme prévôt de Saint-Servais aux années 1106/11 et 1109 et qui mourut en 1137 [11].

2) *Agnès* (*Miracula*, chap. 54: *beatae memoriae Agnes imperatrix*),

---

[10] Wilhelm, *o.c..*, p. 111, induit en erreur par la leçon elliptique *frater Stabulaus* de quelques manuscrits, a pris *Stabulaus* pour le nom du *frater*! Son erreur fut déjà corrigée par le Père A. Poncelet, dans: Analecta Bollandiana, XXIX (1910) 352 à la note 1. *Stabulaus* = Stavelot.

[11] P. Doppler, *Verzameling van charters en bescheiden betrekkelijk het vrije Rijkskapittel van Sint Servaas te Maastricht.* tom. I (Maastricht et La Haye 1930–1932), nos. 28 (1106 /1111)et 29 (1109). Il était chancelier pour l'Allemagne 1106–1111, chancelier pour l'Italie depuis 1111 et archevêque de Mayence de 1111 à sa mort en 1137; cfr. H. Bresslau, *Handbuch der Urkundenlehre für Deutschland und Italien*, I (2e éd., 1912) 479.

épouse de l'empereur Henri III, décédée à Rome le 14 décembre 1077.

3) *Albert III*, comte de Namur 1063/64–22 janvier 1102, vice-duc de Lotharingie Inférieure avril (?) 1076–1087. – *Miracula*, chap. 75: construction du château de Daelhem; Albert III intervient en sa qualité de vice-duc, au nom de l'empereur. – *Miracula*, chap. 78: en 1076, Albert III, en sa qualité de vice-duc, concède en fief à Gérard de Wassenberg le domaine royal d'Echt. – L'action militaire, rapportée au chap. 75, eut lieu *transactis dehinc annis non multis*, c.à.d. peu d'années après la mort de Guillaume, évêque d'Utrecht († 27 avril 1076).

4) *Beatrix*, veuve de Boniface Ier, marquis de la Toscane, se remaria avec Godefroid II le Barbu, duc de la Lotharingie (mort le 24 décembre 1069). Elle trépassa le 18 avril 1076. Jocundus paraît l'avoir vénérée comme une sainte: *eius coniunx gloriosa Beatrix; veneranda Beatrix* (*Miracula*, chap. 56).

5) *Emmon*, deuxième comte de Looz 1044/46–1078/79 [12], s'empara du château de Dalhem (*Miracula*, chap. 75: *Emmo quidam miles, quo duce intravit;* cfr. *Gesta*, chap. 47: *Hemmo ductor milicie*).

6) *Gerard* (*de Wassenberg*), mentionné 1082–1129, depuis 1101 comte de Gueldre, parent de Guillaume, évêque d'Utrecht. Jocundus l'appelle *Ger(h)ardus princeps*, sans surnom (*Miracula*, chap. 78). L'identité avec Gérard de Wassenberg est exprimée pour la première fois dans les *Gesta* (chap. 47). Antérieurement à la mort de son père (Thierry de la Veluwe) qui survint en 1082, Gérard figure toujours sans surnom dans les chartes. Le nom que lui donne Jocundus est donc juste pour les années antérieures à 1082.

7) *Godefroid II le Barbu*, duc de la Lotharingie, mourut le 24 décembre 1069. Jocundus (*Miracula*, chap. 56) le compte déjà parmi les morts.

8) *Godefroid III le Bossu*, duc de la Lotharingie Inférieure, fut assassiné par un sicaire flamand le 27 février 1076. Jocundus composa le chap. 56 de ses *Miracula* peu de temps seulement après cet assassinat: ....*filius eius* (c.à.d. Godefroid III), *qui nuper in Fresonia, sicut audistis, miserabili morte interfectus est.*

9) *Godescalc*, devint prévôt de Saint-Servais vers 1084/85, est signalé comme tel pour 1087 par Jocundus en des termes évidemment interpolés: *prepositus beatae memoriae Godescalcus* (*Miracula*, chap. 78). Identique au notaire *Adalbero C* de la chancellerie

---

[12] J. Baerten, *Het graafschap Loon*. Assen 1969. p. 253.

impériale, 1071–1084 [13]. Il est apparemment le même encore que le Godescalc qui devint prévôt d'Aix-la-Chapelle en 1098 et mourut le 26 novembre d'une annee inconnue,[14] en 1100 au plus tôt, en 1106 au plus tard [15]. Il nous a laissé un nombre d'hymnes et quelques opuscules [16].

10) *Guillaume*, évêque d'Utrecht (1057–1076). Sa mort qui survint le 27 avril 1076, est rapportée par Jocundus, en ses *Miracula*, chap. 74 (*Willelmus nomine, Flandrensis genere*). Les mots *Flandrensis genere* font entendre qu'il était apparenté à Gérard de Wassenberg (voir no. 6).

11) *Henri IV*, roi, couronné empereur (par un anti-pape) le 31 mai 1084. Jocundus (*Miracula*, chap. 55) le mentionne en ces termes: *ipsum christum domini imperatorem Henricum.*

12) *Henri II*, comte de Louvain 1063–1079. Mentionné par Jocundus aux chapp. 63 et 67 des *Miracula*.

13) *Herman II*, comte palatin du Rhin, mort en 1085/6. Voir: Jocundus, *Miracula*, chap. 75.

14) *Humbert*, prévôt de Saint-Servais, vers 1075–76. Connu uniquement par Jocundus (*Miracula*, chap. 63: *piae recordationis prepositus Humbertus*; chap. 74: *in ipsum prepositum magnae devotionis virum Humbertum*) qui rapporte, que, vers 1075–1076, Guillaume, évêque d'Utrecht, a tenté de lui enlever la prévôté de Saint-Servais. Hugo Ier, prédécesseur de Humbert, apparaît pour la dernière fois en 1063 [17]. Son successeur Hugo II apparaît de

---

[13] H. Bresslau, *Handbuch der Urkundenlehre für Deutschland und Italien*, I (2e éd. Leipzig 1912) 457.

[14] Comme prévôt Godescalc est signalé encore dans une charte du 15 février 1099 (Stumpf, no. 2943). Le nécrologe de Notre-Dame d'Aix-la-Chapelle (Chr. Quix, *Necrologium Ecclesiae B.M.V. Aquensis.* Aix-la-Chapelle et Leipzig 1830. p. 65), donne le jour de sa mort (*VII. kl. dec.*), mais sans millésime.

[15] P. Doppler, dans sa liste des prévôts de Saint-Servais (Publications de la Soc. hist. et archéol. dans le Limbourg, LXXII, 1936, pp. 141 ss.,) lui donne comme successeur un Herman qui apparaît en 1103; à tort, car ce Herman doit être localisé à Utrecht. C'est ce que nous apprend E. Meuthen, *Die Aachener Pröpste bis zum Ende der Stauferzeit*, dans: Zeitschrift des Aachener Geschichtsvereins, LXXVIII (1966–1967) 5–95, spéc. aux pp. 20–25. Cet auteur a apporté bien des retouches à la biographie traditionnelle de Godescalc. Meuthen a laissé ouvertes les questions de ses origines et de la fixation de l'époque où Godescalc s'est incorporé à l'abbaye bénédictine de Limburg a/d Hardt.

[16] *Godescalcus Lintpurgensis. Gottschalk Mönch von Limburg an der Hardt und Propst von Aachen, ein Prosator des XI. Jahrhunderts. Fünf ungedruckte Opuscula.* publ. par Guido Maria Dreves (= *Hymnologische Beiträge* I). Leipzig 1897.

[17] Hugo Ier est mentionné comme prévôt de Maestricht de 1051 (au célèbre rouleau mortuaire de Saint-Martin-de-Canigou) à 1063. D'après J. H. L. de Theux de Montjardin, *Le chapitre de Saint-Lambert à Liège*, I (Bruxelles 1871) 86, il était en même temps prévôt du chapitre cathédral de Liège.

1079 à 1083 [18]. La prévôté de Humbert doit donc être située entre les années 1063 et 1079. Il disparut (mourut?) aux années 1177/78.

15) *Otton de Duras*, mentionné de 1046 à 1088, frère d'Emmon, comte de Looz (voir no. 5), et père de Giselbert, comte de Duras [19]. Jocundus le met en scène au chap. 67 des *Miracula*.

16) *Thibaut*, avoué, comte dans le *Luihgau* (Liège), apparaît dans les chartes de 1041 à 1072 [20]. Il mourut en 1072 ou peu après. Voir plus haut, au § 7, Récit III.

17) *Thierry V*, comte de Hollande (1061–1091). Jocundus le fait assister à la diète d'Aix-la-Capelle, en mai 1087 (*Miracula*, chap. 78). Abusivement, car le personage qu'il vise sous ce nom, est plutôt le comte Thierry de Hochstaden, seigneur de Heerlen près d'Echt (voir § 33).

18) *Werner*, comte. D'après Jocundus (*Miracula*, chap. 65), il serait mort en la même année que le comte Thibaut (1041–1072). C'est donc bien à tort que plusieurs historiens l'ont identifié au comte Werner qui fut tué en 1065 (Voir plus haut, au § 7, Récit III). Mais on ne connaît, pour ce temps, aucun autre comte de ce nom.

§ 9. La patrie

Au risque de lasser les lecteurs, nous avons passé successivement en revue un nombre d'indications de nature diverse pour nous en servir en son lieu. Si nous en venons maintenant au rétablissement des faits biographiques, notre exposé ne sera plus coupé de rappels trop fréquents.

Qui et quel fut Jocundus? Nous accueillons volontiers l'impression qu'il était appelé Jocundus, de son vrai nom. Nous ne voyons pas, pourquoi il aurait choisi un nom d'emprunt, comme s'il avait ferré les chevaux à rebours pour échapper à une poursuite. Mais on ne peut signaler aucun moine français du nom parmi ses contemporains, objectera quelqu'un [21]. Cet argument n'a pas prise sur ceux qui ont

---

[18] P. Doppler, *Verzameling*, p. 31. A la même époque, un Hugo (le même?) figure comme prévôt de Saint-Lambert à Liège (de Theux de Montjardin, *o.c.*, I, 86), en 1078, en 1083 et, peut-être, encore en 1085. L'acte de 1085 (*Cartulaire de Saint-Lambert*, I, no. 27) est rétrospectif, mentionne le prévôt Hugo en rapport avec un acte antérieur.

[19] J. Baerten, *o.c.*, p. 253.

[20] L. Vanderkindere, *La formation territoriale des principautés belges au moyen-âge*, II (2e éd. Bruxelles 1903), p. 178.

[21] Il en est autrement pour l'Italie. J'y signale un Jocundus, prévôt de la cathédrale d'Arezzo, qui figure dans de nombreuses chartes de 1057 à 1086. Voir: Ubaldo Pasqui, *Documenti per la storia della Città di Arezzo nel medio evo*, I (650–1180). Firenze 1899. – Je signale encore un moine Jocundus, membre d'une abbaye bénédictine qui entretenait des

l'expérience du manque à peu près total de nécrologes et d'autres sources de nomenclature ecclésiastique pour la France du XIᵉ siècle.

Au fait, que savons-nous des origines de Jocundus ? Un examen rapide des indications, mises ensemble au § 5, suffit à confirmer l'opinion de l'éditeur R. Koepke (1856), que Jocundus a vécu et écrit dans le royaume de France. Le royaume de France, bien entendu, dans son extension du XIᵉ siècle, à l'exclusion donc des pays qui dépendaient de l'Empire (le royaume d'Arles, la Lotharingie, etc.) ou qui, dans le passé, avaient fait partie du royaume de Tolède (le Roussillon, le Bas-Languedoc) [22]. Nous croyons même pouvoir y enchérir un peu, en ajoutant notre impression que Jocundus était d'expression romane et que par conséquent il doit être né de parents gallo-romans ou français. Son rapprochement des formes *Ihesus* et *Salvator* (§ 5, no. 6) et l'alliance qu'il fait des mots *Alagrecus* et *alacritate* (*Vita*, chap. 7), nous paraissent garantir ses origines romanes.

Il est dans la nature des biographes de ne pas s'en tenir là, mais de déterminer aussi le lieu ou le pays de naissance. H. Rademacher (1921) a fait venir Jocundus du Midi de la France. Nous partageons le scepticisme dont B. H. M. Vlekke (1935) a fait preuve à l'égard de cette hypothèse. Certes, Jocundus s'est servi d'une chronique hispano-arabe pour sa relation de la bataille de Poitiers (732 ; voir au § 39) et il a plagié la vie d'un saint italien (Géminien) auquel, en France, seul le diocèse de Toulouse avait accordé une place dans le culte liturgique (voir au § 33), mais ce sont là des indices de par trop faibles. Le fait que, dans le Midi, on ne trouve point trace de culte rendu à saint Servais [23], constitue même une objection sérieuse, d'autant plus sérieuse

---

relations de fraternité avec l'abbaye de Pfäfers (Suisse) ; voir : MGH., *Libri confraternitatum Sancti Galli Augiensis Fabariensis*, ed. Paulus Piper. Berolinis 1884. p. 371.

[22] Notre auteur ne peut pas appartenir à la dynastie des *Jocundus* de Joyeuse en Vivarais, car le Vivarais était une enclave de l'Empire dans le Centre de France. – Il ne peut pas non plus avoir été moine de Saint-Martin-de-Canigou, abbaye située en Roussillon et entretenant des rapports de fraternité avec Saint-Servais de Maestricht, en 1051 ; cfr. L. Delisle, *Rouleaux des morts du IXᵉ au XVᵉ siècle*. Paris 1866. pp. 95-102 (*Titulus piissimi Servatii Confessoris*).

[23] Matthias Zender, *Räume und Schichten mittelalterlichen Heiligenverehrung in ihrer Bedeutung für die Volkskunde. Die Heiligen des mittleren Maaslandes und der Rheinlande in Kultgeschichte und Kultverbreitung.* Düsseldorf 1959. pp. 61-74 (sur le culte de saint Servais), spéc. aux pages 64 (carte des calendriers et martyrologes)et 66 (carte de l'aire d'expansion des patronages etc.). D'après ces cartes, l'expansion du culte de saint Servais s'est arrêtée devant la Loire.

Je signale deux exceptions qui ont échappé à l'attention de M. Zender. En 1051, les moines de Saint-Martin-de-Canigou avaient quelque notion de saint Servais, parce qu'ils étaient en rapport de fraternité avec son église de Maestricht (voir à la note 22). – En 1154, une des trois églises claustrales de l'abbaye de Villemagne (arr. de Béziers, Hérault) est mentionnée sous le vocable de saint Servais ; voir : L. Delisle, *Rouleaux des morts*, p. 369, no. 27. Nous n'en avons pas trouvé mention ailleurs.

Une très ancienne chronique de l'abbaye de Saint-Vaast (MGH. SS. XIII, 682) porte que

que Jocundus ne se lasse pas de vanter la diffusion de ce culte en son pays. On ne va tout-de-même pas penser que nous voudrions reléguer notre Jocundus au nom aussi méridional dans quelque région du Nord ou du Nord-Est où le culte de saint Servais est bien attesté avant le XIe siècle. Le domicile d'un auteur qui écrit à grande distance de Maestricht et qui s'en excuse ou en tire argument (*Vita*, chap. 7: *nos longo terrarum spatio remotos*), doit nécessairement être cherché beaucoup plus au sud ou au sud-ouest. Même Reims – une des trois villes de France qui ont leur saint Jocond local (Reims, Senlis et Limoges) – est à exclure [24].

En décrivant des cercles de plus en plus étroits, nous avons pu rétrécir l'aire qualifiée, mais sur le lieu et le pays mêmes de naissance nous restons toujours dans le vague. On ne peut, au moins, nier deux petits faits: 1 que, d'une part, Jocundus présente Paris comme la résidence de Charlemagne [25] et, partant, comme la capitale de la *terra nostra* au sens plus large, et 2 que, d'autre part, il avance avec une certaine prédilection l'Aquitaine comme sa *terra nostra* au sens plus restreint, mais plus propre: l'ancien royaume d'Aquitaine, compris entre la Loire et la Garonne et embelli des cités de Poitiers, de Limoges[26] et d'Angoulême.

§ 10. Les débuts

C'est à peine que les sources nous permettent d'évoquer les débuts de Jocundus. Nous sommes navrés d'avoir à nous contenter de vagues suppositions à l'égard d'un auteur qui s'est fait imposer par ses dédicataires la tâche de trouver une généalogie, une patrie, un lieu de naissance, une jeunesse et une formation à leur saint patron Servais.

Il est à présumer que Jocundus fut né, au plus tard, vers 1030: date approximative de naissance de Sigebert de Gembloux qui lui survivrait longtemps. Après de fortes études, il prit la coule des moines de

à la prière de saint Servais, Dieu aurait préservé Toulouse de l'invasion d'Attila. Erreur de copiste? ou trace unique d'une légende?

[24] Reims était considérée comme une ville limitrophe de l'Empire; cfr. L. Delisle, *Rouleaux des morts*, p. 85 (anno 1051):
Urbs est Remorum prope fines Francigenarum.

[25] Voir au § 5, le no. 13. Dans la littérature épique du XIe siècle, Paris supplante Aix-la-Chapelle (9e siècle) et Laon (Xe siècle) comme résidence de Charlemagne.

[26] Le premier comte légendaire de Limoges (VIe siècle) s'appelle Jocundus. Il a bien existé à Limoges, en ce siècle, un Jocundus, père de saint Yrieix (mort en 591). Sur le culte d'un saint Jocundus à Limoges, lire: *Catalogus codicum hagiographicorum latinorum qui asservantur in Bibliotheca Nationali Parisiensi. Index* (1893), p. 69. A Limoges, selon Dom Martène, toutes les fables trouvaient des prôneurs! Les propos tenus par Dom Martène concernent spécialement la légende de saint Martial qui ressemble un peu à celle de saint Servais.

saint Benoît. L'expression *Abbas noster sanctus Benedictus* dont il se sert au chap. 120 de la *Vita sancti Servatii* [27], nous permet d'être affirmatif sur ce point. De la qualification de *presbyter* qu'il se donne (*Vita*, chap. 2), on peut déduire non seulement qu'il reçut la prêtrise et conséquemment partageait le rang des *seniores* (âgés de plus de 45 ans), mais aussi qu'il était autorisé à vivre hors de son abbaye, détaché soit à quelque prieuré-cure soit à l'enseignement ou autrement.

Jocundus avait donc plus de 45 ans, quand – avant 1076 – les chanoines de Maestricht le sollicitèrent de prendre la plume. Ce fut sans doute à cause de sa réputation comme écrivain non moins qu'à cause du renom de son abbaye que cette sollicitation flatteuse lui fut destinée. Une telle réputation va de pair avec un âge assez avancé. A l'épilogue de la *Vita* (chap. 147), Jocundus prie ses lecteurs (les dédicataires) de prendre son récit avec un coeur filial (*ut filii*). La tournure dénote la respectabilité d'un maître et de son âge.

L'Aquitaine qui est, peut-être, le pays de naissance de Jocundus, nous achemine vers la vallée de la Loire qui la borde au Nord. En se déplaçant de la Rhénanie et de la Lotharingie au sud-ouest, le mouvement intellectuel, au XIe siècle, descend vers la même vallée. Au cours de nos recherches ingrates sur les débuts de Jocundus, une impression, au moins, s'est précisée lentement, à savoir que la vie monastique et littéraire de Jocundus s'est écoulée à ce carrefour des cultures et qu'il pourrait bien avoir choisi l'abbaye de Fleury (Saint-Benoît-sur-Loire) comme sa «famille» d'adoption.

§ 11. Moine de Fleury?

Revenons sur l'expression *Abbas noster sanctus Benedictus* qui est venue comme d'elle-même au bout de la plume de notre Jocundus (§ 5, no. 9). La formule est insolite et, par surcroît, isolée. Dans l'usage de l'Ordre, la forme sacramentelle était: *Pater noster* (*sanctus*) *Benedictus*. A l'abbaye de Fleury et au sein de sa congrégation le protocole comportait l'emploi des formules *Patronus noster* (*sanctus*) *Benedictus* [28] ou (*sanctus*) *Benedictus abbas Floriacensis* [29].

L'emploi sans pareil du possessif *noster* nous autorise à prendre la formule de Jocundus (*Abbas noster*) dans un sens très prégnant: saint Benoît n'est pas seulement notre Père et Patron, il est aussi notre

---

[27] Les textes A et B, ici, offrent la même leçon. L'authenticité est donc assurée.

[28] Voir, p.e., Aimoin, historiographe de Fleury, dans: Bouquet, *Recueil*, X, 347.

[29] Voir les indications de propriétaire que portent les manuscrits de Fleury, et les actes de donation.

abbé, car son saint corps repose chez nous. Or, vers 672 le corps du saint avait été transféré du Mont-Cassin (vide de moines alors) à Fleury. Aux années 755–757, quelques particules du saint corps avaient été restituées au Mont-Cassin, à la demande du pape Zacharie, mais le corps proprement dit était resté à Fleury et, antérieurement au XIIe siècle, ce fait n'a jamais été contesté.

La formule *Abbas noster sanctus Benedictus* garantit que Jocundus appartenait à l'Ordre de saint Benoît. On en peut déduire aussi avec grande vraisemblance que Jocundus vivait dans une abbaye qui avait saint Benoît comme patron; donc à Fleury, car, au XIe siècle, Fleury était parmi les abbayes du royaume de France seule à être placée sous le vocable de saint Benoît de Nursie [30]. Entre Maestricht et Fleury, entre les possesseurs des saints corps de Servais et de Benoît, les accointances étaient naturelles.

Ce n'est pas seulement au patron du *Iocundum coenobium* [31] de Fleury que Jocundus a réservé une place d'honneur dans ses récits; il y a fait entrer aussi saint Sébastien, le patron de l'église paroissiale de Fleury [32]. Qu'on se rappelle le songe du duc Godefroid II, rapporté au chap. 56 des *Miracula:* saint Servais ordonne au jeune guerrier qui l'accompagne, de transpercer de sa lance le corps du déprédateur de son église. Dans le récit modèle, adapté par Jocundus, le jeune guerrier est appelé Sébastien (voir plus bas, au § 34).

En discordance avec l'appartenance présumée de Jocundus à l'abbaye de Fleury semble l'absence du culte de saint Servais à cette abbaye. Le nom de saint Servais ne figure pas au martyrologe d'Usuard à l'usage de Fleury; il manque également dans les recueils de vies de saints utilisés pour la liturgie à Fleury [33]. Au fait que les données manquent, nous ne trouvons rien à redire, mais fut-ce bien nécessaire de se mettre à leur quête? Tout bien pesé, Jocundus a en plusieurs endroits épanché son coeur sur le renom dont jouissait saint Servais en France, mais il ne nous a pas fait savoir ni même suggéré que le saint aurait été l'objet d'un culte liturgique à son abbaye.

---

[30] Plusieurs prieurés-cure de Fleury avaient également saint Benoît comme patron. – L'abbaye de Saint-Benoît-de-Quincey (près de Poitiers) est à éliminer, parce qu'elle avait un autre saint Benoît comme patron.

[31] L'expression vient de l'historiographe Aimoin, moine de Fleury; voir: Bouquet, *Recueil*, IX, 140 (*Miracula S. Benedicti*).

[32] A. Vidier, *o.c.*., p. 133 à la note 92. Le culte de saint Sébastien, le troisième patron de Rome et le premier des patrons *antipesteux*, fut répandu surtout par les Bénédictins. Il y eut de ses reliques à Saint-Médard de Soissons, depuis 826.

[33] Elisabeth Pellegrin, *Notes sur quelques recueils de vies de saints utilisés pour la liturgie à Fleury-sur-Loire*, dans: Bulletin d'information de l'Institut de recherche et d'histoire des textes, XII (1963) 7–30.

On peut, au moins, dire que le nom de saint Servais y était connu. Des églises dont les calendriers et martyrologes, antérieurs au XIIe siècles, mentionnent le nom du saint, deux sont situées à proximité de Fleury, dans l'entre-Seine-et-Loire qui est, au sud, la zône extrème de l'aire d'expansion du culte de saint Servais à cette époque [34]. Un très ancien manuscrit de Fleury qui fut examiné par Dom Ruinart, mais qui est perdu aujourd'hui, contenait dans la table des chapitres cette mention: *De Aravatio Trajectensium episcopo* [35]. Un recueil de prières datant du début du IXe siècle et originaire de la Bavière, mais reposant à la bibliothèque de Fleury dès le commencement du XIe siècle, au plus tard, nous a conservé une litanie des saints qui contient aussi une invocation de saint Servais: *Sancte Servasi* [36]. Nous faisons une mention spéciale de la particularité, que l'invocation de saint Servais y fait immédiatement suite à celle de saint Benoît (de Nursie) [37].

Il est peu surprenant que le filon de nos recherches nous a menés à l'abbaye de Fleury qui revendiquait alors la primauté des monastères et qui, au dire de son abbé Gauzlin [38], hébergeait des moines venus de tous les pays d'Europe, même des Allemands et des Espagnols. Si nous n'avons pas réussi à prouver l'existence d'un culte de saint Servais à Fleury [39], nous avons, au moins, gagné la certitude que le nom du saint y était connu. Fait plus suggestif: au VIIIe siècle, l'abbaye de Fleury était une «propriété» de l'abbaye de Saint-Wandrille: l'abbé de Fleury devait être choisi parmi les moines de l'abbaye de Saint-Wandrille qui était le plus ancien centre du culte de saint Servais en France [40].

---

[34] M. Zender, *o.c.*, pp. 64, 86–88.

[35] Aug. Prost, *Saint Servais. Examen d'une correction introduite à son sujet dans les dernières éditions de Grégoire de Tours*, dans: Mémoires de la Société nationale des antiquaires de France, 5e série, tome X (1889) 183–294, spécialement à la page 283.

[36] Martène et Durand, *De antiquis Ecclesiae ritibus*, III (Antverpiae 1754) 238. – Ledit manuscrit se trouve maintenant à la Bibliothèque publique d'Orléans, au Fonds de Fleury, no. 161; voir: Ch. Cuissard, *Inventaire des manuscrits de la Bibliothèque d'Orléans. Fonds de Fleury*. Orléans 1885. p. 94 (cote actuelle: 184 (161)). – La date, les origines et l'usage du manuscrit ont été tirés au clair par le Rév. Père Maurice Coens, S. J., *Les litanies bavaroises du 'Libellus precum' dit de Fleury*, dans son: *Recueil d'études Bollandiennes* (= Subsidia Hagiographica, no. 37). Bruxelles 1963. pp. 185–204.

[37] La raison et la diffusion de cette alliance mériteraient une étude. En 1128, un autel de l'église de Xanten fut consacré et mis sous le vocable des saints *Servatius et Benedictus;* voir: W. Stüwer, *Die Patrozinien im Kölner Grossarchidiakonat Xanten*. Düsseldorf 1938. p. 132.

[38] *Miracula S. Benedicti*, lib. IV, c. 7 (éd. Certain, p. 183). Le moine Thierry de Fleury était originaire d'Amorbach.

[39] Au chap. 118 de la *Vita*, Jocundus s'en réfère au martyrologe (d'Usuard) qui était lu en la fête de saint Servais. S'en réfère-t-il à l'usage des dédicataires à Maestricht? ou à l'usage de sa propre abbaye à lui? ou bien aux deux? En raison de son ambiguité nous n'avons pas fait entrer en litige ce passage en lui-même capital.

[40] *Gesta abbatum Fontanellensium* (éd. S. Loewenfeld. Hannoverae 1886), chap. 2: acte de Pépin. Le terme *Eigenkloster* est employé en ce rapport par W. Levison, *Zu den Gesta Abbatum*

Ajoutons quelques rapprochements littéraires. Jocundus a un passage commun avec la Vie de Caddroe (mort en 978), abbé de Waulsort, qui avait eu sa formation à Fleury [41]. Il nous paraît certain qu'il a repris un vers du poète Giraldus de Fleury [42]. Il a encore fait sienne la métaphore des *lucernae....ad illuminandum humanum genus* [43] qui devait son succès à l'activité littéraire de l'abbaye de Fleury. Nous nous étendrons un peu sur cette métaphore dont la diffusion semble le fruit d'une interaction entre Fleury et Maestricht. Voici les écrits qui débutent par cette métaphore, reconnaissable à l'incipit *Ad illuminandum humanum genus:*

1) Début des sermons CCXIV et CCXV de saint Césaire d'Arles en l'honneur des saints Honorat et Félix. Ed. par G. Morin, *S. Caesarii Arelatensis Sermones*, I, pp. 809–810 et 811–814 (rééd. dans: *Corpus scriptorum christianorum*, CIII (1953) 853–854 et 855–858). D'après un manuscrit du XIIe siècle qui provient probablement de Fleury (Vat. reg. lat. 591); cfr. Vidier, *o.c.*, p. 247. En tout cas, un martyrologe de Fleury (Orléans, ms. 311, f. 141) renvoie à ces sermons (Vidier, *o.c.*, p. 166 à la note 4).

2) Adaptation du sermon CCXIV de Césaire d'Arles pour un sermon en l'honneur de saint Aignan que conservent deux manuscrits de Fleury. Signalée par Mlle E. Pellegrin, *Notes sur quelques manuscrits de sermons provenant de Fleury-sur-Loire*, dans: Bulletin d'information de l'Institut de recherche et d'histoire des textes, X (1961) 27. Voir encore: Vidier, *o.c..*, pp. 137–139.

3) Début du *Sermo in laudem patris Benedicti, Sermo in translatione S. Benedicti*, attribué parfois à Odo, abbé de Fleury, et conservé dans un recueil officiel de Fleury du XIe siècle. Il était lu à Fleury la veille de la *Translatio S. Benedicti;* cfr. Vidier, *o.c.*, p. 247.

4) Début de la *Vita 3ᵃ sancti Servatii*, mieux connue comme *Gesta antiquiora*, IXe siècle. B.H.L. 7613. Connue déjà de Hérigère et largement dépouillée par Jocundus. Ed. dans: Analecta Bollandiana, I (1882) 94–111. Composée à Maestricht.[44]

Fontanellensium, dans: Revue bénédictine, XLVI (1934) 241–264. – Les reliques que Saint-Wandrille possédait de saint Servais, avaient été emportées de Maestricht par l'abbé Wandon en 742 (MGH. SS., II, 286).

[41] *Vita*, chap. 77, à la note 2. Il est possible aussi que Jocundus ait pris ce passage dans les *Gesta antiquiora sci Servatii* où on le trouve également (Analecta Bollandiana, I, 98).

[42] *Vita*, chap. 129, à la note 1.

[43] *Vita*, chap. 29, à la note 6. Il est possible aussi que Jocundus ait simplement voulu s'en référer de manière discrète aux *Gesta antiquiora* de saint Servais qui débutent par les mots *Ad illuminandum humanum genus*.

[44] D'après l'opinion de Bruno Krusch, dans: MGH. SS. rer. merov., III, 84. Son opinion me semble tenir de l'évidence. Je signale spécialement la citation d'un *Liber miraculorum* de

5) Début d'une adaptation pour un sermon en l'honneur de saint Hilaire de Poitiers, dans un manuscrit du XIIIe siècle (Rouen U 64); cfr. Analecta Bollandiana, XXIII (1904) 259 ss.

6) Début de la vie apocryphe du prétendu saint Auctor, évêque de Trèves (*BHL.*, 747), que Jocundus n'a pas pu connaître.

La conclusion à laquelle conduit l'ensemble des indices allégués, est à rédiger comme suit. Jocundus a fait sa profession dans une abbaye bénédictine de France. Si nous pouvons prendre à la lettre l'expression *Abbas noster sanctus Benedictus*, cette abbaye était placée sous le vocable de saint Benoît et ne peut guère être autre que celle de Fleury (Saint-Benoît-sur-Loire).

Il est, toutefois, un peu difficile à croire qu'un auteur qui avait la fantaisie si riche, a pu avoir des attaches avec la célèbre école d'historiographie de Fleury à laquelle feu Alexandre Vidier a voué une étude admirable [45]. Mais n'oublions pas qu'il était avant tout *presbyter*, qu'il avait charge d'âmes. Il fut détaché temporairement au service de Saint-Servais. Il peut avoir été détaché au service d'autres églises encore (p.a. celle de Saint-Martin-de-Canigou). Il est, d'ailleurs, possible, que, avant d'entrer à Fleury, il ait parcouru des écoles moins critiques, mais plus poétiques, comme celles d'Adémar de Chabannes à Limoges.

§ 12. Séjours à Maestricht

Le manque apparent de parallélisme entre la genèse de l'oeuvre et les séjours à Maestricht rend extrêmement compliqué le problème de la datation de ces derniers. La rédaction de la *Vita* peut avoir été entreprise avant la vocation à Maestricht, car Jocundus assure qu'une copie de l'écrit d'Alagrecus lui avait été apportée par quelques frères de son abbaye qui revenaient de Maestricht. La rédaction définitive, cependant, qui seule est conservée, fut terminée après 1070 seulement[46].

saint Servais (Analecta Bollandiana, I, p. 100) et la phrase significative: *gaudium quod digni sumus talem habere patronum* (*ibid.*, p. 103).

[45] Alexandre Vidier, *L'historiographie à Saint-Benoît-sur-Loire et les Miracles de Saint-Benoît*. Ouvrage posthume revu et annoté par les soins des moines de l'abbaye de Saint-Benoît de Fleury (Saint-Benoît-sur-Loire). Paris 1965.

[46] *Vita sci Servatii*, chap. 58: *Possident quidam (Turci) ut aiunt Hierosolimam*. De ce passage, W. Levison (*o.c.*, p. 515) a conclu que Jocundus l'écrivit après la bataille de Mandzikert qui avait eu lieu en 1071. Or, d'après J. Prawer, *Histoire du royaume latin de Jérusalem*, I (Paris 1969), p. 116, la première unité turque irrégulière, commandée par Atsiz, avait occupé Jérusalem en 1070 déjà. Cette occupation fut interrompue par une révolte en 1076–1077 et régularisée en 1079 seulement. L'expression *quidam* dont se sert Jocundus, convient très bien à la situation flottante qui existait en Terre Sainte pendant la période de l'occupation par des irréguliers (1070 à 1079).

Vers 1076/77 au plus tard, Jocundus était déjà occupé à rédiger les *Miracula* (§ 6, no. 7), mais il est évident que, à ce temps, il ne résidait plus dans la cité mosane. Commençons par explorer les détails du séjour à Maestricht.

Qu'est ce que Jocundus a vu à Maestricht? Il en vante le beau site qu'il déclare avoir contemplé de ses yeux (*Vita*, chap. 32: *ut ego ipse probavi oculis meis*). Au sacraire de Saint-Servais, il a vu et, sans doute, utilisé le registre officiel des miracles du saint (*Miracula*, prologue: *quae in libro miraculorum eius vidimus*). Il a pris connaissance d'une copie des poèmes que les écoliers de Saint-Servais, en 1051, avaient inscrits au rouleau de mort de Guifred, abbé de Saint-Martin-de-Canigou [47]; il en a même repris un vers dans le prologue à la *Vita* (chap. 1, vers 2, et à la note 3). Mais surtout il a fait la rencontre d'un écolier (*puer*) qu'il semble avoir pris en affection et qui, plus tard, l'inciterait à publier une nouvelle version des miracles de saint Servais.

Les voyages de ce *puer* ont eu lieu avant 1076/77. Le troisième et dernier fut fait vers 1071 ou peu après (voir au § 7). Il paraît que Jocundus a fait bon accueil au jeune-homme qui retournait d'Italie; en tout cas, on ne nous a pas caché la joie qu'il en a éprouvée [48]. Comme à un maître le jeune-homme lui a fait le récit de ses vicissitudes de voyage (*Miracula*, chap. 65: *indicavit nobis;* chap. 62: *nobis retulit postea*). L'expression *retulit postea* nous fait penser, que les récits, faits d'abord de vive voix, ont été couchés sur écrit plus tard et communiqués par lettre à Jocundus qui dans l'intervalle avait quitté Maestricht.

Tel fut le procédé de Jocundus; au moins, pour le récit du second voyage d'Italie. Nous avons, par intuition et à l'évidence, la quasi-certitude, si nous lisons la relation que Jocundus donne de ce voyage au chap. 62 des *Miracula*. D'abord, Jocundus annonce le *puer* (...*puerum....audiamus..*), comme quelqu'un qui va prendre la parole. La relation qui suit, est apparemment la reproduction d'une lettre (*cartula*) de son jeune informateur et collaborateur (l.c.: *quod plantavit manus et mens hominis devotissima in hac cartula*).

Il n'est pas tout-à-fait inutile de remarquer, que Jocundus ne s'en est pas tenu aux services du seul élève et qu'il ne s'est pas trop rigoureusement cantonné dans le cloître de Saint-Servais. Il a eu des entretiens avec quelques prélats et nobles français qui avaient été témoins de la

---

[47] Léopold Delisle, *Rouleaux des morts du IXe au XVe siècle*. Paris 1865. pp. 95–102. Les poèmes, contribués par les écoliers de Saint-Servais, sont au nombre de onze.

[48] *Gesta sancti Servatii*, chap. 44 (éd. Wilhelm, p. 116:) *Quam jocundum quod eidem puero finibus Italicis revertenti...* On remarquera le jeu sur le mot *Jocundus*!

consécration d'une église à Goslar, en 1050 (voir § 6, no. 6), et même avec quelques prélats impériaux qui avaient assisté au concile de Mayence, en 1049 (voir § 6, no. 2). Il est remarquablement bien instruit sur les ducs de Lotharingie de la maison d'Ardenne. Il semble avoir fait connaître la duchesse Béatrice comme une sainte (*Miracula*, chap. 56) et se montre renseigné sur un songe prémoniteur qui se transmettait dans la famille ducale (*ibid.*, chap. 56). Le secret de ce songe, Jocundus dit l'avoir appris de quelques moines auxquels le duc Godefroid III (1069–1076) l'avait confessé. D'après les *Gesta* (chap. 36), les moines l'avaient appris de la bouche du duc Godefroid II (mort en 1069) qui le transmirent au duc Godefroid III (1069–1076) et ainsi de suite. Pour diverses raisons, la version des *Gesta*, ici, est plus proche de l'original perdu de Jocundus que l'extrait elliptique que nous en a conservé le Texte A (lire sur cette question ,plus bas, § 34). C'est donc de Godefroid II (mort en 1069) que les moines, informateurs de Jocundus, tenaient le secret du songe, et ceux-ci l'ont confié à *Godefridus iunior*, c.à.d. au futur Godefroid III, donc avant 1069.

Il est donc à présumer que, avant 1069 déjà, Jocundus s'est promené un peu partout à travers la Lotharingie. A Bouillon, à Saint-Hubert-en-Ardenne et à Verdun, les principales résidences de la famille ducale? A l'abbaye d'Orval où il peut avoir pris copie des actes du concile de Cologne qu'il a insérés dans la *Vita* de saint Servais (chap. 146)? A Huy (ibid., chap. 125)? A Borcette (§ 52)? Mais n'oublions pas Maestricht!

Entre l'abbaye de Jocundus et le chapitre de Saint-Servais de Maestricht des relations furent nouées bien avant le séjour de Jocundus en cette ville. Il est même possible que Jocundus ait été interessé à la biographie de saint Servais bien avant de se rendre à Maestricht. A son propre dire, quelques confrères de lui étaient retournés d'un pèlerinage à Maestricht, porteurs d'une copie de la fameuse révélation d'Alagrecus (§ 6, no. 1). Ces confrères étaient morts dans l'intervalle, c.à.d. avant la rédaction ou, du moins, avant l'achèvement de la *Vita*. La durée de cet intervalle est difficile à définir, car les versions donnent des indications divergentes: *ante hos annos* (Texte A), *nuper* (Texte B). La communication (par personnes interposées) à Jocundus du texte très discuté d'Alagrecus était-elle accompagnée d'une demande au célèbre auteur de vouloir l'examiner et de dire son opinion? Lui a-t-on, à cette fin, offert l'hospitalité pour une période plus ou moins longue?

Quoi qu'il en soit, Jocundus est venu à Maestricht et son séjour a été d'une durée considérable. Bien qu'étranger, il a choisi l'église de Saint-Servais comme son église d'adoption et s'est donné saint Servais comme patron et protecteur, comme seigneur [49]. Par un lien spécial il s'est lié plus étroitement à la communauté du chapitre de Saint-Servais et de ses membres qu'il appelle ses fils et ses frères (*Vita*, chap. 147) et ses *amici intimi et unici* (*Miracula*, chap. 77). Conjointement ils se disputaient pour la gloire de leur commun patron (*Miracula*, chap. 78: *in gloria vestri nostrique beatissimi Servatii*).

Il est possible que le chapitre de Saint-Servais et l'abbaye de Jocundus aient entretenu des relations de *fraternitas*. Ce qui le ferait croire, c'est la visite que des confrères de Jocundus ont faite à Maestricht. Mais nous sommes mal renseignés sur les relations de fraternité que Saint-Servais entretenait au XIe siècle. Pour ce siècle, nous n'avons qu'un exemple: la fraternité avec l'abbaye de Saint-Martin-de-Canigou [50]. En 1051, un moine de cette abbaye, porteur d'un rouleau mortuaire, a vécu de longues et fréquentes semaines au sein des écoles de Liège et de Maestricht. Située dans une région qui, bien que dépendant de la couronne de France, passait encore pour une terre d'Espagne, cette abbaye peut difficilement être celle de Jocundus. Naguère, M. Stiennon [51] a dit merveilles de l'activité intellectuelle et artistique de ce petit monastère, niché aux Pyrénées Orientales, mais je n'en ai guère trouvé de manifestations.

Quittons donc le terrain des fraternités pour nous occuper du lien spécial de serviteur (*Miracula*, chap. 77: *servus vester devotissimus*), qui attachait Jocundus à Saint-Servais et qui dépassait de loin les conséquences juridiques d'une *fraternitas*.

§ 13. Maître des écoles de Saint-Servais?

On le voit: un élève des écoles de Saint-Servais a fourni à Jocundus des récits autant inattendus qu'édifiants pour étoffer la fin traînante des *Miracula*. Ce qui est plus fort, c'est que les *Miracula* ont été composés sur la demande de cet élève ou ancien élève (*Miracula*, chap. 77: (sanctus Servatius) *scribere mandavit, quod puer ille rogavit*).

En présence de ces faits, on ne peut plus se dispenser d'agiter la question, si pendant quelques années Jocundus a enseigné aux écoles

---

[49] Vers 1170, le poète mosan Hendrik van Veldeke choisira également saint Servais comme patron et seigneur: *te patrone ende te heren* (éd. Van Es, vs. II, 2923; éd. Frings, vs. 6175).
[50] La fraternité avec les moines de Saint-Amand ne fut pas conclue avant 1128; voir au § 37.
[51] J. Stiennon, *Les écoles de Liège aux XIe et XIIe siècles. Exposition de manuscrits et d'oeuvres d'art 5–24 novembre 1967*. Liège 1967. p. 38 no. 48. Le catalogue de la bibliothèque, qui date du XIIe siècle, ne mentionne aucune vie de saint Servais; cfr. L. Delisle, *Le cabinet des manuscrits*, II, 505–506.

de Saint-Servais. La réponse doit être carrément affirmative. Non seulement les *Miracula*, mais aussi la *Vita*, dénotent chez l'auteur des ambitions de maître d'école.

Dans l'épilogue de la *Vita*, Jocundus s'adresse à ses dédicataires, les chanoines de Saint-Servais, et les prie de prendre son opuscule avec un coeur filial, avec un coeur fraternel (*Vita*, chap. 147: *ut filii, ut fratres*). Il est surprenant qu'il se fait petit devant les petits en s'adressant en premier lieu aux jeunes du chapitre, mais la surprise et le doute cessent dès qu'on a achevé de lire la troisième partie de la *Vita* qui est un exposé de la *doctrina Trajectensium*, de la doctrine des chanoines et de l'école de Saint-Servais sur les problèmes que soulève la légende de leur saint patron.

Cet exposé, Jocundus l'a mis au goût de l'époque et de l'enseignement, en lui conférant une forme dialoguée. Comme un maître, il entre en dialogue avec les *fratres* et répond à leurs objections. Tantôt les objections viennent des *parvuli* et des *simpliciores*, tantôt Jocundus propose en exemple l'opinion des *maiores scientiae*. Le procédé était très répandu à cette époque. Même des célébrités comme Notker n'ont pas hésité à envoyer à leurs anciens élèves des conseils sous forme de dialogue. On connaît aussi le rôle que la forme dialoguée a joué dans la polémique des investitures.

Maestricht était alors un centre scolaire de grande importance [52]. La ville hébergeait même deux écoles: celle du chapitre de Saint-Servais et celle du chapitre de Notre-Dame. Jocundus mentionne les deux [53]. Vers 1150, l'école de Saint-Servais sera ce qu'on appelle une «double école», avec une école intérieure pour les oblats, les élèves-chanoines, les candidats-prêtres, et une école extérieure pour les laics et les enfants pensionnaires. Nous avons l'impression qu'elle n'avait pas encore le caractère de «double école» du temps que Jocundus y enseignait.

A partir du XIIe siècle, le *magister scholar(i)um* était subordonné au *scholasticus*, qui était toujours un des chanoines de Saint-Servais et dont le titre apparaît pour la première fois en 1132 [54]. La dépendance était purement formelle. Le *magister* (appelé plus tard *rector*) était

---

[52] M. Schoengen, *Geschiedenis van het onderwijs in Nederland*. Amsterdam 1911–1925. pp. 191–198. P. Doppler, *Lijst van kanunniken van het Vrije Rijkskapittel van Sint Servaas te Maastricht* (Extrait des: Publications d. l. Soc. archéol. et hist. d. l. Limbourg, tomes LXXIV-LXXV). Maastricht 1938–1939. pp. 3–23 (Introduction). – Schoengen ne va pas au delà de 1100. Doppler a l'avantage non seulement d'étendre son exposé au XIe siècle, mais de donner aussi une analyse de l'organisation intérieure d'après les statuts du bas moyen-âge.

[53] Jocundus, *Miracula sancti Servatii*, chap. 78: *Adest et ipsius gloriosi patroni scola, nec illa sola, verum et alia, beatae videlicet Mariae* (ad annum 1087).

[54] P. Doppler, *Lijst van kanunniken*, donne abusivement l'année 1124.

nommé par le chapitre général le 1ᵉʳ septembre et sa nomination devait être renouvelé tous les ans. Le rôle de l'écolâtre était restreint au droit de présentation et au droit de faire passer aux élèves leur examen de fin d'études. Il est permis d'admettre qu'il en a été de même au XIᵉ siècle, bien que les preuves manquent.

Par delà l'an 1100, on sait peu de choses sur les écolâtres et maîtres des écoles. Un *Udelricus magister scholarium* apparaît en 1050. Un *Stephanus* figure en la même qualité de 1124 à 1131. Un *Reinerus* apparaît comme *scholasticus* à partir de 1132. Pour les années 1051–1123 nous n'avons d'autres témoignages que ceux que l'on peut détecter dans l'oeuvre de Jocundus. La lacune est énorme, mais quelque sombre que l'on veuille se la représenter, les récits d'un élève, par la plume de Jocundus, y jettent quelques lumières.

§ 14. L'élève bien-aimé

Il se fait temps que nous nous penchons sur le portrait que Jocundus a brossé de l'élève qu'il a aimé avant tous et qui au premier de cette jeunesse studieuse semble avoir brillé comme styliste.

Jocundus fait clairement entendre que l'élève était natif de Maestricht [55], qu'il était le plus pauvre de tous, mais qu'il était suffisamment instruit dans la vie religieuse. Moins riche qu'il n'était, le jeune homme, autant qu'il était en son pouvoir, prenait part aux offices de choeur et autres exercices spirituels de la communauté, à l'opposite de certains élèves fortunés qui trop souvent manquaient ces exercices. Voilà un représentant nettement confirmé du groupe des *canonici scolares* ou *clerici minores*, appelés souvent *pueri* par opposition aux *seniores* (prêtres, diacres et sous-diacres) [56].

Ces élèves-chanoines n'avaient ni voix dans le chapitre ni stalle dans le choeur et recevaient leur éducation et instruction du maître des écoles. Ils étaient, même après 1232 [57], tenus de vivre de la vie commune et étaient nourris et entretenus d'un fonds spécial, assigné par le chapitre. Les avancements valaient des suppléments, à la longue

---

[55] *Miracula*, chap. 62, et *Gesta*, chapp. 39, 40, 41, 43: *puer Trajectensis*. *Gesta*, chapp. 40, 41: *puer Traiectigena*. *Miracula*, chapp. 63, 65,: *puer Trajectensium*.

[56] W. Wilhelm, *Sanct Servatius*, Introduction, a fait preuve d'une ignorance complète de l'institut des *canonici scolares*. C'est qu'il a admis une différence entre les *pueri* (ou *alumni*) et les *canonici* et conséquemment discerné deux groupes de récits: les récits du *puer* et les récits d'un jeune *canonicus*. Il a négligé le fait que dans un seul et même chapitre (le chap. 41) des *Gesta* le narrateur est appelé tantôt *puer*, tantôt *canonicus*, indistinctement donc, et que tous les manuscrits s'accordent dans cette leçon.

[57] Pour les chanoines, la vie commune prit fin en 1232. Les élèves étaient logés chez le maître des écoles ou chez un chanoine qui était de leur famille.

même une demie-prébende de chanoine. Du temps de Jocundus, les provisions et les suppléments étaient insuffisantes, pour une raison que nous commenterons au § 15. Que l'élève favori était souvent dans la pénurie de nourriture ou d'argent, on peut le déduire du fait qu'il s'est engagé plusieurs fois à de riches pèlerins comme compagnon de voyage : emploi très à succès parmi les jongleurs et les étudiants. Pour un pèlerinage à Rome la dispense de la résidence ne pouvait pas dépasser un terme de quatre mois et demi, pour les pèlerinages en Terre Sainte les statuts de Saint-Servais assuraient un congé de huit mois.

Le jeune-homme avait un culte tout spécial envers saint Servais. Maintes fois le saint lui est apparu sous la forme d'un vieillard, lui révélant ce qui s'était passé à Maestricht pendant son absence ou lui délatant les dissipations du prévôt et les déprédations commises par certains seigneurs. Rien d'étonnant donc à ce qu'il s'est fait remarquer. Admis dans sa confidence, Jocundus a-t-il pris ces faveurs du «saint délateur» comme des miracles ? En tout cas, il en a intégré les récits aux *Miracula*. De nos jours, on dirait plutôt que le jeune-homme s'est découvert le don de la «seconde vue».

Vers 1076, le *puer* n'était toujours pas en position de commander, car Jocundus a été long à consentir à sa prière de composer les *Miracula*: il n'a pas pris la plume avant d'avoir reçu, dans une vision, l'ordre de saint Servais de remplir les désirs du garçon (*Miracula*, chap. 77). A cette époque, le *puer* n'était donc toujours pas émancipé, c.à.d. qu'il avait moins de 23 ans; en tout cas, il n'était toujours pas exempté de la scolarité (*scholaritas*): régime qui se prolongeait après l'examen de sortie et après l'émancipation et qui prenait fin seulement par le sous-diaconat.

Quand il était de retour de son second voyage à Rome, en 1072 (au plus tôt), il n'avait pas plus de 19 ans, car avant d'être admis à l'étude des arts libéraux qui prenait trois ans (de 20 à 23 ans), l'élève était obligé de faire, au moins, une année de résidence ininterrompue.

Les deux approximations, l'inverse l'une de l'autre, mènent au résultat que le *puer* ne fut pas né avant 1053. Après le départ de Jocundus, un échange de lettres semble avoir remplacé l'enseignement oral. Nous avons déjà remarqué, qu'une *cartula* a été à la base de la rédaction du chap. 62 des *Miracula* (voir § 12). J'admets le même procédé pour la rédaction de l'*Additamentum* (chap. 78) qui date de 1088 et qui contient une information très précieuse sur les écoles. F. Wilhelm (1910), d'ailleurs, a appelé l'attention sur l'unité de style qui relie les récits du *puer* audit *Additamentum*. Or, en 1088 – année du dernier contact avec Jocundus –, l'ancien élève benjamin était d'une jeunesse déjà mûre, âgé de plus de trente ans. Aurait-il à son tour pris la suite de son ancien maître?

Jocundus nous a tû le nom de son élève bien-aimé. De ce jeune clerc vagant, de ce poète en herbe, on peut présumer qu'il ait été destiné à faire figure littéraire. Nous l'avons déjà fait connaître comme collaborateur de Jocundus et, à une certaine hauteur, même comme co-auteur de ses *Miracula*. Serait-il l'auteur aussi des *Gesta sancti Servatii* qui sont une version abrégée de l'oeuvre de Jocundus et qui, aux XIIe-XIIIe siècles, en étaient le texte reçu? Nous ne le croyons pas [58].

§ 15. Les difficultés du prévôt Hu(m)bert

Que le prévôt Hu(m)bert [59] ait eu des difficultés, c'est certain. Au dire de Jocundus (*Miracula*, chap. 63), il était cause de la carence de suppléments dont souffraient le *puer* et les autres élèves pauvres, car il avait – avec consentement des chanoines, il est vrai – trop dépensé pour agrandir le domaine de son église. Il entreprit aussi des travaux très coûteux pour embellir et enrichir le sanctuaire de Saint-Servais (*Miracula*, chap. 74: *qui sanctuarium beati Servatii muro renovavit, pictura decoravit, et ceteris quibus potuit ditavit bonis*). On conçoit facilement, que de telles dépenses qui présupposaient autant de prélèvements sur les fonds spéciaux (des écoles, de la mense commune des chanoines, etc.) soulevèrent des critiques à l'intérieur aussi bien qu'à l'extérieur de l'église et que, à la longue, elles donnèrent sujet à des difficultés politiques.

Au chap. 63 des *Miracula*, Jocundus fait état d'une transaction, conclue entre le prévôt Humbert et le *marchio Otto* avec sa femme. L'éditeur Koepke a voulu identifier cet Otton avec le comte Otton de Duras, mais ce personnage n'était ni marquis ni margrave. Evidemment, Jocundus fait allusion au contrat d'engagement et de précaire, conclu avec Otton, margrave de Misnie (marche Thuringienne méridionale) 1062–1067 (mort au début de 1067) et sa femme Adèle (morte en 1083), fille de Lambert II, comte de Louvain et confirmé par le roi Henri IV par acte du 21 septembre 1062 [60].

[58] Car, tout en admettant l'unité de style de ces récits, y compris l'Additamentum, F. Wilhelm (1910) a observé que ces éléments sont un *corpus alienum*, égaré dans le texte des *Gesta*.

[59] Tous les manuscrits, consultés par Wilhelm pour son édition des *Gesta*, donnent la leçon *Humbertus*, mais le ms. lat. 5320 de la Bibliothèque Nationale, qui n'a pas été utilisé par lui, porte, au fol. 45r, la leçon *Hubertus*.

[60] MG. DD. imp. et reg. Germ., VI, 1 (1941), no. 91 (21 sept. 1062). Doppler, *Verzameling* no. 22. L'acte a été récrit au XIIe siècle et porte des interpolations.

Or, ledit acte de confirmation ne contient pas le nom de Humbert ni d'aucun autre dignitaire ou chanoine de Saint-Servais et en 1063 encore Hugo Ier était prévôt de Saint-Servais de Maestricht et de Saint-Lambert de Liège [61]. Humbert n'était donc pas prévôt de Saint-Servais, en 1062. En anticipant sur le titre de prévôt, Jocundus semble avoir voulu dire que le futur prévôt Humbert faisait déjà partie du chapitre de Saint-Servais en 1062 et qu'il avait eu une grande part à la transaction, conclue en cette année. Mais une fois promu à la prévôté, Humbertus a bien géré les domaines acquis en gage ou en précaire comme des dépendances de la prévôté; sans doute, parce que, à un autre titre, il en avait eu l'administration auparavant. Très significatif en ce sens est une clause, interpolée dans l'acte du 5 octobre 1062, d'après laquelle la gestion des biens acquis serait réservée au doyen du chapitre et non pas à son prévôt.

Nous concluons que Humbert était déjà chanoine, probablement dignitaire [62], de Saint-Servais en 1062, sous la prévôté de Hugo Ier qui devint archidiacre de Liège peu après 1063. Il fut choisi prévôt entre 1063 et 1067, probablement peu après 1063, après le départ de Hugo Ier mais avant 1067, avant la mort du margrave Otton et l'expiration du contrat de précaire, conclu avec lui [63].

Prévôts de

Maestricht (Saint-Servais)		Liège (Saint-Lambert)
Hugo Ier 1051, 1063	= [64]	Hugo Ier 1063, puis archidiacre de Liège

[61] 1063 (après le 5 octobre): *Hugo prepositus sancti Lamberti sanctique Servatii*, premier témoin dans un acte de Théoduin, évêque de Liège, pour le chapitre de Sainte-Croix de Liège. S. P. Ernst, *Histoire du Limbourg*, VI, 108, charte XXII (édition du texte). E. Poncelet, *Inventaire analytique des chartes de la collégiale de Sainte-Croix à Liège*. I (Bruxelles 1911), no. 5.

[62] Mais non pas doyen, car un *Dudekinus decanus* apparaît en 1050, 1079 et 1087; cfr. P. Doppler, *De dekenen* etc., dans: Publ. d. l. Soc. archéol. et hist. d. l. Limbourg, LXXIII (1937) 207–208.

[63] Joachim Deeters, *Servatiusstift und Stadt Maastricht (Rheinisches Archiv*, tom. 73). Bonn 1970. Aux pp. 37–38 de cet ouvrage nouvellement paru, l'auteur identifie Humbert à Hugo Ier et Hugo II et fait durer sa prévôté de 1051 à 1079 environ: construction fantaisiste qui ne nous entraîne aucunement à récrire notre présent paragraphe.

Le nom de Humbert a certainement figuré dans l'original perdu de Jocundus, parce qu'il est conservé dans trois dérivés indépendants (les Textes A et B et les Gesta).

[64] Voir pour cette identité la note 61. J. H. L. de Theux de Montjardin, *Le chapitre de Saint-Lambert à Liège*, I (Bruxelles 1871), p. 68. E. de Marneffe, *Tableau chronologique des dignitaires du chapitre de Saint-Lambert à Liège*, dans: Analectes pour servir à l'histoire ecclésiastique de la Belgique, XXV (1895) 433–485, spéc. p. 440. P. Doppler, *Lijst van proosten* etc., dans: Publ. d. l. Soc. archéol. et hist. d. l. Limbourg, LXXII (1936) 141ss.

Hu(m)bert 1076   Herman 1066–1071, évêque de
(1063/6–1077?)   Metz 1073–1090
Hugo II   = ? [65]   Hugo II 1078, 1083
Godescalc 1087   Théoduin 1092
Adalbert de Sarrebruck 1109, en
même temps prévôt de Notre-
Dame d'Aix-la-Chapelle.

Guillaume, évêque d'Utrecht, imputait à un frère de Humbert l'assassinat d'un de ses cousins. Aussi haïssait-il à la mort le pieux prévôt.
De ses libéralités il prit prétexte pour prétendre à la possession de la
prévôté. Il mit tout en oeuvre pour déposer Humbert et le bannir du
pays. De manière plus explicite encore que Jocundus, l'auteur des
Gesta (chap. 46) fait entendre, que Guillaume a demandé à l'empereur
d'être lui-même pourvu de la prévôté de Saint-Servais. La mort subite
de Guillaume, survenue le 27 avril 1076, mit fin à ses menaces. Jocundus attribue sa mort scandaleuse à une action vengeresse de saint
Servais qui avait déjà terrassé le duc Godefroid le Bossu le 26 février
de la même année (§ 34).

La sollicitation de Guillaume fait penser que Humbert n'avait pas
été nommé par l'empereur. Ce n'était pas un fait isolé. En tant que
prévôt de Saint-Lambert son prédécesseur Hugo Ier avait été nommé
par l'évêque de Liège. La même conclusion vaut pour son successeur
Hugo II, si ce dignitaire est identique avec Hugo II, prévôt de Liège.
On ignore tout sur le mode de nomination ou d'élection des prévôts de
Saint-Servais au XIe siècle, mais on garde l'impression que les Saints-
Servatiens choisissaient leurs prévôts parmi les chanoines de Saint-
Lambert [66]. Cette situation chagrinait les impériaux à outrance, dans
le genre de Guillaume d'Utrecht. On conçoit facilement que Guillaume
a voulu reconduire dans l'orbite de la couronne l'église royale de Saint-
Servais. Depuis l'union des prévôtés de Saint-Servais de Maestricht et
de Notre-Dame d'Aix-la-Chapelle, dès le début du XIIe siècle au plus
tard, la nomination par l'empereur serait assurée (ou rétablie).[67]

[65] L'identité de Hugo Ier, prévôt de Saint-Servais, avec Hugo Ier, prévôt de Saint-
Lambert, est un fait établi. Pourquoi ne l'étendrait-on pas aux deux Hugo II?
[66] Les chanoines de Notre-Dame de Maestricht avaient le choix libre de leur prévôt, mais
sous la réserve de limiter leur choix à un chanoine de Saint-Lambert de Liège; cfr. G. D.
Franquinet, *Beredeneerde inventaris der oorkonden en bescheiden van het kapittel van O.L.
Vrouwekerk te Maastricht*, I (Maastricht 1870), no. 21 (statut de 1275). En aurait-il été de
même pour Saint-Servais au XIe siècle?
[67] A Aix-la-Chapelle, Thierry (..–1046) fut le premier prévôt qui était préposé à la chancellerie impériale. L'union de la prévôté de Maestricht à celle d'Aix-la-Chapelle entraînait la
nomination par l'empereur, mais quand cette union fut-elle réalisée? D'après l'opinion

A Saint-Servais aussi, les écoles étaient à l'origine dirigées par le prévôt. En 1051, un élève de Saint-Servais déclare qu'il a comme directeur le prévôt Hugo [68]. Vers 1076, le prévôt Humbert fait des prélèvements sur le fond des écoles. A cette époque, le maître et les écoliers étaient encore associés aux diverses fortunes de leur prévôt. Cela explique l'intérêt que Jocundus prit aux difficultés du prévôt Humbert et à la situation précaire de l'église d'Echt qui – on le sait par un acte de 1128 [69] – relevait alors de la prévôté de Saint-Servais et que Guillaume d'Utrecht a su subtiliser au prévôt Humbert [70].

Une fois l'union des prévôtés de Maestricht et d'Aix-la-Chapelle établie, les écoles de Saint-Servais ne sont plus dirigées par le prévôt, mais par le chapitre général qui nomme l'écolâtre et le maître des écoles. Elles deviennent une «double école», une «école publique» en ce sens que l'ancienne école intérieure a été dédoublée d'une école extérieure [71].

§ 16. Une levée de reliques

On se rappelle ce que Jocundus rapporte sur les travaux que le prévôt Humbert a entrepris pour embellir l'église de Saint-Servais (voir § 15). D'après Van Nispen tot Sevenaer (1933) [72], ces travaux auraient consisté en la construction d'une enceinte autour de l'ancienne abside. Les fouilles lui ont donné tort et l'hypothèse a été rétractée [73].

Humbert s'est mis aussi à un regroupement des reliques, conservées en le *monumentum* de saint Servais, le sarcophage en pierre qui était

courante, elle le fut vers 1087, avec Godescalc. Mais Godescalc, prévôt de Saint-Servais en 1087, était-il vraiment le même que Godescalc, prévôt de Notre-Dame (1098–1106?)? Erich Meuthen (voir chap. II, note 15) laisse ouverte la question, tout en concédant que l'identité est d'une certaine évidence. Joachim Deeters (note 63) rejette carrément cette identité. L'union des prévôtés se manifeste pour la première fois avec Adalbert de Sarrebruck (1108–1111).

L'union a-t-elle été de loin préparée par l'action de Guillaume d'Utrecht? En 1076, un certain Conrad fut nommé prévôt d'Aix-la-Chapelle. Meuthen suggère, que ce Conrad serait Conrad, évêque d'Utrecht (1076–1099), et qu'il devrait la prévôté à l'activité de Guillaume d'Utrecht.

[68] L. Delisle, *Rouleaux des morts*. Paris 1866. p. 99:
Trajectum nutrit nos, pater Hugo regit.

[69] P. Doppler, *Verzameling*, no. 36 (1128): l'empereur sépare de la prévôté de Saint-Servais l'église d'Echt et qualifie d'irrégulière sa dépendance antérieure de cette prévôté.

[70] Il a fait inféoder du domaine royal d'Echt son cousin Gérard de Wassenberg qui ainsi avait le champ libre pour accabler l'église enclavée qui dépendait de Saint-Servais.

[71] La réforme clunisienne était opposée aux écoles publiques; la réforme lorraine l'était d'autant plus.

[72] E. O. M. van Nispen tot Sevenaer, *Uit de bouwgeschiedenis der Sint Servaaskerk te Maastricht*. Thèse Utrecht 1933. p. 71.

[73] E. O. M. van Nispen tot Sevenaer, dans: *De monumenten van geschiedenis en kunst in de provincie Limburg*, tome V, 1 (La Haye 1935), p. 361.

placé sur un socle derrière l'autel de la grande crypte. Le document de la dédicace de 1039 portait quatre sceaux (deux de Saint-Servais, deux des évêques de Liège et de Cambrai qui avaient fait la dédicace). Au cours du XIe siècle, on a ajouté un cinquième sceau qui portait la légende: *Hermannus Dei Gratia Epus Remen* [74].

Or, il n'y eut à Reims aucun évêque du nom. Aussi le Bollandiste Papebroch a-t-il suggéré que le notaire et les témoins de la levée, faite en 1623, ont lu *Remen.* pour *Metten* (*sis*). Il a conclu que peu de temps après la dédicace de 1039, mais avant 1091, l'évêque de Metz, Herman de Greitz (1073–1090), a fait faire une levée et que, aux reliques déposées en 1039, il a ajouté le suaire contenant les *Cineres sancti Servatii*, sans laisser de cet acte d'autre indice que son sceau [75].

L'association de l'évêque Herman de Metz à cette levée comporte des aspects très interessants. La levée des reliques de saint Servais doit bien avoir eu lieu aux premières années de son épiscopat (1073–1076), donc sous la prévôté de Humbert, car après le synode de Worms (1076) Herman qui s'est fait connaître pour sa ferme loyauté envers le pape Gregoire VII [76], fut pourchassé par le roi Henri IV et, de 1085 à 1089, il était même obligé de s'abriter chez la comtesse Mathilde de la Toscane, à Canossa.

Il est tentant de rattacher la levée aux travaux entrepris par Humbert et de mettre en rapport les activités de Jocundus avec celles de Humbert. Le récit de la translation légendaire sous Charlemagne que débite Jocundus, est-il un reflet de la levée des reliques effectuée sous Humbert? Y-a-t-il un rapport typologique entre ce dernier et saint Hubert? La rédaction des *Miracula* a-t-elle été occasionnée par les travaux qui furent entrepris sous Humbert et couronnés d'une levée? Peut-être, les fouilles actuellement en cours nous apporteront plus de clarté.

§ 17. *Figure et destinées de Jocundus*

Aux problèmes que posent les débuts de Jocundus, nous n'avons pas pu donner une solution définitive. Il est certain que Jocundus naquit

---

[74] Fr. Bock et W. Willemsen, *Antiquités sacrées conservées dans les anciennes collégiales de S. Servais et de Notre-Dame à Maestricht.* Maestricht 1873. *Appendices*, no. 14, p. LI: acte de levée et de reconnaissance, 22 avril 1623. Les sceaux avaient été détachés du parchemin en 1611.

[75] L' opinion de Papebroch (AA. SS. Boll., Junii II, p. 12) est partagée de Bock et de Willemsen, *o.c.*, pp. 108–109. Portant – *episcopus*, le sceau ne peut aucunement être celui de Herman II, archevêque de Cologne (1036–1056).

[76] F. Ruperti et J. Hocquard, *Hériman, évêque de Metz (1073–1090)*, dans: Annuaire de la Société d'histoire et d'archéologie de la Lorraine, XXXIX (1930).

en France (en Aquitaine?) et qu'il se fit moine de l'Ordre de saint Benoît. Peut-être même appartenait-il à une abbaye (Fleury?) qui avait saint Benoît comme patron.

Il faut noter chez Jocundus des connaissances plus élargies que solides. Il a confondu les Araméens avec les Arméniens (§ 22), mais il n'était pas seul à le faire. Il se montre peu familiarisé avec la langue grecque [77]. Du point de vue artistique, il affecte l'allure d'un *prosator*, s'enchantant de prose rimée, de rythmes et même d'hymnes, mais du point de vue scientifique il semble écartelé, pour ainsi dire, entre la grammaire/dialectique et l'histoire. C'est qu'il avait reçu une formation orientée exclusivement sur les humanités (*trivium*), au détriment et souvent avec un mépris nettement prononcé des *artes reales* (*quadrivium*) [78].

Son oeuvre d'historien se ressent de cette orientation exclusive. Dans sa *Vita sancti Servatii*, on découvre les méfaits d'une dialectique qui, méprisant le contrôle minutieux des documents, se fait contentieuse et subtile. Dans ses *Miracula* (*Virtutes*) *sancti Servatii*, c'est l'intérêt porté aux naissantes littératures épique et populaire qui met des entraves à la critique historique.

Au XIe siècle, peu d'hagiographes étaient aussi favorisés que Jocundus, car c'est évidemment le prestige d'un auteur célèbre qui a décidé des étrangers (le prévôt et les chanoines de Saint-Servais à Maestricht) à invoquer le secours de sa plume [79]. La vocation de Jocundus à Maestricht fut l'effet, non pas d'un passé commun [80], mais d'un renom. Le prêtre français y fut probablement engagé comme maître des écoles et prit sur lui de composer une *Vita sancti Servatii* qui réunirait en elle les traits d'une biographie et d'un traité sur les problèmes afférents.

Du fait que les maîtres étaient engagés pour un an, au moins, et que Jocundus s'est affectionné à un de ses élèves, on peut déduire que le séjour (le séjour principal, au moins) à Maestricht a été d'une durée assez considérable. Ce séjour fut commencé après 1063 et terminé peu après 1076. Il se situe donc sous la prévôté de Humbert, dans

---

[77] Voir le chap. 125 de la *Vita sancti Servatii*: Jocundus omet le mot *theotokos* que donne sa source (Hérigère).

[78] Cependant, il ne manquait pas d'esprits qui y voyaient plus clair. Un confrère et historien contemporain, Sigebert de Gembloux, a même fait relever l'histoire de la physique! Cfr. Migne, *Patr. lat.*, CLX, 588A.

[79] Baudouin de Gaiffier, *Etudes critiques d'hagiographie et d'iconologie*. Bruxelles 1967. pp. 426–427.

[80] Nous n'entendons point éliminer la possibilité que l'abbaye de Jocundus ait été en relations avec Maestricht avant l'arrivée de Jocundus. Bien au contraire, Jocundus nous assure qu'il n'était des moines de son abbaye aucunement le premier à visiter Maestricht.

la seconde moitié de son durée. Si nous situons ce séjour (ou la série de ces séjours) approximativement aux années qui voisinent 1067–1076, nous croyons rester dans des limites acceptables.

Selon toutes les apparences, les activités que Humbert et Jocundus déployaient en faveur du culte de saint Servais, étaient plus ou moins concentriques, mais elles étaient loin d'être tout à fait concomitantes dans l'ordre du temps et de l'espace. La *Vita sancti Servatii* doit sa naissance à la demande du chapitre, c.à.d. des chanoines et du prévôt (Humbert) qui dirigeait aussi les écoles. La première rédaction fut bien achevée avant 1076. Les *Miracula* (*Virtutes*), par contre, ne sont pas nés d'une demande officielle du chapitre et pourraient difficilement passer pour un document officiel du culte de saint Servais. Il furent, sans doute, commencés à Maestricht, mais l'achèvement qui traînait en longueur, a certainement eu lieu ailleurs. Le rôle qui y est attribué à saint Hubert dans la translation légendaire, pourrait bien être une allusion discrète aux travaux que le prévôt Humbert avait effectués dans le sanctuaire.

Jocundus – nous l'avons dit, tout à l'heure – a eu aussi son élève favori: interprète et délateur, ange et messager de saint Servais, Muse et source d'inspiration, à la longue même commettant et collaborateur. Le thème était à la mode alors [81]. Mais quel garant ce faux(?) voyant, ce clerc vagant! Son apport a certainement contribué à la popularité des *Miracula*, mais il en a en même temps baissé le niveau intellectuel et historique. Il n'est pas si sûr que le beau garçon n'ait pas joué avec l'abandon et la crédulité du vieil étranger.

Le vieux maître n'a certainement pas conçu les *Miracula* comme le pinacle, comme le couronnement d'une carrière de savant et d'écrivain; il en a entrepris la composition à contre-coeur, sur la seule demande de l'ancien élève, et, n'ayant plus de sources pour les années 1056–1087, il a employé les récits et les rapports du jeune-homme comme matière de rembourrage. Après 1088, aucun signe de vie, aucune mention de lui n'est plus à signaler. On aimerait savoir, à quel point l'ultime rédaction de son oeuvre hagiographique porte l'empreinte du jeune collaborateur.

Le nom de Jocundus a sombré dans l'oubli pour des siècles. Son oeuvre, en rédaction originale, est perdue. Même après la redécouverte, le nom et l'oeuvre seraient longtemps fâcheusement dominées par le

---

[81] Pour Jocundus le garçon était le messager de saint Servais, pour le poète contemporain Anselme de Bésate il était un enfant du diable. Cfr. K. Manitius, *Rhetorik und Magie bei Anselm von Besate*, dans: Deutsches Archiv für Geschichte des Mittelalters, XII (1956) 52–72.

verdict de Friedrich Wilhelm. Accepter le risque de voir camouflé son nom et son identité, c'est bien le moindre que Jocundus a pu faire pour se conformer au saint «martyr» de sa prédilection [82].

---

[82] Quant aux revers semblables de saint Servais, citons en exemple la confusion fréquente de son nom avec celui de saint Gervais. Dans le traité de partage de Meerssen (870) l'abbaye de Saint-Servais est désignée comme l'église *sancti Gervasii*: erreur qui fut déjà remarquée et redressée par J. Mabillon (*Annales Ordinis S. Benedicti*, III, 630). La confusion se fait sentir de nos jours encore, dans la toponymie et dans la littérature historique. Deux actes royaux du 13 mai 898, relatifs à Saint-Servais de Maestricht, portent la formule de datation: *ipsa die festivitatis sancti Servatii*. La formule est rattachée à saint Gervais par Franz Blatt, *Classical features in Medieval Latin*, dans: Classica et Medievalia, VIII (1947) 282, 286.

CHAPITRE III

LE RÉFÉRENT COMPLAISANT DE LA «DOCTRINA TRAJECTENSIUM»

§ 18. Un traité, trois dialogues

Par deux fois Jocundus présente la *Vita sancti Servatii* comme un traité, une argumentation, un plaidoyer ou un dossier (chap. 2: *actus;* chap. 147: *libellus*) en faveur de la *genealogia sancti Servatii* et des thèses afférentes. De fait, par endroits (voir § 30), notamment aux chapp. 102–108, la *Vita* prend la forme d'un dialogue entre un maître (l'auteur) et ses élèves (les lecteurs), ceux-ci, il est vrai, plus souvent auditeurs qu'interlocuteurs.

Par deux fois aussi Jocundus présente l'ensemble de ses thèses comme la *doctrina Trajectensium* (texte B, chap. 102 aux notes 1 et 12), c.à.d. la doctrine officielle du chapitre et des chanoines de Saint-Servais de Maestricht sur la vie et le culte de leur patron: matières de controverse entre chanoines et moines du diocèse de Liège (chap. 147: *Agunt enim contentiose super hoc electo dei, maxime qui sunt in terra vestra, monachi et canonici*). Parmi ces moines sont à ranger spécialement ceux de l'abbaye de Lobbes; la part qu'ils ont prise à la contestation des thèses de Maestricht, sera bien dégagée au paragraphe suivant.

Auprès de ses commettants et dédicataires, les chanoines de Saint-Servais, l'auteur s'excuse de son insuffisance: qu'ils ne s'attendent pas aux fleurs rhétoriques, aux positions de thèses lumineuses qui ont fait leur célébrité à eux! (chap. 147: *non hic verba preciosa et aurea, non hic positiones gloriosas, quibus gratia dei et vos habundare novimus*). Hommage nettement prononcé fait aux écoles de Maestricht dont l'auteur a fait la connaissance et dont il a lui-même favorisé l'épanouissement.

Les termes nous amènent en pleine vie scolaire. Ils nous assurent que, au sein du chapitre de Saint-Servais et de ses écoles, l'art de disputer était en grand honneur et que, à cette époque, même les controverses sur le saint patron les ont alimentées. Pour ce qui est de la matière, ces disputes semblent un prolongement de la dispute (*questio:* Vita, chap. 8) sur la *doctrina Trajectensium* qui avait été tenue au sein du concile de Mayence en octobre 1049 [1].

Il importe d'analyser les éléments de cette doctrine hagiologique, mais non sans perdre de vue son aspect scolaire qui mieux que tout autre reflète le mouvement général du penser. Le Texte B donne une meilleure aide ici que le Texte A, parce qu'il a mieux gardé la forme et le schéma de la dispute.

§ *19. Position du problème*

On ne passe pas d'emblée à l'analyse d'une dispute, d'une *questio*, sans en avoir au préalable mis à nu et défini l'essentiel. Jocundus lui-même nous est d'un grand secours en formulant les objections des adversaires: le nom de Servais n'est pas inscrit au catalogue des saints; Servais n'est donc pas et ne peut aucunement être l'objet d'un culte universel (chap. 147). Pour la pleine compréhension du problème, disons un mot sur les canonisations.

Les translations-élévations que pratiquaient les évêques, avaient toujours un caractère particulier et local; les évêques décidaient le culte public, chacun dans son diocèse. Pour imposer à l'église univer-selle le culte d'un serviteur de Dieu, l'intervention du Saint-Siège était indispensable. Au XIe siècle, la différence entre les canonisations papales (universelles) et épiscopales (particulières) était déjà assez nette. De nombreux évêques recouraient au pape pour qu'il convalidât les canonisations antérieures faites par eux-mêmes. Au XIIe siècle, l'élévation qui couronne la translation, est déjà une prérogative du pape. La canonisation papale ou canonisation proprement dite com-portait deux éléments: une sentence du pape, faite souvent en plein concile, et l'élévation par le pape [2]. La sentence du pape était préparée par l'examen et l'approbation d'un *Liber de vita et miraculis.*

Le culte particulier de saint Servais dans le diocèse de Liège ne semble pas avoir été en litige, bien que, au XIe siècle déjà, on ignorât jusqu'au

---

[1] Des disputes furent tenues non seulement au sein, mais aussi dans l'ambiance du concile. Devant l'empereur et sa cour une dispute publique fut tenue à Mayence, en octobre 1049, par Anselme le Péripatéticien de Bésate qui reçut comme récompense un poste à la chancelle-rie impériale; cfr. *Gunzo Epistola ad Augienses und Anselm von Besate Rhetorimachia*, publ. par K. Manitius (MGH. Quellen zur Geistesgeschichte des Mittelalters, II, 1958), pp. 61–215, spéc. p. 71.

[2] St. Kuttner, *La réserve papale du droit de canonisation*, dans: Revue historique de droit français et étranger, 4e série, tom. XVII (1938) 172–228. Antonio García, O.F.M., *A propos des canonisations au XIIe siècle*, dans: Revue de droit canonique, XVIII (1968) 3–15.

nom de l'évêque qui l'aurait décidé ³. Mais jamais pape n'avait décidé le culte universel du saint. Il importait donc d'obtenir une canonisation papale, en produisant et en faisant approuver un *Liber de vita et miraculis*. Mais comment produire un *Liber* satisfaisant aussi longtemps qu'on se trouvait en divergence au sujet de la crédibilité de la légende de saint Servais?

En première instance, les objections portaient sur la *Vita*. Les vies existantes, en somme, n'apprenaient rien de la naissance du saint ni de l'époque où il a vécu. Il n'y avait pas de biographie au sens propre. Une objection de ce genre avait été formulée en 979 par Hériger de Lobbes ⁴ qui avait précisé que le lieu de naissance de saint Servais est inconnu et qu'on ignore également, comment et pourquoi cet étranger a frayé son chemin par ici. Jocundus prête à ses adversaires la même objection: saint Servais est un étranger inconnu (*Vita*, chap. 4: *ignotus et incognitus utpote advena ut peregrinus*), nous ignorons tout de sa descendance et de sa patrie (*Vita*, chap. 4: *patriam nomen et genus sollertissime requirunt;* chap. 121: *genus et patriam ignorant*).

Hériger (Hérigère) de Lobbes se montre très sceptique, spécialement au sujet de la crédibilité de la *genealogia*, de la parenté de saint Servais avec Jésus-Christ. Anselme, son continuateur, revient à la charge vers 1056 ⁵, en attaquant de biais la longévité présumée du saint. Hériger, abbé de Lobbes, et Anselme, chanoine de Saint-Lambert de Liège: leur alliance prouve que ce n'était pas seulement dans les milieux monastiques que la *doctrina Trajectensium* trouvait des adversaires déclarés.

§ 20. Un grand échec (1049)

Au sein du concile de Mayence, en octobre 1049, une dispute s'engagea au sujet de la communication d'une *genealogia* ou *generatio sancti Ser-*

---

³ En relatant la translation de saint Servais, faite par saint Monulphe, Grégoire de Tours (*Liber de gloria confessorum*, chap. 71, éd. Br. Krusch, p. 790) ne nous informe pas au sujet d'une élévation consécutive. Quoiqu'il en soit, Jocundus (*Miracula*, chap. 7) nous assure que, du temps de Charlemagne déjà, cette translation était tombée dans l'oubli. Au XIᵉ siècle, cette translation-élévation douteuse n'était certainement plus susceptible d'être convalidée par le pape, d'autant moins que le saint corps avait péri dans l'entretemps.

⁴ MGH. SS., VII, 172: ... *locum nativitatis* .... *nec causas eius aliunde adventus uspiam audivimus* .... L'éditeur R. Koepke (*o.c.*, p. 139) fait dater de l'an 979 la composition de la chronique de Hériger.

⁵ MGH. SS., VII, 161. Une vie sans valeur, du XIᵉ siècle, fait de saint Evergisus (évêque de Cologne, mort vers 594) un élève de saint Séverin qui vécut au IVe siècle. Annon nie la possibilité qu'un homme puisse vivre 200 ans.

vatii. Ni le pape Léon IX ni l'empereur Henri III y ajoutèrent créance[6]. La présence de quelques envoyés de l'empereur de Byzance qui à leur tour examinèrent la pièce produite et se prononcèrent en faveur de sa véridicité, amena un certain dégel. Le pape et l'empereur convinrent d'un nouveau concile à Rome où, selon sa promesse, le pape rendrait sentence et déciderait le culte universel de saint Servais.

En ces termes le concile de Mayence nous est raconté par Jocundus qui ajoute en passant que la *generatio,* soumise à l'approbation, était basée sur une révélation d'Alagraecus (*Vita sci Servatii,* chap. 8). Albéric de Troisfontaines (mort en 1241) dit littéralement que la légende de saint Servais y fut *canonisée* [7]. Jean de Warnant (vers 1346) ajoute que la *questio,* surgie au sein du concile, se serait étendue aussi à la longévité et à la chronologie (*supputatio annorum*) du saint et que le tout aurait été confirmé sur les lieux par des statuts synodaux [8]. Albéric de Troisfontaines et Jean de Warnant nous informent encore, que la question avait été mise à l'ordre du jour par l'empereur. Jean de Warnant assure même, que les actes du concile avaient décrété l'insertion de la *legenda* de saint Servais dans l'office publique.

Les actes du concile sont perdus. Sur la foi d'Albéric de Troisfontaines, de Jean de Warnant et de Jocundus, beaucoup d'historiens de l'église, notamment de l'église de Tongres-Maestricht-Liège, ont admis que le pape a approuvé la vie de saint Servais et décrété son insertion dans l'office publique. D'autres historiens, cependant, et non des moindres, ont mis en doute le témoignage de Jocundus, parce que la présence d'envoyés grecs au concile de Mayence ne serait attestée par aucune autre source.[9] Hefele et Leclercq ont pris une solution intermédiaire, en admettant que le pape a bien approuvé la vie de saint Servais, mais que cette approbation s'étendait seulement au texte de Hérigère de Lobbes [10]; à l'exclusion donc de la *genealogia* et autres révélations d'Alagrecus.

L'objection a perdu beaucoup de sa valeur depuis que le byzantino-

---

[6] L'auteur des *Gesta sancti Servatii* (éd. Wilhelm, p. 24) attribue à l'empereur une certaine indifférence et même un peu d'irascibilité: l'empereur aurait exigé d'en finir avec cette dispute et de statuer soit d'enseigner la doctrine comme étant probable soit d'imposer la loi du silence (*aut probabiliter doceri aut prorsus taceri*).

[7] MGH. SS., XXIII, 788: *Ibi proposuit imperator questionem de legenda sancti Servatii et de gestis eius, et ibi canonizata fuit vita eius.*

[8] J. Chapeaville, *Gesta pontificum Leodiensium,* II (1613) 5. Reprise dans: Mansi, *Concilia,* XIX, 750. Jean de Warnant, écrivant vers 1346, nous a conservé maint extrait de chroniques perdues.

[9] Le Bollandiste Papebroch a été le premier à rejeter le témoignage de Jocundus concernant les envoys byzantins à Mayence; cfr. AA. SS. Boll., Maii VII, Tractatus preliminaris, pp. XXI-XXII, no. 8.

[10] Hefele-Leclercq, *Histoire des conciles,* IV, 2 (1911) 1029-1036.

logue allemand Werner Ohnsorge (1958) [11] a prouvé qu'une ambassade de Byzance est apparue devant Henri III pour lui présenter une lettre du Basileus et que Adam de Brêmes qui nous a transmis le texte de la réponse, a assisté au concile de Mayence. Manitius (1958) a renforcé l'argumentation d'Ohnsorge, en appelant l'attention sur un passage d'une lettre d'Anselme de Bésate [12] que déjà E. Dümmler (1872), le premier éditeur de cette lettre, avait mis en rapport avec l'ambassade byzantine de 1049 [13].

Aussi nous croyons-nous en droit de prendre, ici, Jocundus au pied de la lettre; d'autant plus que Jocundus, à son dire, a consulté quelques évêques qui avaient assisté audit concile [14], et qu'il fait preuve d'avoir lu ou connu Anselme de Bésate [15]. Le dossier de saint Servais qui fut lu, examiné et approuvé par le concile, comprenait non seulement une Vie de saint Servais, mais aussi la *genealogia sancti Servatii* (d'Alagrecus?). Cette approbation fut insérée dans les actes qui sont perdus maintenant. Le pape promit de rendre sentence dès son retour à Rome, mais cette sentence n'est pas venue [16]. Il n'y eut donc pas de canonisation, et même la validité de l'approbation de la Vie en fut compromise.

Engager un procès de canonisation auprès d'un concile national, n'était-ce pas faire un faux pas? et précipiter l'échec? Les Saint-Servatiens n'avaient pas de quoi en être fiers. Ils n'eurent même pas honte. A en juger d'après leur porte-parole, Jocundus, ils accordaient bien que la fête de saint Servais n'avait pas été imposée à l'Eglise universelle, mais ils contestaient la nullité de l'approbation de la Vie, faite

[11] Werner Ohnsorge, *Abendland und Byzanz*. Darmstadt 1958. pp. 317–332: *Das nach Goslar gelangte Auslandschreiben des Konstantinos IX. Monomachos für Kaiser Heinrich III von 1049*. L'étude avait paru antérieurement dans: Braunschweigisches Jahrbuch, XXXII (1951) 57–69.

[12] *Gunzo Epistola ad Augienses und Anselm von Besate Rhetorimachia*, ed. K. Manitius (1958), pp. 98 (*Unde tibi spontanea Basylo nuper direxit mandata, unde Constantinopolis ultro solvit debita*) et 71.

[13] E. Dümmler, *Anselm der Peripatetiker*. Halle 1872. pp. 16, 30.

[14] Les noms des évêques qui participèrent au concile de Mayence, sont connus par la bulle du 19 octobre 1049, publ. p. Auguste Theiner, *Disquisitiones criticae in praecipuas canonum et decretalium collectiones*. Romae 1836. Traduction dans: O. Delarc, *Un pape alsacien. Essai historique sur saint Léon IX et son temps*. Paris 1876. pp. 224–228. Delarc a omis les noms des fondés de pouvoir de l'évêque de Toul qui était absent.

[15] Au chap. 8, Jocundus donne une description élevée, un éloge de la ville de Mayence (...*quasi in medio regni vestri positam*...). Il y a quelque ressemblance avec les éloges, adressés à la même ville par Anselme de Bésate (.. *diadema regni* ..) et par Gozechin de Liège (Mabillon, *Veteris aevi analecta*, p. 438: .. *aureum regni caput* ...).

[16] Le pape a bien réuni un concile à Rome, en avril 1049, et y a canonisé saint Gérard de Toul, mais les actes du concile n'effleurent même pas le nom de saint Servais; cfr. Hefele-Leclercq, *Histoire des conciles*, IV, 2 (1911) 1040 ss. Remarquons que, à l'exception de l'évêque de Metz, aucun prélat de l'empire n'a pris part au concile.

par le pape au sein du concile de Mayence. Ils ont même donné délégation à Jocundus de présenter une défense écrite de leur point de vue. Combien de temps ont-ils persisté dans leur appel au concile de Mayence? Le Texte B, abrégé vers le milieu du XIIe siècle, ne donne plus la fâcheuse histoire du concile de Mayence.[17]

Que Rome a gardé la réticence pour des siècles, cela se comprend. L'approbation de la Légende de saint Servais, attribuée au pape Célestin III (1191–1198) par l'hagiographe Pierre de Natali (vers 1400) [18], est incontrôlable. Ce n'est qu'à partir de la fin du XVIe siècle que saint Servais est compté officiellement parmi les saints de l'Eglise, et encore en conséquence d'une canonisation équivalente: premièrement par l'inscription de son nom au *Martyrologium Romanum* de 1584; deuxièmement en vertu de la constitution de 1634 par laquelle le pape Urbain VIII a légalisé le culte publique de tous les saints qui jouissaient d'un culte plus que séculaire (antérieur à 1534).

§ 21. Qui fut Alagrecus?

Un jour, un prêtre de Jérusalem, du nom d'Alagrecus, vint à Maestricht pour visiter le sanctuaire de saint Servais. Jocundus remémore qu'il était un homme très célèbre, un grand maître de la vie spirituelle, et observe qu'il était accompagné de quatre moines (*fratres*).[19] L'auteur des *Gesta* précise que l'illustre visiteur avait fait le tour des sanctuaires des Gaules [20]. Ces quelques traits évoquent un prélat du Levant, parcourant en humble pèlerin [21] successivement l'Italie, la France et l'Allemagne. Peut-etre, un de ces nombreux abbés-évêques aux minuscules diocèses qui abondaient en Proche-Orient.

Quant au nom qu'il donne au visiteur, Jocundus n'y a rien compris; il n'en a perçu ni la sémantique ni l'étymologie. Voici deux preuves. Premièrement, il en a méconnu la sémantique, car, en faisant une alliance des mots *Alagrecus* et *alacritas* (chap. 7), il a transféré au nom

---

[17] Il serait intéressant d'examiner les leçons pour la fête de saint Servais, éparpillées dans les manuscrits liturgiques et les bréviaires imprimés du moyen-âge, et d'établir, si elles reflètent ou non les décisions prises par le concile de Mayence, plus en particulier si elles contiennent des emprunts aux révélations d'Alagrecus. En tout cas, le bréviaire imprimé du diocèse de Liège (de 1503) ne donne pas la version de Hériger de Lobbes qui seule – d'après Hefele-Leclercq – aurait été approuvée par le concile de Mayence.

[18] Petrus de Natalibus de Venetiis, *Catalogus sanctorum*, Lugduni 1519. lib. IV, cap. 162, fol. LXXXVI.

[19] *Vita*, chap. 7. Texte A: *famuli*; Texte B: *fratres*.

[20] *Gesta*, chap. 6 (éd. Wilhelm, p. 19): *per Gallias*.

[21] La version des *Gesta*, publiée par Kempeneers (p. 1), donne: *humilis peregrinus*. Le ms. B.P.L. 1215 (f. 153) de la Bibl. de l'Université de Leyde présente la leçon: *referente quodam humili peregrino Ala Greco* (remarquer la diérèse du nom propre).

d'Alagrecus un sens (celui de l'allégresse) qui est propre au sien
(Jocundus). Deuxièmement, il a mal interprété l'étymologie du nom,
de sorte qu'il nous a tû le vrai nom, en ne nous donnant qu'un surnom.
De fait, *Alagrecus* (*ala-grecus* = *Le Grec* = *El Greco* [22]) est un surnom,
pendant du surnom également très répandu *al-Arabi* (= *L'Arabe*). En
omettant le vrai nom, Jocundus a rendu à peu près impossible l'identification du pèlerin énigmatique [23].

Le Père (*pater*) Alagrecus était un homme bien instruit (*clericus*).
Jocundus nous assure qu'il possédait la langue latine. Les origines
arméniennes (entendez:araméennes) qu'il lui attribue, ne comportent
pas de problèmes ardus à résoudre (voir § 22), mais les éléments de
datation qui sont en contradiction avec eux-mêmes, forment un
noeud inextricable dont nous ne pouvons pas nous débarasser.

Le Texte A qui ici paraît conforme à l'original perdu de Jocundus,
nous veut faire croire qu'Alagrecus n'était pas encore mort longtemps
(*Vita*, chap. 8: *pater piae recordationis Alagrecus*) et que sa visite à
Maestricht remontait à quelques années seulement (*Vita*, chap. 7:
ante annos quippe aliquot sed non multos). Anticipant sur un de nos
résultats en cette matière (§ 22), à savoir que les révélations hagiotoponymiques constituent l'objet propre des écrits d'Alagrecus, nous
n'hésitons plus à prendre au pied de la lettre les indications de Jocundus.
De toute évidence, la visite a eu lieu peu avant le concile de Mayence
(1049) où les écrits d'Alagrecus furent examinés, mais après la composition de la chronique d'Hériger de Lobbes (979) qui fait état du
manque de données hagiotoponymiques. En toute bonne foi, nous
pouvons situer entre les années 979 et 1049 la visite d'Alagrecus [24].
Nous ne serions même pas étonnés d'apprendre un jour, que les quatre
moines qui accompagnaient le pèlerin à Maestricht, étaient des confrères aînés de Jocundus. Nous faisons peu de cas, cependant, de l'in-

[22] A l'encontre des Syriens, les prosateurs byzantins ne négligeaient pas l'article arabe *al-*,
mais le rendaient par *ala-*; voir: Gustav Rothstein, *Die Dynastie der Lahmiden in al-Hîra.
Ein Versuch zur arabisch-persischen Geschichte zur Zeit der Sassaniden.* Berlin 1899. p. 68.
Par exemple: al-Mandir (arabe) = Mandir (syriaque) = Alamandaros (byzantin) = Alaman-
darus (latin). – Les Byzantins étaient appelés Grecs en Occident, mais se désignaient eux-
mêmes comme des Romains. De là vient que les Arabes donnaient le nom de *Roumi* à leurs
sujets chrétiens. – A côté de la forme byzantine *ala-*, la forme araméenne *ara-* mérite d'être
signalée comme une de ses variantes. – Le nom d'*Aravatius* (donné autrefois à saint Servais)
contiendrait-il lui-aussi l'article *ara-*?

[23] Les principaux noms équivalents sont: *Romanos* (byzantin) et *ar-Roumi* (arabe; par
assimilation de *al-Roumi*). On connaît beaucoup de porteurs de ces noms, pour le haut moyen-
âge.

[24] L'éditeur R. Koepke (MGH. SS., XII, 85) s'est cru obligé de faire reculer la visite
d'Alagrecus au début du Xe siècle, pour la seule raison que la *Vita Lupi recentior*, à laquelle
Jocundus aurait fait des emprunts, daterait de 940 environ. La nouvelle opinion que l'auteur
de cette *Vita* a puisé dans Jocundus (voir § 32), fait tomber l'argumentation de Koepke.

dication *ante ducentos annos* que donne le Texte B, parce qu'elle correspond au recul que le copiste avait à faire dans le temps. Les *Gesta* qui sur plus d'un point sont une amélioration du texte de Jocundus, nous paient ici de mots, en fournissant l'indication vide de sens: *longe post beati viri obitum*, c.à.d. longtemps après la mort de saint Servais [25].

Les historiens n'ont pas mis en doute l'historicité d'Alagrecus et de sa visite à Maestricht, mais certains d'entre eux l'ont qualifié d'imposteur et plusieurs ont flétri ses écrits comme des produits de la fantaisie de Jocundus. Un partage critique de ces écrits selon leur objet nous amènera à une solution intermédiaire.

§ 22. Arménien ou Araméen?

Arrivé à Maestricht, Alagrecus y apprit de la bouche des chanoines que saint Servais dont le nom lui avait été inconnu jusque là, était originaire du même pays que lui, c.à.d. de l'Arménie (Jocundus A et B, chap. 7; *Gesta*, chap. 6). Avec juste raison Vlekke en a conclu que la légende de l'origine arménienne de saint Servais n'a pas été importée en Occident par Alagrecus, mais qu'elle y était connue bien avant la venue de ce pèlerin [26].

La légende de l'origine arménienne était apparemment incompatible avec celle de l'origine juive de saint Servais, connue elle aussi avant l'arrivée d'Alagrecus. Avec les chanoines de Saint-Servais, Alagrecus s'est rendu compte de la discordance des deux légendes. Il a essayé d'y remédier, en apportant des précisions nouvelles sur la patrie du saint: celle-ci ne serait pas à chercher en Arménie, mais au sud de ce pays (*ad austrum Armenie*).

Jocundus et l'auteur des *Gesta* ont fait de leur mieux pour rendre publique l'indication nouvelle, apportée par Alagraecus, mais ils n'ont pas pu refouler les flots de la légende de l'origine arménienne. Le poète Hendrik van Veldeke aussi a en vain essayé de remonter le courant, en attribuant à son héros comme patrie la «Grèce», c.à.d. l'Empire byzantin: indication qui est bien applicable aux Syriens et à une partie des Mésopotamiens, mais non pas aux Arméniens [27]. La légende a pu se

---

[25] L'indication peut servir tout au plus à suggérer le fait que la *genealogia sancti Servatii* (qui n'est pas d'Alagrecus) a ses racines dans l'antiquité chrétienne.

[26] B. H. M. Vlekke, *St. Servatius*, pp. 130–131.

[27] Hendrik van Veldeke, *Sinte Servatius legende*, éd. Van Es, v. 245–246:
   dat syn vader woenende was
   int lant van grieken, als ich las.

En 1064, le royaume d'Arménie (la Grande Arménie) fut bien réduite en province byzantine, mais en 1071 déjà il fut occupé par les Turcs, excepté la partie septentrionale qui allait bientôt faire partie de la Géorgie.

maintenir jusqu'à la fin du moyen-age [28], à côté de celle de l'origine juive. La question est donc: comment se fait-il que, malgré la «révélation» de l'extraction juive de saint Servais, on n'a pas fini de prôner le saint comme un Arménien?

La raison n'en est pas à chercher dans la force de propagande du collectif *Arméniens*, en usage pour les émigrés chrétiens du Proche-Orient, moins encore dans le prestige futur dont jouiront les vrais Arméniens en raison de l'aide qu'ils apporteront aux croisés [29]. Nous la cherchons plutôt dans une confusion des formes et des notions «Arménien» et «Araméen» et supposons qu'il en soit d'Alagrecus et de saint Servais comme de saint Ephrem le Syrien que les auteurs occidentaux du moyen-âge citent comme un *scriptor Armenicus*.

Le pays qu'Alagrecus a indiqué comme pays natal, est celui où les Juifs avaient été tenus en captivité par les Assyriens et qui, de ses jours, nourrissait une population mêlée, comprenant des Juifs et des Arabes [30]. Il correspond à l'antique *Aram* ou *Aramou*, situé au sud de la Grande Arménie et habité par les Araméens et Chaldéens dont le territoire s'étendait des rives de l'Euphrate supérieur jusqu'à la Méditerranée et au Jourdain (inclusivement la principauté de Damas). Au début de notre ère la langue des araméens était devenue la langue vulgate de toute la Syrie et même de la Palestine. De nos jours, l'araméen est parlé seulement par 204.000 personnes: 4000 au Liban, 200.000 (juifs et chrétiens chaldéens) au Kourdistan. Les infiltrations des Kourdes et des Arabes ont à peu près fait disparaître cette langue. Dès le VIIIe siècle, les chrétiens d'orient avaient adopté l'arabe dans l'usage parlé et, à partir de la fin du Xe siècle, leurs auteurs écrivent en arabe en même temps qu'en araméen (ou syriaque). L'Araméen d'Edesse (*Ourha*, le plus ancien centre de vie chrétienne en Mésopotamie), avaient été la base de la langue syriaque.

---

[28] Le plus ancien bréviaire imprimé de Saint-Servais (1503) contient un hymne qui porte: *Ab Armenia Christus hunc direxit.*
cfr. F. Bock et M. Willemsen, *Antiquités sacrées conservées dans les anciennes collégiales de S. Servais et de Notre-Dame à Maestricht.* Maestricht 1873. p. 87.

[29] Après la victoire, remportée par les Turcs en 1071, beaucoup d'Arméniens émigrèrent vers la Cilicie (l'Arménie Mineure) et y fondèrent quelques principautés (vers 1080), e.a. celle d'Edesse, mais cette évolution n'était à prévoir ni du temps d'Alagrecus ni du temps de Jocundus.

[30] Jocundus, *Vita*, chap. 103 se sert du terme typiquement araméen *Arabitae*. – A l'époque romaine déjà, la ville d'Edesse avait une population en majorité arabe; voir: H. J. W. Drijvers, *Edessa und das Jüdische Christentum*, dans: Vigiliae Christianae, XXIV (1970) 4–33. Il y avait aussi une colonie arménienne qui avait son propre évêque, suffragant de l'archevêque de la colonie arménienne à Jérusalem.

§ 23. L'objet des révélations d'Alagrecus

Les légendes de l'origine soi-disant arménienne de saint Servais et de sa parenté avec Jésus-Christ étaient connues à Maestricht (et en Occident) bien avant la venue d'Alagrecus. Même la légende de la naissance juive qu'implique ladite parenté, n'y a pu faire sensation. Quel fut donc l'objet propre des «révélations» d'Alagrecus? Nous croyons que l'élément de nouveauté qu'elles contiennent, est restreint à deux précisions hagiotoponymiques qui portent sur le pays natal et sur le lieu de naissance de saint Servais (§§ 24, 25). Ces deux précisions dont Alagrecus est le relateur et importeur, ne font qu'une; elles sont une réponse aux remarques critiques que Hériger de Lobbes avait lancées en 979.[31]

L'on aurait mauvaise grâce à imputer à ce dernier quelque parti pris contre la parenté avec Jésus-Christ en elle-même. Parce que le parentage de saint Jude-Quiriaque avec le Sauveur lui paraît admissible, Hériger ne veut point refuser le même honneur à saint Servais, mais à condition que la naissance juive de ce saint soit suffisamment établie. Si, en l'espèce, il réserve son jugement, c'est qu'il manque de tout renseignement sur la patrie et le lieu de naissance du saint et sur son itinéraire de l'Orient à Tongres. En d'autres mots: il ignorait comment concilier la légende de l'origine arménienne avec celle de l'extraction juive.

Selon toutes les apparences Jocundus s'est servi des «révélations» d'Alagrecus pour parer aux objections de Hériger. Malheureusement, l'écrit dans lequel Alagrecus a consigné ses révélations est perdu. Nous n'avons donc pas les éléments voulus pour nous prononcer avec certitude dans les questions y afférentes. Le texte contenait non seulement les précisions hagiotoponymiques précitées, mais aussi la *genealogia*. Portait-il aussi des détails sur la jeunesse, sur les pérégrinations et sur l'itinéraire du saint: détails demandés par les promoteurs de la canonisation aussi bien que par Hériger? Nous l'ignorons à jamais. Même la forme de l'écrit est encore enveloppée de ténèbres.

Les indications que Jocundus nous donne au sujet de la consignation par écrit, sont loin d'être claires. Au chap. 7 de la *Vita*, il nous dit que, immédiatement après avoir fait ses «révélations», Alagrecus les a mises par écrit en présence de tous les chanoines de Saint-Servais et que, de ses jours, ledit écrit d'Alagrecus était toujours conservé près du

---

[31] MGH. SS., VII, 172.

sarcophage en pierre du saint (*apud monumentum eius*) et qu'une copie lui avait été rapportée par quelques confrères qui avaient visité Maestricht. Au chap. 8, il précise que, en 1049, on a soumis à l'approbation du concile de Mayence le *textum eiusdem* (Servatii) *generationis*, mis par écrit par feu le père Alagrecus (*quod pater pie recordationis Alagrecus olim scripserat*). Mais il lui arrive aussi de parler de *scripta Alagreci* (*Vita*, chap. 7), comme s'il s'agissait de plusieurs textes ou écrits.

L'auteur des *Gesta* qui souvent améliore le texte de Jocundus, donne une représentation assez divergente. Il fait état de deux recueillements, suivi chacun d'une révélation. Après avoir écouté la première révélation, celle de la *genealogia*, les chanoines décidèrent de la consigner ou faire consigner par écrit [32]. La *scriptura genealogiae* qui en ressortit, serait plus tard soumis au jugement du concile de Mayence. Après un nouveau recueillement, Alagrecus reprit la parole pour faire une révélation additionnelle sur le pays et le lieu de naissance (*Gesta*, éd. Wilhelm, p. 20: *Addidit quoque Alagrecus de loco nativitatis eius*).

Les deux révélations ont-elles été consignées par écrit séparément? ou bien furent-elles couchées sur une seule pièce de parchemin? Jocundus semble parler indifféremment d'écrit et d'écrits; l'auteur des *Gesta* paraît caractériser la deuxième révélation comme une adjonction à la première. Aussi croyons-nous, pour notre part, que les deux textes remplissaient une seule pièce et que c'est l'ensemble des révélations qu' on a présentées au concile de Mayence en 1049. Conséquemment, la deuxième révélation est également antérieure à 1049.

Plusieurs historiens ont dépeint Alagrecus comme un imposteur. D'autres (comme Friedrich Wilhelm, H. Rademacher et B. H. M. Vlekke) ont pris ses révélations pour une mystification qui trahirait la façon de Jocundus. De bien des façons nous avons réfléchi sur la question, mais, tout balancé, nous n'avons trouvé aucun indice sûr d'imposture ou de mystification. Tout ce que nous trouvons à critiquer, c'est que les révélations donnent moins de nouveau que l'on n'a prétendu donner, que Jocundus leur a attribué une valeur égale et que, comme étranger, il paraît moins exact dans les détails.

§ 24. La patrie de saint Servais

Par *patrie* nous entendons ici le pays et le lieu de naissance. En 979, Hériger de Lobbes avait remarqué que la *genealogia sancti Servatii*,

---

[32] *Gesta sancti Servatii*, éd. Wilhelm, p. 20: *Hec Traiectenses ... in testimonium censuerunt eadem litteris tradi.*

même si elle pouvait être vérifiée, nous laisserait aussi ignorants qu'avant au sujet du lieu de naissance (*locus nativitatis*) du saint. Pourquoi Hériger a-t-il souligné l'importance primordiale du problème de la localisation? Nous croyons mettre à nu la suite secrète de ses idées, si nous faisons aboutir sa critique à cette question: comment saint Servais, s'il était juif comme le veut la légende de la *genealogia*, a-t-il pu naître hors de la Palestine? comment se fait-il qu'il a pu naître en «Arménie», comme le veut une autre legende?

Le coup, assené par Hériger aux chanoines de Maestricht, doit avoir porté. Heureusement pour ceux-ci, un certain Alagrecus est venu à Maestricht pour combler la lacune signalée en enrichissant la *genealogia* d'un ajout relatif au lieu de naissance. Cet ajout est apparemment une réponse intentionnée au défi jeté par Hériger et sa teneur est la seule nouveauté apportée par Alagrecus. Cette nouveauté – jusqu'alors inconnue en Occident – a impressionné, mais non pas en tout satisfait les prélats du concile de Mayence (1049) [33]. Au lieu de se laisser décourager par cet échec, les Saint-Servatiens ont, dans la suite, mis tout en oeuvre pour faire accréditer les révélations d'Alagrecus. En la personne du moine français Jocundus ils ont trouvé un instrument complaisant.

Voici le texte de l'ajout et ses variantes:

> *Erat autem nomen oppidi Pestia, regionis Persida, nomen terre Armenia, nomen illius qui in ea natus est Servatius* (Jocundus, *Vita*, Texte A, chap. 103; le Texte B donne seulement: *Quapropter et hec persida regio, quia vicina est, de qua natus.....dei genitricis cognatus*).

> *Emyu itaque relictis parentibus et patria transivit in affinem regionem, que dicitur Armenia, et commoratus est in vico cui nomen est Phestia* (*Gesta*, cod. T, éd. Wilhelm, p. 273; éd. Kempeneers, p. 1; la même leçon dans le ms. BPL 1215, f. 153, de la Bibliothèque de l'Université de Leyde).

> *Addidit quoque Alagrecus de loco nativitatis eius, quod nomen oppidi Phestia, nomen terre Hebrea, nomen regionis esset Persia, ut scilicet intelligatur Phestia oppidum in confinio Persidis et coniuncte Persidi ad austrum Armenie situm utriusque gentis confovere in se populos et legitima, ut ibidem castrum Susis et alia multa* (*Gesta*, Texte vulgate, éd. Wilhelm, pp. 20–21).

---

[33] L'auteur des *Gesta* (éd. Wilhelm, p. 25) rapporte que les diplomates grecs, assistant au concile de Mayence, ont non seulement lu et approuvé le texte d'Alagrecus, mais en ont donné aussi plusieurs développements (*aliaque perplura superaccumulant*).

De loco nativitatis eius legitur, quod nomen oppidi Penestia, nomen
terre Hebrea, nomen regionis Persia, ut intelligatur Penestia oppidum
in confinio Persidis et Armenie situm ad austrum, et utriusque
gentis in se continere populos (Gilles d'Orval, dans: MGH. SS.,
XXV, 20).

Natus est in oppido Phestia ad austrum Armenie terra Hebreorum
in regione Persidis: quo decem tribus Israel translate fuerant (Petrus
de Natalibus, *Catalogus sanctorum*, lib. IV, cap. 162. Lugduni 1519.
fol. LXXXVI).

Par *Armenia* Jocundus (A) n'entend pas l'Arménie proprement dite,
mais le Kourdistan où, d'après la tradition juive et d'après une tendance dans l'église orientale, se trouverait l'arche de Noé (*Vita*, chap. 7:
Armenia illa, inquam, in cuius montibus arca Noe post diluvium reman-
sisse agnoscitur). La précision *ad austrum Armeniae*, donnée par l'auteur des *Gesta* qui souvent donne une meilleure leçon que les abrégés de
Jocundus, ne permet pas d'autre explication. Evidemment, la notion
de Kourdistan est à prendre ici dans un sens ethnologique donc très
large, s'appliquant à toute l'aire de diffusion des Kourdes. Notons
que, de nos jours, la presque totalité des juifs et chrétiens qui parlent
l'araméen, vit parmi les Kourdes.

D'après Jocundus (A et B) aussi bien que d'après les *Gesta*, saint
Servais fut né en *Persis* [34], la province la plus occidentale de l'empire
des Perses (*Persian*) et du califat de Bagdad [35]. Dans cette province –
ancien pays des Mèdes – les Hébreux étaient fixés pendant la captivité
assyrienne, notamment près de la confluence du Chabour et de l'Euphrate [36]. Après la fin de la captivité les Juifs restèrent en majorité
fixés dans cette terre, dite *Terra Hebrea* ou *Terra Hebreorum*. A l'époque des croisades, d'importantes colonies juives existaient toujours
dans cette région [37].

[34] La Perside (*Persis*, aujourd'hui Farsistan) comprenait aussi une étroite bande de l'Arménie. Aussi la légende de l'origine arménienne de saint Servais n'est-elle pas autant absurde
qu'elle le paraît à première vue.

[35] Les chroniqueurs latins de l'époque appliquaient au califat de Bagdad la toponymie
de la Perse antique. Notkerus Balbulus (*Gesta Karoli Magni*, II, 9) appelle *imperator Persa-*
rum le calife Haroun-al-Rachid. Dans un office de Charlemagne le même calife est désigné
comme empereur de *Persia;* cfr. Robert Folz, *Etude sur le culte liturgique de Charlemagne.*
Strasbourg 1951. p. 144.

[36] 2. Mach. 1. 19: *Cum in Persidem ducerentur patres nostri.* 4 Reg. 18. 9: *collocavit in Hala*
et in Habor, fluviis Gozan in civitatibus Medorum. – Le fleuve *Habor* est identifié communément au Chabour (Khabour, El-Khabur), affluent de l'Euphrate.

[37] *The Itinerary of Rabbi Benjamin of Tudela*, translated by A. Asher. London 1840–1841.
tome Ier. pp. 90–92. Voir aussi la translation-édition de M. N. Adler (Londres 1907), à la
page 51. Le Juif espagnol Benjamin de Tudèle parcourut la Syrie et la Mésopotamie aux

La patrie de saint Servais doit donc être recherchée au sud de l'Arménie, aux confins des provinces de Syrie (empire romano-byzantin) et de Perside (empire perso-arabe). Conséquemment en Irak ou en Syrie, si nous voulons nous exprimer dans la terminologie politique de nos jours. Mais dans lequel des deux pays ? Heureusement, Jocundus et la tradition vulgate fournissent assez de précisions supplémentaires qui plaident en faveur de la Syrie.

Le texte B de Jocundus (chap. 103) nous assure que le pays natal de saint Servais avait une population mixte qui comprenait d'une part des juifs (juifs, chaldéens, chrétiens; disons: Araméens) et des Arabes (*Arabitae*) d'autre part. L'auteur des *Gesta* (éd. Wilhelm, p. 21) ajoute que les parents de saint Servais appartenaient au même groupe de Juifs que les juifs de la Lotharingie (*nostre conprovincialitatis*), c.à.d. au groupe des Sefardim ou Juifs d'origine arabe qui étaient particulièrement nombreux dans les villes rhénanes [38].

L'Irak, habité en large partie par des Kourdes qui ne sont pas des Arabes, mais des Iraniens, est donc à exclure, et seule la Syrie entre en ligne de compte. N'oublions pas que le terme *Arabitae* trahit le parler araméen ou syriaque, mais refléchissons surtout au surnom, porté par Alagrecus qui se disait compatriote de saint Servais: le surnom *Roumi* (Romains), équivalent du surnom *Le Grec* (*Graecus*) que Jocundus donne à Alagrecus, est le nom caractéristique des chrétiens de Syrie [39].

La partie Syrienne de la *Terra Hebrea*, indiquée par Jocundus, comprend la région de confluence de l'Euphrate et du Chabour. Seul l'extrême Nord, près de la source du Chabour, a subi des infiltrations kourdes. Pour le reste, le bassin du Chabour est territoire arabe. Edesse, capitale de la région, avait une population en majorité arabe, à l'époque romaine déjà.

La patrie de saint Servais est à localiser dans le Nord-Est ou dans l'Est de la Syrie actuelle.

---

années 1160–1173. De nos jours encore, on trouve dans la vallée du Chabour quelques communautés de catholiques du rite chaldéen (syriaque ou araméen).

[38] cf. M. C. Wellborn, *Lotharingia as a centre of Arabic and scientific influence in the eleventh century*, dans: Isis, XVI (1931) 188–199. Sur les influences «arméniennes« à Metz, lire: B. H. M. Vlekke, *St. Servatius*, pp. 5–6. L'interchangeabilité des termes juif, syrien et arménien dans les textes occidentaux du haut-moyen-âge est un fait connu de tout le monde. Elle se manifeste aussi dans l'hagiographie. Le père de sainte Marie-Madeleine est appelé indistinctement *Israelita* ou *Syrus*; voir: Hans Hansel, *Die Maria-Magdalena-legende*. Greifswald 1937. p. 111.

[39] De nos jours, le nom de *Roumi* y est réservé aux orthodoxes, et les chrétiens qui ont fait leur union avec Rome, sont appelés *Melkhites*.

§ 25. Le lieu de naissance

Alagrecus en vint même à indiquer le lieu de naissance de saint Servais. Avant de discuter la situation exacte de ce lieu désespéremment énigmatique, nous donnons les graphies:

Phestia (*Gesta* et Pierre de Natali).

Pestia (Jocundus A)

Pnestia (*Gesta*, variante)

Penestia (Gilles d'Orval)

Poenestia (Gilles d'Orval, variante).

Mauvais augure: Sigebert de Gembloux (1100/04) donne bien la Perside comme patrie de saint Servais, mais taît le nom de *Phestia*.[40] Auguste Prost (1889) n'a pas réussi à localiser le lieu de naissance du saint qu'il cherchait à l'Est de l'Arménie et qu'il connaissait seulement par Gilles d'Orval (sous la variante *Poenestia*) [41]. Nous-aussi, nous avons mal passé notre temps à chercher un toponyme correspondant dans la vallée du Chabour et près de la confluence avec l'Euphrate. L'affaire est-elle perdue d'avance?

L'auteur du texte T des *Gesta* fait entendre que la patrie de saint Servais et la Terre Sainte s'avoisinaient [42]. Certes, les distances comptaient peu dans le grand désert qui s'étend entre le Jourdain et l'Euphrate, et nombreux y étaient les diocèses mobiles. Mais il y a un fait plus significatif: Alagrecus venait de Jérusalem et saint Servais qu'il disait son compatriote, avait reçu sa formation et la prêtrise dans la même ville sainte. Alagrecus relevait-il du patriarcat de Jérusalem?

La division en patriarcats remonte au concile de Chalcédon (451); elle est donc postérieure à l'époque où vivait saint Servais. Le patriarcat d'Antioche comprenait la Syrie, y compris le bassin du Chabour. La Terre Sainte dépendait du patriarcat de Jérusalem. Les territoires d'Outre-Jourdain étaient partagés entre les deux patriarcats, mais les dénombrements faits aux Xe-XIIe siècles font état de certaines modifications des frontières. Or, du temps d'Alagrecus environ, les terres

---

[40] Sigebert de Gembloux (MGH. SS., VI, 304).

[41] Aug. Prost, *Saint Servais; examen d'une correction introduite dans les dernières éditions de Grégoire de Tours*, dans: Mémoires de la Société nationale des antiquaires de France, 5e série, tom. X (1889) 237. Cet auteur fait naltre saint Servais au nord de la Perside, aux confins de la Perside et de l'Arménie, donc à l'Est ou au Sud-ouest de l'Arménie. Son erreur vient du fait qu'il a connu les révélations d'Alagrecus par Gilles d'Orval seulement et alors encore par une édition qui ne donne d'autre graphie que celle de *Poenestia*.

[42] *Gesta*, éd. Kempeneers, p. 1: *Emyu....transivit in affinem regionem, que dicitur Armenia. Armenia*, ici, ne peut aucunement désigner l'Arménie.

(actuellement syriennes) d'outre le Jourdain et la région de Damas sont enregistrées comme des dépendances, non plus du patriarcat d'Antioche, mais du patriarcat de Jérusalem [43].

Par bonheur, le toponyme énigmatique *P(hen)estia* qui est sans équivalent dans le Nord-Est, a un doublet nettement défini dans la région d'outre le Jourdain, à 45 km. au sud-est de Damas. Il s'agit de la ville *Phenustus* ou *Fenuste* (franc.: *Mismiyé;* arab.: *el-mismye*), siège d'un suffragant de *Bostra* (*Bussereth, Becerra*), aujourd'hui soumis au patriarcat d'Antioche [44].

Le projet d'identification est séduisant. Si, tout en étant compatriote du saint, Alagrecus ressortissait du patriarcat de Jérusalem, seules les régions de Damas et d'Outre-Jourdain peuvent entrer en considération pour être la patrie de saint Servais. Mais ce qui ne laisse pas d'être vrai, c'est que cette patrie est localisée dans le Nord de la Syrie par ce même Alagrecus. Il reste difficile de faire accorder les indications contraires, à moins de présupposer que le nom de Bostra (*Becerra, Beceira*) près de Damas ait été confondu avec celui de la localité de Buseire (El-Buseira) qui est située à la confluence de l'Euphrate et du Chabour, près des ruines de l'antique *Circesium*.

De cet écart trop gratuit, nous voudrions bien nous débarrasser, l'oeil sec, au profit de celui qui sait mieux. Contents d'avoir prouvé la naissance juive de leur patron, les Saint-Servatiens ne se sont pas mis en frais pour la localisation exacte du lieu de naissance que, d'ailleurs, l'auteur des *Gesta* nous relate comme un élément additionnel et consé-quemment secondaire de la «révélation» d'Alagrecus. On a préféré tirer tout le profit possible de la légende de la naissance juive. Meilleur logicien qu'historien, le chroniqueur Jean d'Outremeuse en a même conclu que saint Servais parlait la langue des Juifs d'alors (entendez: l'Araméen) et qu'il prêchait dans cette langue à Tongres [45].

Nous sommes, au moins, satisfaits d'avoir réhabilité la légende de la naissance juive de saint Servais, en chassant celle de sa prétendue origine arménienne qui n'a d'autre fondement que la confu-

---

[43] T. Tobler et A. Molinier, *Itinera Hierosolymitana et Descriptiones Terrae Sanctae Bellis Sacris anteriora*, I (Genève 1879), p. 341.

[44] Mich. Le Quien, *Oriens christianus*, III (Paris 1740) 746–747. Alphonsus Lasor a Varea (pseud. de Raphael Savonarola), *Universus terrarum orbis scriptorum calamo delineatus*, II (Pataviae 1713) 332: *Phenustus urbs episcopalis sub sede Becerrae Arabiae*. T. Tobler et A. Molinier, *o.c.*, I (Genève 1879) 326, 341. H. Michelant et Gaston Raynaud, *Itinéraires à Jérusalem ... en français ...* (Genève 1882), p. 13. René Dussaud, *Topographie historique de la Syrie antique et médiévale* (Paris 1927), pp. 376–377. Robert Devreesse, *Le patriarcat d'Antioche depuis la paix jusqu'à la conquête arabe* (Paris 1945), p. 239.

[45] éd. A. Borgnet, II (Bruxelles 1869), p. 65. Ajoutons que le nom du lieu de naissance y est orthographié *Penestre* (*o.c.*, p. 63: *en la citeit de Penestre qui siet entre Hermenie et Persie*).

sion des formes *araméen* et *arménien* et la force d'absorption de cette dernière. Le nom d'Arménien est un de ces nombreux collectifs que, au cours des siècles, les Occidentaux ont appliqués aux marchands, moines et exilés que le creuset syrien n'a cessé de déverser sur eux.

§ 26. *Genealogia sancti Servatii*

D'après le premier rapport ou la première «révélation» d'Alagrecus, saint Servais serait un petit-cousin (cousin à la mode de Bretagne) de saint Jean-Baptiste et de Jésus-Christ. Son rapport qui nous a été transmis par Jocundus, est le plus ancien document détaillé de la légende en Occident. Malgré les assertions de quelques historiens, tels l'Abbé S. Balau (1902) [46] et le Père S. Lejeune (1941) [47], il n'en existe pas de textes plus anciens [48].

Cependant, le thème était connu en Occident bien longtemps avant l'arrivée d'Alagrecus, car Hériger de Lobbes l'avait effleuré vers 979 déjà [49]. Alagrecus n'a donc pas «révélé» ou «importé» en Occident la légende de la parenté; il a, tout au plus, apporté quelques détails nouveaux sur le *mode* de parenté et, avec ou à travers Jocundus, déterminé la rédaction dans laquelle la légende allait circuler en Occident. A une époque ultérieure [50] la légende de la parenté de saint Servais fut liée à celle du *Trinubium Sanctae Annae* qui semble originaire de l'empire anglo-normand et dont les plus anciens témoins remontent à la fin du XIᵉ siècle [51]. Malgré leurs origines différentes, les deux légendes ont

---

[46] S. Balau, *o.c.*, p. 128 à la note 1 et p. 316, cite la version de la légende que donne la *Vita sancti Lupi recentior*. Or, cette *Vita* ne date pas du Xᵉ siècle, comme le pensait Balau, mais de la fin du XIᵉ siècle au plus tôt. Voir plus bas, au § 32.

[47] Servatius M. Lejeune, *De legendarische stamboom van Sint Servatius in de middeleeuwsche kunst en literatuur*, dans: Publications d. l. Soc. hist. et archéol. d. l. Limbourg, LXXVII (1941) 283–332. L'auteur cite à titre de preuves la *Vita sancti Lupi recentior*, à l'exemple de S. Balau (voir à la note 46), et l'*Historiae sacrae Epitome* de Haimo de Halberstadt (Migne, *Patr. lat.*, CXVIII, 824: *Anna et Esmeria fuerunt sorores*). Or, ledit *Epitome* est certainement pseudépigraphe, et le texte envisagé ne concerne point la parenté de saint Servais, mais le *Trinubium S. Annae*.

[48] MGH. SS. Libelli de lite, III, 608–614: *De paenitentia regum et de investitura regali collectanea* (publiés par H. Boehmer, d'après le ms. P. I. 9. 64 de Bamberg). Au f. 106 dudit manuscrit on trouve bien la *Genealogia sancti Servatii*, mais le manuscrit qui est un recueil, est postérieur au Concordat de Worms (1122).

[49] MGH. SS., VII, 172: . . *beatum Servatium sanctae Dei genitricis ex matris matertera fuisse abnepotem.*

[50] Au XIVᵉ siècle, d'après Lejeune (o.c.). Il faut faire reculer cette date d'un siècle, au moins. Le ms. HB. VI. 62 de Stuttgart qui date des XIIᵉ-XIIIᵉ siècles, donne (au f. 119ʳ–120ʳ) la *Genealogia sancti Servatii*, inscrite déjà dans la légende du *Trinubium S. Annae*! Voir le catalogue de J. Autenrieth (Wiesbaden 1963), pp. 57–58.

[51] M. Foerster, *Die Legende vom Trinubium der hl. Anna*, in: *Probleme der englischen Sprache und Kultur. Festschrift Johannes Hoops zum 60. Geburtstag überreicht*. Heidelberg 1925. (*Germanische Bibliothek*, publ. p. Wilh. Streitberg ,II, 20). pp. 105–130. – P. Volk O.S.B.,

quelques petits éléments communs: le début *Anna et Esmeria fuerunt sorores* et la graphie *Esmeria* [52], mais ceux-ci s'expliquent suffisamment par l'interférence des deux légendes.

En 1049, le concile de Mayence a examiné l'écrit d'Alagrecus concernant la parenté et la patrie de saint Servais. Jocundus nous apprend, que l'écrit y fut approuvé. L'auteur des *Gesta* (éd. Wilhelm, chap. 6) est d'une opinion plus nuancée: d'après lui, l'écrit fut à la fin approuvé, mais non sans avoir rencontré une résistance vive de la part de ceux qui désiraient voir reléguée aux Apocryphes cette *scriptura genealogie*, comme l'on avait fait du *Liber de Nativitate sancte Marie* [52a]

Vers 979, Hérigère de Lobbes avait émis une opinion qui témoignait d'autant de finesse que de scepticisme. Il s'était déclaré prêt à admettre la légende de la parenté de saint Servais avec Jésus-Christ, s'il était prouvé que saint Jude-Cyriaque aurait été un cousin du Sauveur, comme le voulait une légende semblable qui avait ses origines dans les actes apocryphes des saints Simon et Jude (*Acta Simonis et Judae*, datant du IVe siècle). Jocundus a pris à coeur cette suggestion, en insérant dans le chap. 102 de la *Vita sancti Servatii* la légende de saint Jude-Cyriaque comme preuve à l'appui de la légende de saint Servais [53].

Les objections d'Hérigère de Lobbes et du concile de Mayence procédaient de la même inquiétude: celle de faire des concessions en matière d'Apocryphes. C'est tout dire sur l'origine présomptivement apocryphe et par là orientale de la *genealogia sancti Servatii*. Même sans parler d'Alagrecus, les générations futures sont demeurées pleinement convaincues de l'origine orientale de la légende [54].

Breviarium Fontanellense (*Rouen cod. 207* (*A 505*) *saec. XIII*), dans: Revue bénédictine, XL (1928) 243–250.

[52] Le début *Anna et Esmeria fuerunt sorores* est celui de la troisième version de la légende du *Trinubium S. Annae*, publiée par M. Foerster. Il existe de la *Genealogia sancti Servatii* des versions qui présentent le même début; nous en avons donné un exemple à la note 56. – La graphie *Esmeria* est une contamination de la forme hebraïque *Ismeria* et de la forme écossaise *Emeria* qui est la forme originale dans les versions anglaises du *Trinubium S. Annae*. M. Förster (*o.c.*, p. 118) estime la forme contaminée *Esmeria* caractéristique de l'Europe occidentale. – Si M. Förster a raison, l'original perdu de Jocundus doit avoir donné la forme orientale *Ismeria*. Le texte B 1 (de Jean Gielemans) porte, en effet, cette forme. Ailleurs on trouve *Hismeria* (§ 37, note 73).

[52a] Evangile de la Nativité de Marie, dérive de l'Evangile de Pseudo-Matthieu qui est un remaniement latin du Protévangile de Jacques (interdit par le pape Gélase II, au VIe siècle); cfr. Emile Amann, *Le Protévangile de Jacques et ses remaniements latins*. Paris 1910.

[53] Voir le texte des *Acta Simonis et Judae* dans les *Acta Inventionis S. Crucis* (AA. SS. Boll., Maii, I, 445–451). Les Bollandistes-éditeurs, ici, excusent la crédulité de Jocundus, parce que cette fois il suit une source écrite! Pourquoi n'ont-ils pas fait preuve de la même indulgence envers Jocundus pour la *Genealogia sancti Servatii* qu'il reproduit également d'après une source écrite?

[54] Le ms. BPL. 102 (f. 42r) qui date du XIIe siècle et provient de l'abbaye d'Egmond, omet le nom d'Alagrecus et s'en réfère aux *grecorum scriptis et dictis* pour authentifier le légendaire *genealogia sancti Servatii* qu'il va reproduire.

Au lieu de mentionner Alagrecus, quelques arrangeurs de la *Vita sancti Servatii* ont mis en tête de la *genealogia* une référence à la *Fama veteris custos* [55] ou à la *Fama antiquitatis custos* [56]. Le terme rappelle en mémoire un dicton, attribué au philosophe pythagoréen Secundus (de la fin du IIe siècle:) *Quid est littera? Custos hystorie* [57]. L'opuscule grec de ce philosophe ne fut pas traduit en latin avant 1167 et ne contient pas ce dicton qui est donc un ajout du traducteur.

§ 27. Dialogus de nomine et substantia

Analysant et réfutant l'une après l'autre les objections faites par Hériger de Lobbes, Jocundus (chap. 103 à la note 6) en vient à discuter l'objection suivante: *Nec locus nativitatis nec consonantia nominis convenit quia ex Hebreis idem vir sanctus surrexit* [58]. A l'encontre des autres parties de la discussion, l'arrangeur du Texte B a laissé ici intactes les formules de l'exercice scolaire, de la position de thèse, d'un mode de position qui, sans doute, était d'usage au sein des écoles de Saint-Servais à Maestricht.

Ici, l'exercice revêt la forme d'un dialogue entre le Maître et ses Disciples. Le Maître (Jocundus) prend en bouche les objections d'Hérigère et invite a répondre ses élèves: *Econtra quid simplicitas parvulorum audiamus* [59]. Et un de ses petits de répondre à chaque objection: *Ecce, inquit......; Certe, inquit, quo id probare nituntur non laborioso eget argumento.* Au lieu de suivre le dialogue étape par étape, nous nous bornerons à tirer le suc de cet exercice qui se meut déjà à une intersection de la grammaire et de la dialectique.

Chaque fois qu'un pays change d'habitants, il change aussi de langue, ce qui arrive souvent dans ces parages (le Proche-Orient). Il n'est donc pas si étrange que la patrie de saint Servais porte, peut-être, aujourd'hui un autre nom qu'en son temps. Le Maître poursuit qu'il en est tout autrement de la personne de saint Servais dont le nom latin contraste absolument (et par les éléments et par la consonance) avec l'origine hébraïque du saint. A quoi un élève réplique que la mutation ou la translation d'un nom (propre) n'altère pas la substance du

---

[55] O. Greifeld, *Servatius eine oberdeutsche Legende des XII. Jahrhunderts.* Inaug.-Diss. Berlin 1887. p. 22 (le ms. O de Maihingen).
[56] MGH. SS., XXV, 19 (Gilles d'Orval): *Fama enim, antiquitatis custos, virum hunc designat ex prosapia Ihesu Christi descendisse. Fuerunt enim Anna et Esmeria due sorores ....*
[57] *Secundus the Silent Philosopher.* ed. by Ben Edwin Perry. Cornell Univ. Press 1964. p. 98.
[58] MGH. SS., VII, 172.
[59] *parvuli = pueri (scolares).* Le terme peut être pris aussi dans le sens où les purs et les saints se disent ou sont dits *parvuli domini.*

porteur (*Nominis vero consonantia non mutat hominis substantiam*) et
que, par conséquent, tout comme le nom de Jésus, le nom de Servatius
traduit en latin la même substance qu'en hébreu.[60]

D'accord, répond le Maître, – (*Bene quidem, fratres, bene*) –, mais que
penser alors des apôtres auxquels le Christ a imposé des noms étrangers
à leurs tribus et réservés à d'autres tribus? Les élèves répondent que,
peut-être, les Apôtres descendent des tribus dont ils portent les noms [61].
Et le Maître conclut: donc (*ergo*), tout homme qui porte le nom d'un
autre homme n'est pas étranger à la génération ou lignée de cet homme
(*eius de semine non erit alienus*). Saint Servais appartient à la lignée de
Jésus, parce que les noms de Servais et de Jésus couvrent la même
substance.

On le voit: Jocundus se fait reconnaître ici pour un adepte de l'ul-
traréalisme qui dominait le penser des IXe-XIIe siècles. En rien il
n'annonce le nominalisme naissant. A côté de la grammaire, la dialectique a bien une place dans son exégèse, mais elle reste tributaire de la
théologie et ne s'étend pas aux matières de foi. Au lieu de s'exposer au
danger de forcer la vérité par des sophismes, il juge prudent de se
confiner à l'interprétation grammaticale [62]. Il donne l'impression
d'être plus ou moins mêlé à la réaction anti-dialecticienne qui se faisait
jour vers le milieu du XIe siècle. Nous verrons que, en matière des lois
naturelles et de la toute-puissance divine, il allait à la remorque de
Pierre Damien (1007–1072).

§ 29. Triseclis Servatius

Les problèmes du *Triseclis Servatius* [63] et du *Quadriseclis Servatius*
sont deux aspects d'un seul problème: la *supputatio annorum* de saint

---

[60] Jésus = Salvator. Servatius = Servator. L'identité substantielle des deux noms est
expliquée par Jocundus à plusieurs endroits, notamment au chap. 103 à la note 77.

[61] Les exégètes font distinction entre lignée (généalogie) et tribu. Bien que n'étant pas
fils de Joseph, Jésus appartenait de droit à la maison de David. – Marie, la Mère de Jésus,
était de la tribu de Jude, mais sa nièce Elisabeth appartenait à la tribu de Lévi. Saint
Servais qui d'après la *genealogia* descendrait d'Eliud, frère d'Elisabeth, serait-il donc d'une
autre tribu que Jésus? Au chap. 4 de la *Vita* Jocundus a résolu cette difficulté, en remarquant
que Jude et Lévi étaient frères (fils de Lia et de Jacob). – Jocundus insiste encore sur l'origine
céleste des noms de Jésus, de Jean-Baptiste, de Servais et de Nicolas. L'auteur des *Gesta*
(éd. Wilhelm, p. 19–20) appelle Servais *alter Zacharie filius*, en raison de l'imposition céleste
de son nom (*cui angelus domini ... non eisdem syllabis, sed sensu eodem, in alia lingua nomen
illud de celo advexerit*).

[62] *Gesta sancti Servatii* (éd. Wilhelm, p. 22:) *Consultius igitur videbatur interpretari quam
falsari nomen Servatii.*

[63] Le terme fut mis sur le tapis à Rome en 1660 pendant la visite du Bollandiste Henche-
nius. Il fit sourire le Pape et lui arracha une anecdote au sujet de la possibilité de discerner
trois Servais successifs au lieu d'admettre un seul *Triseclis Servatius.* Voir: AA. SS. Boll., Maii,

Servais. A l'exemple de Jocundus, nous les traiterons à part, parce que l'un est d'ordre biologique, l'autre d'ordre chronologique.

Si l'on admet la *Genealogia sancti Servatii*, on est obligé d'admettre aussi que saint Servais a vécu trois ou quatre siècles. Jocundus ne recule point d'effroi devant une longévité aussi peu commune. Ressourcé dans les Apocryphes, il se réclame d'abord du cas de saint Jude-Cyriaque qui aurait été un neveu (ou frère) de saint Etienne et aurait vécu plus de 300 ans. Puis, il apporte un argument de nature profane, tiré des écrits de Pline l'Ancien. Il cite le passage où Pline reproduit un récit de quelques géographes grecs d'après lequel, sous la zône torride des Indes, les hommes vivraient 130, 200 et même 300 ans.[64]

Jocundus se montre ici à son désavantage. Il oublie de reproduire la remarque finale de Pline qu'il (Pline) n'ajoute aucune créance à ces racontars sur la longévité des Indiens. Ce qui est plus grave, c'est qu'il a enchéri sur Pline en interpolant un âge maximum de 400 ans! Nous n'avons pu établir, où il a pris cette limite surélevée de macrobie[65].

Il est plus étrange encore que, à part Jocundus, les savants du moyen-âge sont unanimes à ignorer ledit témoignage de Pline et à rejeter toute macrobie postdiluvienne. Aux années 1052/56, Anselme de Liège, continuateur d'Hériger de Lobbes, avait ouvertement nié la possibilité qu'un homme pût vivre 200 ans [66]. Deux siècles plus tard, Engelbert d'Admont écrirait dans le même sens [67].

Pour appuyer la thèse du *Triseclis Servatius* Jocundus a voulu faire flèche de tout bois, mais pour le moment il ne trouvait d'autres arguments qu'un appel au récit apocryphe de Jude-Cyriaque et un renvoi à Pline. Peu après lui, l'auteur des *Gesta* (éd. Wilhelm, p. 24) ajoutera un appel à la légende des Sept Dormants. Au cours du XIIe siècle,

---

VII, *Tractatus preliminaris Danielis Papebrochii*, pp. XXI-XXII, no. 8. – De fait, plusieurs historiens ont proposé de distinguer deux Servais, soit Servatius et Aravatius, soit Servais I (mort en 384) et Servais II (mort après 451). Ces tentatives ont été définitivement liquidées par Auguste Prost, *Saint Servais; examen d'une correction introduite dans les dernières éditions de Grégoire de Tours*, dans: Mémoires de la Société nationale des antiquaires de France, 5e série, tom. X (1889) 183–293.

[64] Pline, *Naturalis Historiae* lib. VII, 2 et 48. Aucun manuscrit n'offre la variante 400. Nous n'avons trouvé ce nombre ni dans les traités médiévaux de ce genre ni dans les ouvrages modernes sur la longévité.

[65] Le même problème se pose pour Larousse, *Grand dictionnaire universel du XIXe siècle*, X (Paris 1873) 663 où il est question d'une macrobie de 400 ans, sur la foi de Pline!

[66] MGH. SS., VII, 161.

[67] Engelbertus Admontensis O.S.B. (1250–1331), *De causis longaevitatis hominum ante diluvium*, dans: B. Pez, *Thesaurus anecdotorum novissimus*, I, 1 (1721) 437–502. Avec le Psalmiste, Engelbert attribue à l'homme postdiluvien une vie de 70 à 80 ans. Il est donc plus pessimiste que les législateurs de Rome qui font vivre l'homme cent ans, si sa mort ne peut pas être prouvée: *Vivere ad centum annos quilibet presumitur, nisi probatur mortuus* (*Corpus Iuris glossatum*, II, 719, n.q.).

quelqu'un d'inconnu versera au dossier l'exemple d'un vétéran de Charlemagne, dit *Johannes de Temporibus*, qui serait mort en 1139 à l'âge de 361 ans [68].

La thèse du *Triseclis Servatius* faisait partie intégrante de la *doctrina Trajectensium*. Elle était en accord avec l'historiographie traditionnelle du haut moyen-âge d'après laquelle l'invasion des Huns d'Attila en Europe Occidentale aurait eu lieu sous l'empereur Valens, vers 380, peu d'années avant la mort de saint Servais qui survint en 384 [69]. Mais la renaissance carolingienne renouvela la connaissance des historiographes de l'antiquité qui situent en 451 l'invasion d'Attila. Sans le vouloir, Flodoard a préparé la voie, en faisant de saint Nicaise de Reims (mort en 407) un contemporain de saint Servais et même de saint Aignan d'Orléans et de saint Loup de Troyes qui vivaient en 451[70].

§ 29. Quadriseclis Servatius?

Jocundus a bien lu Flodoard qui est indécis devant le problème de la datation des invasions d'Attila. Il connaissait donc le problème du synchronisme de saint Servais et d'Attila, mais ayant pris en charge la défense de la *doctrina Trajectensium*, il ne pouvait pas rester neutre. Il a même aggravé le problème, en ayant la fantaisie d'introduire dans la légende un élément tout à fait nouveau: une rencontre de saint Servais avec Attila [71]. Les Saint-Servatiens, là-dessus, avaient l'avantage de représenter en cette matière l'historiographie cléricale qui s'autorisait, entre autres, de la *Donatio Constantina* [72]. D'autre part,

[68] Petrus de Natalibus, *Catalogus sanctorum*. Lyon 1519. fol. LXXXVI (lib. IV, cap. 162) reprend ce récit, en se réclamant de l'autorité de tous les historiographes (*secundum omnes historiographos*).

[69] Henschenius a en vain essayé de sauver l'opinion traditionnelle en distinguant deux invasions de Huns: une qui aurait eu lieu peu d'années *après* la mort de saint Servais, une autre qui avait lieu sous Attila en 451. cfr. AA. SS. Boll., juillet, IV, pp. 152–157 (*Commentarius praevius* de Cuperus à l'édition de la *Vita Monulphi*).

[70] 407: date traditionelle du martyre de saint Nicaise. La tentative, entreprise par Henri Platelle, de faire remonter le martyre à 451, a trouvé peu d'échos; voir: *Bibliotheca Sanctorum*, IX (1967) 853. – On trouvera les textes signalés de Flodoard dans: Migne, *Patr. lat.*, CXXXV, 37 (*Historia Ecclesiae Remensis*, I, 6), et dans: MGH. SS., XIII, 417–420. Flodoard semble avoir ignoré que les saints Loup et Aignan ont vécu en 451.

[71] Le thème de cette rencontre semble préluder au thème du baptême d'Attila. Avant le XIIe siècle, avant la composition de l'épopée des *Niebelungen*, les sources de l'Occident (à l'encontre des sources byzantines) ne donnent rien sur la mort d'Attila et le thème du baptême d'Attila est encore étranger à la matière des *Niebelungen* et à l'image germanique d'Attila. Voir: Helmut de Boor, *Das Attilabild in Geschichte, Legende und heroischer Dichtung* 2e éd. Darmstadt 1963.

[72] Dans la *Donatio Constantina*, fabriquée au début du VIIIe siècle, l'empereur Constantin le Grand s'intitule vainqueur des Huns! Ajoutons que les Martyrologes d'Adon (mort en 875) et de Notker (mort en 912) situent la mort de saint Servais *tempore quo Huni Germaniam vastabant* (Prost, *o.c.*, p. 198).

Jocundus ne pouvait pas diminuer l'autorité des historiographes de l'antiquité, invoquée par les adversaires.

Comment réconcilier les deux courants? Jocundus n'était pas homme à prendre quelqu'un à partie ou à trancher le noeud. Voyons comment il a esquivé les difficultés par une fuite dans les nuages [73].

Aux adversaires il accorde qu'Attila a fait son invasion en 451 et que les dates de cette invasion et de la mort de saint Servais sont très distantes l'une de l'autre (chap. 105: *Tempore distincta notate*). Saint Servais aurait donc vécu plus de 400 ans? La thèse d'un *Quadriseclis Servatius* n'aurait rien d'absurde: il y a l'autorité de Pline, il y a surtout la toute-puissance de Dieu! Mais point n'est besoin d'y recourir. Pourquoi les adversaires font-ils tant d'embarras pour un simple anachronisme? C'est qu'ils sont pris d'envie envers saint Servais et qu'ils pensent diminuer sa gloire en prolongeant jusqu'après 451 sa vie terrestre, car prolonger la vie terrestre du saint est raccourcir, diminuer, sa gloire céleste [74].

Terminant, il leur reproche une dureté de coeur, semblable à celle des Juifs. Le *monumentum* de saint Servais est surveillé par des gardes (*custodes*) pour laisser dans l'erreur les Juifs qui ne croient pas à la résurrection du saint (*Vita*, chap. 108)!

§ 30. La volonté de Dieu

Les adversaires de la *doctrina Trajectensium* objectaient que ses éléments (macrobie, etc.) dépassaient les possibilités naturelles. Jocundus et les Saint-Servatiens classent ces éléments parmi les possibilités d'ordre général qui dépendent de la volonté de Dieu, qui sont dues à des interventions de la Providence, comme les miracles, les jugements de Dieu et les indices du «doigt de Dieu», enfin tout ce qui suffit à provoquer chez l'homme l'attention en faveur de la vérité. Les miracles ne sont pas indignes de Dieu. Tout ce qui sert à augmenter la gloire de Dieu, est digne de foi (chap. 101). Nous avons besoin des miracles pour être confirmés dans la foi (chap. 119: *ad confirmandam fidem*). Pourquoi s'opposer à la *doctrina Trajectensium*, si Dieu a voulu arranger ainsi la

---

[73] Une seule cause peut avoir des suites divergentes. Tout en admettant deux invasions d'Attila (vers 380 et en 451), Jocundus refuse de prolonger d'un siècle la vie terrestre de saint Servais. Mais en raison de la même donnée la légende attribue à Attila une longévité de 124 ans!

[74] En d'autres termes: Jocundus admet bien la possibilité d'un *Quadriseclis Servatius*, mais il lui préfère le *Triseclis Servatius* qui fait plus d'honneur à Dieu.

vie de saint Servais? Les Saint-Servatiens y croient de coeur et d'âme et s'en trouvent bien [75].

Tout cela reflète l'inspiration augustinienne, mais on ne peut s'empêcher de rapprocher certaines nuances de la doctrine volontariste de Pierre Damien [76]. Le thème providentiel est la ritournelle de l'oeuvre de Jocundus. Toutes les parties dialoguées – elles sont au nombre de trois: chap. 101 (miracle du *sericum*), chapp. 102–108 (*genealogia sancti Servatii*), chapp. 119–121 (miracle du *pallium*) [77] – en sont saturées. Dans ces dialogues, ce sont les jeunes qui figurent comme promoteurs de la *doctrina Trajectensium* en particulier et d'une conception volontariste de la Providence en général, avec l'adhésion de Jocundus et des *altioris scientiae fratres*, des *seniores*. Les antagonistes dont Jocundus fait discuter les objections, doivent être recherchés hors de l'enceinte de Saint-Servais, dans certains milieux de *simpliciores*, de gens *nullius prudentie nullius scientie*.

Jocundus, ce n'est pas seulement le miracle continuellement confirmé, mais encore le jugement de Dieu ou le doigt de Dieu. Pas moins de trois fois il fait appel au jugement de Dieu en matière d'élections [78]. Il connaît encore l'*electio per sortem* qui, de ses jours, était pratiquée toujours en Orient. Il compare saint Servais avec saint Matthie qui, désigné par le sort, fut aussitôt mis au nombre des Apôtres (*Act.*, I, 21–26), et l'appelle *Trajectensis Matthias* [79]. Tout comme les relations légendaires de saint Servais avec le Christ et saint Pierre, son assimila-

---

[75] *Gesta sancti Servatii* (éd. Wilhelm, p. 23:) *Quod si voluntas dei beati tempora Servatii sic ordinare voluerit, quid, ne credatur, oberit? Ecce Traiectenses toto corde genealogiam ipsius, divinitus, ut relatum est, ita ordinatam credunt. Sic autem credentes non iram, sed plurima per suffragia Servatii celitus beneficia et signa percipiunt.*

[76] Pierre Damien, *De divina omnipotentia*, c. X-XI, dans: Migne, *Patr. lat.*, CXLV, 611–614.

[77] Dans les dialogues au sujet du *sericum* et du *pallium*, les objections viennent de la part des *maiores scientiae*, dits aussi *seniores* et *patres*, qui argumentent que ces objets ne peuvent pas avoir été apportés par un ange, parce que Dieu et les anges ne se laissent pas distraire de leur *summa requies*. Ce sont les jeunes qui, contre eux, prennent le parti de la Providence. N'oublions pas que ces deux dialogues sont situés peu après la mort de saint Servais, donc en pleine Basse-Antiquité. Jocundus a eu la prudence d'insérer la remarque que, de ses jours, les *seniores* de Saint-Servais (*maiores nostri* ou *seniores nostri*, chap. 101) étaient convaincus de l'origine miraculeuse des reliques en litige.

[78] Voir les chapp. 20 (saint Servais reçoit la crosse de la main d'un ange), 21 (désignation d'un abbé par l'inflammation miraculeuse d'un cierge) et 65 (jugement de dieu par l'épreuve de l'eau).

[79] Jocundus, *Vita sancti Servatii*, chap. 65: *Sors cecidit super Trajectensem Matthiam.* Cfr. les *Gesta sancti Servatii* (éd. Wilhelm, p. 116): *Sortes beato Servatio semel iterumque in preclaris ceciderint.* – Ailleurs, l'auteur des *Gesta* (ibid., pp. 19/20) compare saint Servais à saint Jean-Baptiste, fils de Zacharie (*alteri Zacharie filio*).

tion à saint Matthie semble née du besoin de conférer au saint et à son église une auréole providentielle d'apostolicité [80] [81].

---

[80] Nous nions que ces relations auraient été exploitées par les successeurs de saint Servais pour lutter contre certaines prétentions des archevêques de Cologne et de Trèves. Nous admettons tout au plus que la puissance-clef spéciale, attribuée à saint Servais par les hagiographes à partir de Jocundus, a été lancée comme une protestation contre certains hérétiques (comme Abélard) qui détruisaient la puissance-clef des prêtres en la réduisant à une puissance purement déclaratoire.

[81] Cas parallèles: saint Martin de Tours dont l'apostolicité fut défendue par Odon, abbé de Cluny; saint Martial de Limoges, parent et élève de saint Pierre, défendu vigoureusement par Adémar de Chabannes; et à Tongres même, saint Materne, élève de saint Pierre.

CHAPITRE IV

L'HAGIOGRAPHE: SA MÉTHODE ET SES SOURCES

§ 31. Aspects généraux

Les anciennes vies des saints (martyrs dans la plupart des cas) étaient avant tout des actes historiques d'une passion et confortaient les lecteurs avec leur passion glorieuse. Le nouveau type de *Vita* qui prit son essor au XIᵉ siècle, entendait être un récit suivi des étapes de la vie d'un saint, de sa naissance à sa mort. Il n'est pas né d'un besoin de retoucher, sous prétexte de les polir, les anciennes vies, mais du besoin de proposer aux populations des récits biographiques qui puissent servir comme modèles de vie et promouvoir la gloire et le culte et (éventuellement) la canonisation des saints.

Le récit de Grégoire de Tours et ses allongements postérieurs (scènes d'adieux au peuple de Tongres) n'apprenaient rien de la naissance de saint Servais ni de l'époque où il a vécu. Vers 979, cette insuffisance avait été dénoncée par Hérigère de Lobbes, mais la légende de la parenté de saint Servais et de Jésus-Christus que dans la suite les Saint-Servatiens ont fait produire pour réparer cette insuffisance et obtenir une canonisation, a été répudiée par le pape Léon IX (1049). L'originalité de Jocundus consiste en ceci que, en lui rendant sa patrie, sa naissance, sa formation, sa jeunesse et même sa mort, il nous a donné la première biographie de saint Servais et que, aussi bien, il a doublé cette biographie d'un plaidoyer en faveur de la doctrine des Saint-Servatiens. Disons tout de suite que, pour la jeunesse de saint Servais il semble avoir adapté la vie de saint Nicolas et que pour la parenté de Jésus-Christ et de saint Servais il a puisé dans la littérature des Apocryphes.

Pour un moine français, Jocundus a admirablement réussi a conférer à son récit biographique la couleur locale de Maestricht et du Pays Mosan. Il a mérité cet éloge à un plus haut degré encore pour les

Miracula auxquels les retravailleurs postérieurs ont dû conférer un arrière-fonds allemand et impérial. On ne s'en étonnera plus, si l'on admet avec nous que Jocundus a pendant un certain temps enseigné à Maestricht et que pour les *Miracula* il s'est assuré de la collaboration d'un de ses élèves ou anciens-élèves. Inversément, son style monachal n'en contraste pas moins avec celui des écoles des églises impériales, même avec celui des écoles de Saint-Servais [1].

Nous ne comprenons pas, comment Gröber [2] a pu annexer Jocundus à l'aire culturelle des écoles de Liège. Les hexamètres léonins et rimés que donne le Texte A et que Gröber vise spécialement, ne sont certainement pas de Jocundus (voir le § 45). La prose de Jocundus est le specimen typique d'un style dont, vers 1100, Gautier de Thérouanne flétrira la *superflua verborum phalera*, les *rhetoricorum ornamenta colorum* et la *fastidiosa prolixitas* [3]. L'auteur des *Gesta sancti Servatii* qui, vers 1125, a retravaillé l'oeuvre de Jocundus pour l'aligner dans la tradition locale, s'exclame dans son prologue: «Je n'ai pas besoin de visions du saint ni de charbons ardents pour m'imposer tout à coup comme hagiographe (*ut repente sic agiographus prodirem*), mais ce sont le respect des anciens et la dévotion du peuple qui seules m'ont incité à entreprendre mon travail» [4].

Ce prologue est la contrepartie de l'*Apologia* de Jocundus [5]. Les flèches, décochées par son auteur, sont visiblement dardées sur le style monachal et la spiritualité extatique du modèle. Joint à l'oubli rapide de l'oeuvre, l'algarade de l'auteur des *Gesta* prouve que l'enseignement de Jocundus à Maestricht ne fut qu'un intermède sans lendemain.

§ 32. Les sources écrites

A la liste des sources écrites nous n'avons pas inscrit l'écrit d'Alagraecus, parce qu'aucun exemplaire n'en a été conservé, mais nous lui avons bien réservé une remarque préliminaire pour notifier son historicité. Jocundus nous assure qu'on lui avait fait parvenir une copie de cet écrit qui reposait auprès du sarcophage du saint (*Vita*, chap. 7), et, par là, fait entendre qu'il reçut cette copie assez longtemps avant sa vocation à Maestricht.

---

[1] Comparer les nombreux poèmes des titres de Saint-Servais de Maestricht et de Saint-Lambert de Liège dans le rouleau mortuaire de Guifred, abbé de Saint-Martin-de-Canigou (1051).

[2] Gustav Gröber, *Grundriss der romanischen Philologie*, II (Strasbourg 1902) 269.

[3] Migne, *Patr. lat.*, CLXVI, 920 (prologue à la *Vita prima Caroli Boni*).

[4] *Gesta sancti Servatii*, éd. Wilhelm, chap. 1, p. 1.

[5] Jocundus, *Miracula sancti Servatii*, chap. 77 (MGH. SS., XII, 122).

1) *Gesta antiquiora sancti Servatii* (IXe s.) [6]. Cités sous ce nom par Hériger de Lobbes (vers 979) et ensuite par Jocundus. Voir de ce dernier la *Vita sancti Servatii*, chap. 26 (*sicut in gestis eius legitur antiquioribus*) et chap. 29 (*quas in Gallia ad illuminandum genus humanum lucernas accenderat dominus:* allusion au début des *Gesta antiquiora sci Servatii: Ad illuminandum humanum genus*).

2) *Radbodi Sermo de sancto Servatio* (Xe s.) [7]. Jocundus y a emprunté 13 passages; voir: Vlekke, *o.c.*, p. 88.

3) *Liber Miraculorum sancti Servatii*. Manuscrit perdu, vu et consulté par Jocundus qui le cite cinq fois [8]. Les chanoines de Saint-Servais l'ont communiqué à Charlemagne, à l'empereur Henri III (1039–1056) et à Jocundus. Après Jocundus il n'est plus mentionné [9]. D'après Wilhelm, éditeur des *Gesta*, l'existence du manuscrit serait une fable de Jocundus. Nous sommes d'un avis contraire. Nous croyons bien que la communication à Charlemagne est légendaire, mais si Jocundus nous assure qu'il a vu le manuscrit, nous pouvons l'en croire.

4) *Vita ss. Eucharii, Valerii et Materni* [10]. cf. Balau, *o.c.*, p. 312.

5) Hériger de Lobbes, *Gesta episcoporum Leodiensium* (vers 979). Une citation explicite dans la *Vita*, chap. 60: *in libro tungrensium pontificum* (au sujet de la vision de saint Servais à Rome et de l'apparition de saint Pierre).

6) Jordanès, *De origine actibusque Getarum* (vers 551). Cité comme l'auteur le plus digne de confiance pour l'invasion d'Attila et la destruction de la Gaule; *Vita*, chap. 30: *sicut invenitur in libro cuiusdam antistitis Iordanis, qui relator gallicani extitit, ut aiunt, fidelissimus* (Texte A; le Texte B porte: *certissimus*) *excidii*.

7) *Passio sanctae Agathae* (Ve siècle), citée au chap. 101 de la *Vita*.

8) Grégoire le Grand, *Dialogi*, liber II, cap. 21: miracle(s) de saint Benoît. Reprise par Jocundus, *Vita*, chap. 120.

---

[6] Publiés dans: Analecta Bollandiana, I (1882) 94–104.

[7] Publié dans: Analecta Bollandiana, I (1882) 104–111.

[8] *Vita*, chap. 86: *sicut in libro miraculorum eius invenitur;* chap. 126: *quemadmodum in libro miraculorum eius videtur. Miracula*, prologue (éd. Koepke, p. 93:) *quae in libro miraculorum eius vidimus;* chap. 16 (éd. Koepke, p. 97:) *pater monasterii ..... attulit ad imperatorem* (Carolum Magnum) *librum miraculorum eius;* chap. 52 (éd. Koepke, p. 112:) (Ainricus rex) *.... iussit sibi afferri librum miraculorum sancti Servatii.*

[9] *Gesta sancti Servatii*, chap. 21 (éd. Wilhelm, p. 88:) *imperator ...* (Carolus Magnus) *.... liber quoque miraculorum eius coram est cunctisque miraculo habitus.* L'auteur des *Gesta*, ici, cite Jocundus; son témoignage est donc sans valeur. Il ajoute même, que la mise au jour du *Liber miraculorum* fut considéré comme un miracle.

[10] BHL. 2655ss. AA. SS. Boll., Jan. II, 918. Attribué, à tort, à Goldscher, moine de Saint-Matthie de Trèves. Liste des manuscrits conservés dans: E. Winheller, *Die Lebensbeschreibungen der vorkarolingischen Bischöfe von Trier*. Bonn 1935. pp. 28ss.

9) Paul Diacre, *Historia Romana*. Au chap. 61 de la *Vita*, Jocundus a utilisé cet ouvrage pour l'histoire des guerres des Romains contre les Goths; cf. Vlekke, *o.c.*, p. 115. Il le cite encore, au chap. 32, au sujet de la construction d'une chaussée romaine sous l'empereur Auguste (*via regia. .iubente augusto.....in romana historia scriptum vidimus*); Balau, *o.c.*, p. 313.

10) Paul Diacre, *Gesta episcoporum Mettensium* (784). L'ouvrage fut utilisé déjà par Hériger de Lobbes qui lui emprunta le récit de la rencontre de saint Servais et de saint Auctor (MGH. SS., VII, 173). Jocundus a puisé directement dans Paul Diacre, parce qu'il ne donne pas seulement le récit de cette rencontre, mais aussi le récit de la consolidation miraculeuse d'une pierre d'autel brisée que Hériger n'avait pas abordé. Voir le chap. 38 de la *Vita*.

11) Paul Diacre, *Vita Gregorii Magni Papae*. Utilisée par Jocundus au chap. 8 des *Miracula*.

12) Flodoard, *De Christi triumphis apud Italiam*. Au chap. 120 de la *Vita* Jocundus emprunte à cet ouvrage versifié des miracles de sainte Agnès, de sainte Cécile, de saint Clément, de saint Michel du Mont-Gargan.

13) Flodoard, *Historia Remensis ecclesiae*. Utilisé par Jocundus pour la guerre de l'empereur contre les Goths et les Huns en 378 (*Vita*, chap. 109). Jocundus lui a emprunté aussi la relation d'Eginhard sur l'expédition de Charlemagne et de Pépin contre les Huns en Pannonie (*Vita*, chap. 114).

14) Méthode, *Vita sancti Nicolai*, version latine de Jean de Naples (de la fin du IXe siècle). Utilisée par Jocundus au chap. 16 de la *Vita* pour le miracle de la prise de lait, mais le parallélisme de l'enfance de Servais avec celle de Nicolas est si évidente qu'il faut admettre que l'une a été modelée sur l'autre.[11]

15) *Vita altera S. Geminiani*, composée vers 910 et publiée dans: Boninus Mombritius, *Sanctuarium sive Vitae sanctorum*, I (Paris 1910) 598–604. Wilhelm Levison a remarqué en 1930 déjà, que Jocundus a emprunté à la Vie de saint Géminien de Modène la désignation *flagellum dei* (pour Attila) qui ne se lit pas encore dans la *Vita Lupi prima* [12]. Nous croyons devoir aller jusqu'à avancer que, en rédigeant son récit de la rencontre de saint Loup et d'Attila (*Vita*, chap. 112), Jocundus a plagié toute la scène de la rencontre de saint Géminien et d'Attila

---

[11] L'abbaye de Fleury possédait de la version latine de Jean de Naples une copie qui date du Xe siècle et qui existe toujours; voir: Ch. Cuissard, *Inventaire des manuscrits de la Bibliothèque d'Orléans. Fonds de Fleury*. Orléans 1885. p. 186, no. 290.

[12] Wilhelm Levison, dans: Neues Archiv, XLVIII (1930) 233. Vlekke, *o.c.*, p. 73 à la note 1.

(Mombritius, *o.c.*, I, p. 601). Ce transfert d'une scène de la vie de saint Géminien est d'autant plus surprenant que le culte de ce saint italien en France était restreint au diocèse de Toulouse [13].

[16]) *Actes du synode de Cologne (346)* où fut excommunié l'évêque Euphratès [14]. Le synode est connu seulement par des renseignements postérieurs [15]. Aussi l'authenticité est-elle très controversée [16]. Le texte aurait été compilé au VIIIe siècle. Les éditions existantes sont toutes basées sur le ms. 495-505 de la Bibliothèque Royale à Bruxelles qui passe pour le manuscrit unique [17] et qui daterait du Xe siècle, d'après les uns [18], ou du XIe siècle, d'après les autres [19]. Ledit manuscrit provient de l'abbaye d'Orval où il fut copié par Gilles d'Orval au début du XIIIe siècle.[20] – Jocundus aussi donne le texte de ces actes, comme appendice à la *Vita sancti Servatii* (chap. 146), mais seulement dans le Texte A. L'authenticité ne peut pas être mise en doute, parce que le chap. 37 annonce l'insertion des Actes. Les Actes figuraient donc dans le texte original de Jocundus déjà qui avait été composé bien avant 1076, peut-être même avant la fondation de l'abbaye d'Orval qui eut lieu en 1070. La version qu'en donne Jocundus, ne diffère pas essentiellement de celle que nous connaissons par le manuscrit d'Orval. – Devant ce nouvel état des choses, le manuscrit d'Orval (Bruxelles) ne peut plus être considéré comme le témoin unique et une étude comparative des versions d'Orval (Bruxelles) et de Jocundus (Trèves) s'impose de toute urgence. Laquelle des deux versions est la plus

---

[13] B. Kruitwagen, O.F.M., *Laat-middeleeuwsche paleografica, paleotypica, liturgica, kalendalia, grammaticalia*. La Haye 1942. p. 197. – A l'exception du Mont-Cassin et des Olivétains, la fête de saint Géminien de Modène n'était pas même observée chez les Bénédictins. – L'archidiocèse de Toulouse, créé en 1317, comprenait les diocèses de Toulouse, Montauban, Mirepoix, Lavaur, Saint-Papoul, Pamiers, Rieux et Lombez. – La *translatio* de saint Géminien eut lieu à Modène en 1106, en présence de Mathilde de la Toscane et du pape Pascal II.

[14] *Effrata*, selon Jocundus. Le nom est porté par quelques compatriotes contemporains de saint Servais: saint Aphraate, solitaire à Edesse, et Aphraate le Sage, auteur d'homélies en langue syriaque.

[15] *Vita S. Maximini*, composée vers 760 (AA. SS. Boll., Maii VII, 21–25).

[16] Voir: *Die Regesten der Erzbischöfe von Köln im Mittelalter*, tome Ier (Bonn 1954–1961), publié par Friedr. Wilhelm Oediger, no. 5, nos. 10–12.

[17] Première édition imprimée par Pierre Crabbe, O.F.M., *Concilia Germaniae omnia*, I (Cologne 1538) 189–190. Cette édition fut reprise dans: Mansi, *Concilia*, II, 1374–1375. L'édition la plus récente est celle de C. Munier, *Concilia Galliae A. 314–A. 506* (= *Corpus christianorum*, CXLVIII). Turnhout 1963. pp. 26–29. Il est un peu étrange que des éditions anciennes Munier a collationné seulement celle de Jacques Sirmond, S. J., *Concilia antiqua Galliae*, I, (Paris 1629), pp. 11–13.

[18] G. H. Pertz, dans: Archiv der Gesellschaft für ältere deutsche Geschichtkunde, VII (1839) 810–812. Dans le même sens: l'éditeur C. Munier. Le manuscrit en question est un recueil dont les Actes occupent les feuillets 217v–218.

[19] D'après J. Heller (MGH. SS., XXV, 21) les feuillets qui contiennent les Actes, dateraient du XIe siècle!

[20] Edition de la copie, faite par Gilles d'Orval, dans: MGH. SS., XXV, 21 (par J. Heller).

ancienne? Jocundus a-t-il utilisé ou non le manuscrit d'Orval? [21]
Quel rôle a-t-il joué dans la transmission du texte de ces Actes prétendus?

Nous avons négligé une source supposée: la *Vita fabulosa* (*sancti Servatii*). La notion est de Godefroid Kurth [22] et a longtemps hanté les historiens [23]. Elle a été rendue, en partie, superflue par la découverte des *Gesta* [24]; pour une autre partie par notre acceptation de l'historicité du *Liber miraculorum sancti Servatii* que Jocundus cite cinq fois (voir plus haut, no. 3). S'il y avait lieu de conserver cette notion, ce serait, peut-être, pour couvrir l'original perdu du texte de Jocundus.

En 1882, l'Abbé Jos. Habets a cru pouvoir établir, que Jocundus s'est exclusivement servi de sources mosanes, parce que c'est à Maestricht qu'il aurait composé son ouvrage [25]. L'Abbé S. Balau, en 1902, n'a guère pu élargir la liste des sources, dressées par Habets [26]. Notre prospection nous a valu des résultats assez différents des leurs. Bien qu'ayant séjourné, peut-être même enseigné, à Maestricht, Jocundus n'y a pas composé son oeuvre; au moins, il n'y a pas achevé la rédaction définitive. Que cet auteur français, traitant un sujet d'histoire mosane, fait une part très large aux sources d'origine française et même italienne, cela n'est pas pour nous étonner.

§ 33. Un truc favori: les transferts

Après la violente entrée en matière que paraît l'en-tête du présent paragraphe et qui ne messied pas dans un travail plein d'aridité, le lecteur est en droit de nous demander, si nous jetons les adaptations,

---

[21] L'abbaye d'Orval fut fondée vers 1070 par Arnoul II, comte de Chiny, sur l'ordre de Mathilde, comtesse de la Toscane, dont la fille Béatrice de la Toscane (voir le § 8 no. 4) y installa des Bénédictins de la congrégation de Cava (en Calabre). N. Tillière, *Histoire de l'abbaye d'Orval.* 4e éd. Gembloux 1931. p. 18. Jocundus semble avoir connu Béatrice qu'il désigne comme une sainte. Chr. Grégoire, *Les origines de l'abbaye d'Orval*, dans: Revue d'histoire ecclésiastique, LXIV (1969) 756–807.

[22] B. H. M. Vlekke, *o.c.*, p. 72 à la note 1, l'a rejetée, en attribuant à des traditions orales tous les récits que Jocundus n'a pas puisés dans Hériger.

[23] Il en est question toujours dans l'article de Dom H. Leclercq, *Maestricht*, dans: Dictionnaire d'archéologie chrétienne et de liturgie, X (1931), col. 935.

[24] S. Balau (*o.c.*, pp. 455–456), qui était de l'avis de Kurth, a énuméré six thèmes que Gilles d'Orval aurait emprunté à la *Vita fabulosa*, parce qu'ils sont étrangers au Texte A de Jocundus. Or, les trois premiers de ces thèmes sont à trouver dans les *Gesta* qui sont un dérivé direct de l'original perdu de Jocundus.

[25] J. Habets, *Leven van St. Servaas en Mirakelen, editie naar hs. Rekem 3*, dans: Publicaties de la Soc. hist. et archéol. dans le Limbourg, XIX (1882) 8–84, spécialement aux pp. 6–7. Habets a abusivement pris le texte moyen-néerlandais publié par lui pour une traduction du texte de Jocundus!

[26] S. Balau, *o.c.*, pp. 312–314.

les transferts et toutes les figures de style dans la même approximation du truquage, du faux. Nous n'entendons nullement discréditer les nombreuses vies de saints remplies d'extraits d'autres vies de saints, tant que les emprunts sont limités à des lieux topiques. Nous visons seulement les transferts de faits qui sont toujours trompeurs, qui toujours altèrent la vérité historique, même s'ils ne sont pas intentionnés. Les figures sont des figures et les faits sont des faits.

Nombreux sont les transferts qui sont dûs à de simples confusions. Citons en exemple la confusion de Thierry de Herlar avec Thierry V, comte de Hollande [27], qui s'explique facilement par la connaissance insuffisante que Jocundus avait du milieu néerlandais. Nous ne voyons pas non plus tout en noir les synchronismes erronés des saints Servais, Loup, Aignan, Antiduis et Exupère et d'Attila, parce qu'ils trahissent un auteur ballotté entre les informations divergentes de Flodoard et d'Hériger. Nous insisterons seulement sur les transferts intentionnés qui parfois même sont des plagiats camouflés, et au sujet desquels la simple confusion, le manque de connaissance, l'inconstance de la tradition orale ne peuvent pas être alléguées pour l'excuse de l'auteur.

Pour ce qui est de l'enfance de saint Servais (naissance, imposition du nom, prise de lait, études, prêtrise à Jérusalem), la *Vita* de saint Servais telle que Jocundus l'a peinte, est un calque de la version latine que Jean de Naples nous a laissée de la *Vita sci Nicolai* de Méthode. Tout comme dans la Vie de saint Agathe qui est citée, des anges apportent une table de marbre au lit de mort du saint (chap. 101).

Lors de la rencontre que saint Servais eut avec saint Auctor, évêque de Metz, une pierre d'autel brisée fut miraculeusement consolidée: par saint Auctor, d'après Paul Diacre; par saint Servais, d'après Jocundus (*Vita*, chap. 38). Il est évident que Jocundus qui a puisé directement dans Paul Diacre, a volontairement interchangé les rôles au profit de saint Servais. Au début du XIIIe siècle, il n'échappera pas à Gilles d'Orval que les chanoines de Maestricht et ceux de Metz

[27] *Miracula sci Servatii*, chap. 78: la diète d'Aix-la-Chapelle, en mai 1087, restitue à Saint-Servais l'église et le domaine d'Echt et en commet l'avouerie à un certain comte Thierry. Jocundus identifie cet avoué avec Thierry V, comte de Hollande. Or, l'acte qui a été dressé de cette décision de la diète, donne à l'avoué le nom de Thierry de *Herlar*; voir: MGH. DD. Henrici IV, éd. D. von Gladiss (Weimar 1959), nos. 394 et 395. Bien que consigné hors de la chancellerie impériale, l'acte no. 394 (1087) n'est pas un faux. Il a servi de modèle au no. 395 (1087) qui fut fabriqué vers la fin du XIIe siècle.

Fr. W. Oediger a proposé d'identifier ce Thierry de *Herlar* avec le comte Thierry de Hochstaden qui fut seigneur de *Heerlen* (près d'Echt); voir son étude: *Steinfeld. Zur Gründung des ersten Klosters und zur Verwandschaft der Grafen von Are und Limburg*, dans: *Aus Geschichte und Landeskunde. Forschungen und Darstellungen Franz Steinbach zum 65. Geburtstag gewidmet*. Bonn 1960. pp. 37–49.

colportaient des versions divergentes de ce miracle (MGH. SS. XXV, 22).

Pareil transfert par interchangement pour le synode de Cologne (346) et l'excommunication d'Euphratès. Dans la *Vita Maximini*, saint Maximin de Trèves est la figure centrale dans cette affaire. Dans les Actes faux du synode dont Jocundus est, peut-être, le plus ancien témoin (*Vita*, chap. 146), le même rôle est assigné à saint Servais. Raison de plus pour prendre en considération la part que les Saint-Servatiens peuvent avoir eu à la fabrication et transmission de ce faux.

L'attribution de la victoire de Poitiers (732) à saint Servais et à Charlemagne – et non pas à saint Martin et à Charles Martel – serait en soi-même excusable chez un auteur qui fait trop de crédit aux récits de la littérature épique naissante, mais Jocundus ne l'a tempérée d'aucune réserve; bien au contraire: il a même enchéri, en débitant des énormités sur la topographie de l'église souterraine et en déclarant historique une translation somptueuse qui n'eut aucunement l'effet d'une élévation canonique (*Miracula*, chapp. 1–5).

Les applications du truc deviennent de plus en plus grossières. Revenons sur la scène fameuse de la rencontre d'Attila et de saint Loup de Troyes. Nous venons de constater (§ 32 no. 15) que toute la scène a été plagiée sur la *Vita altera S. Geminiani* (Xe siècle): Jocundus en a fait sien le texte, il a eu soin seulement de remplacer le nom de saint Géminien par celui de saint Servais. Tout considéré, le plagiat n'est pas restreint à cette scène: Jocundus a glané aussi dans les autres parties de la *Vita* du saint modenois. Tout comme chez Géminien, une huile miraculeuse coule du saint corps de Servais. Y a-t-il eu deux ou, peut-être, trois saint Servais? La même question se pose aux hagiographes au sujet de saint Géminien, contemporain de saint Servais. Jocundus a abaissé l'âge de saint Servais pour éviter un dédoublement de la personne, l'auteur de la *Vita altera* a fait de même pour saint Géminien [28]. N'oublions pas que saint Servais et saint Géminien ont ensemble assisté au concile de Sardique (344)!

Nous en venons maintenant à un transfert qui surpasse tous les autres. Nous lui réservons un paragraphe spécial, parce que le truquage ici se fait serrer de près.

---

[28] Au risque même d'introduire une bilocation de saint Sévère qui avait assisté au concile de Sardique (344) et qui tout de même aurait assisté aux obsèques de Géminien vers 396. Ce miracle de bilocation, il l'a puisé dans Agnel, *Liber pontificalis ecclesiae Ravennatensis* qui date de 841 (MGH. SS. *rer. Langobard. et Italic.*, p. 284; Muratori, *Script. rer. Ital.*, nova ed. II, 3 (1924) p. 45).

§ 34. Un rêve prémonitoire

Etant en route pour Nimègue où une diète était prévue, Gothelon Ier, duc de la Lotharingie Inférieure (1024–1044) et de la Lotharingie Supérieure (1033–1044), fit halte à Maestricht, le mercredi saint (11 avril) de l'an 1039 [29]. Après les matines de la nuit du 11 au 12 avril, il s'endormit dans le sanctuaire de Saint-Servais et eut un songe. Saint Servais lui apparut, flanqué des saints Sébastien et Grégoire (à sa droite) et des saints Médard et Gildard (à sa gauche). Sur l'ordre de saint Grégoire saint Sébastien passa sa lance à travers le corps de Gothelon. Baignant dans son sang, le duc s'éveilla et se repentit des déprédations qu'il avait commises. Le 20 avril il scella un acte de restitution, rétablissant l'abbaye de Saint-Médard à Soissons [30] dans la possession du prieuré de Donchéry (Ardennes, arr. Sedan). L'histoire nous est racontée par un moine de Saint-Médard qui l'a mise par écrit en 1039 ou peu après (avant 1044) [31].

Le même songe est rapporté par Jocundus (*Miracula*, chap. 56), mais à cette différence près que d'après lui ce serait le duc Godefroid II le Barbu, fils de Gothelon Ier, qui aurait eu ce songe et cela pendant qu'il était en Italie [32]. Le duc ne confia pas le secret du songe à sa femme Béatrice. Sur l'avis des médecins, il retourna à Verdun, avec son épouse. Peu de temps après, il mourut à Bouillon le 24 décembre 1069, après avoir trouvé un réconfort dans une confession générale faite à l'abbé de Saint-Hubert. Son successeur Godefroid III le Bossu

---

[29] Voir pour la datation: H. Bresslau, *Jahrbücher des deutschen Reiches unter Konrad II.*, p. 334, et surtout l'édition du miracle par G. Waitz (voir plus bas, la note 31). Des diètes furent tenues à Nimègue en 1036 et en 1039. Seule la diète de 1039 entre en ligne de compte.

[30] L'abbaye était placée sous le vocable des saints Médard et Sébastien. Elle possédait les reliques les plus importantes de saint Grégoire le Grand et de saint Sébastien: en outre, des reliques de quelques saints persans. Lire sur la plus ancienne historiographie de l'abbaye: Ernst Müller, *Die Nithard-Interpolation und die Urkunden- und Legendenfälschungen im St. Medardus-Kloster bei Soissons*, dans: Neues Archiv der Gesellschaft für ältere deutsche Geschichtskunde, XXXIV (1909) 683–722.

Saint Sébastien est le premier des saints antipesteux et un des Quatorze Intercesseurs.

[31] J. Mabillon, *Annales Ordinis Sancti Benedicti*, IV (1707) 416 (sous la date erronée 1037). Nouvelle édition sous le titre *Miraculum S. Sebastiani* par G. Waitz, dans: MGH. SS., XV (1888) 771–773 (avec datation de l'an 1039). Edition d'après un autre manuscrit sous le titre *Miracula SS. Sebastiani, Gregorii Papae et Medardi*, dans: Analecta Bollandiana, XXIII (1904) 265–267.

[32] Sur la maladie, contractée par Godefroid II en Italie, nous avons un rapport assez vague, consigné par Benzo, évêque d'Alba, en 1089, dans son: *Ad Heinricum IV imperatorem*, Lib. III, c. 10 (MGH. SS., XI, 626) .... *Gotefredus .. cepit languere et arbitratus est, quia, si mutasset aërem, ab imminenti valetudine posset convalere*. Lire sur le passage: Meyer von Knonau, *Jahrbücher des deutschen Reiches unter Heinrich IV. und Heinrich V*, I, p. 635 à la note 74. La chronologie de Benzo est assez confuse.

fut assassiné par un Frison, le 26 février 1076, victime d'un cruel transpercement pareil au châtiment prémoniteur du songe.

D'après le Texte A de ses *Miracula*, Jocundus aurait été informé du songe par quelques moines auxquels Godefroid III avait confié le secret. L'auteur des *Gesta* qui souvent améliore le Texte A, donne une version plus compliquée (éd. Wilhelm, p. 108): Godefroid II avait confessé le secret à quelques moines fidèles (des moines de Saint-Hubert?); ces moines en informèrent le futur Godefroid III qui était encore prince héritier (*iunior*, donc en 1068 ou 1069 [33]) et qui, à son tour, transmit le récit à quelques confrères de l'auteur des *Gesta* (*nostratum nonnullis*, évidemment des chanoines de Saint-Servais). La version plus détaillée des *Gesta* est préférable à la leçon elliptique du Texte A de Jocundus. Jocundus a donc pris connaissance du songe vers 1069 par la bouche d'un moine, qui était probablement un moine de Saint-Hubert.

Mais le rêve prémonitoire dont le récit ainsi fut confié à Jocundus, qui l'avait eu: Godefroid II ou son père Gothelon Ier? La réponse ne peut pas faire l'ombre d'un doute: Gothelon Ier qui eut le rêve en 1039. Il serait contraire au sens commun d'admettre que le rêve aurait été héréditaire dans la famille ducale et qu'il s'y serait transmis de génération en génération. Il n'y eut qu'un rêve, celui de Gothelon Ier. Jocundus le savait très bien [34], mais à un certain moment il céda à la tentation de son truc favori et transféra à Godefroid II le rêve de Gothelon Ier. De l'assassinat de Godefroid III qui réalisa le rêve, Jocundus prit occasion pour créer la légende édifiante que, dans un rêve prémonitoire, Godefroid II aurait prévu et même pressenti corporellement la fin tragique de son fils.[35]

L'attention spéciale de Jocundus pour les ducs de Lotharingie s'explique facilement par le fait qu'ils détenaient l'avouerie de l'église de Saint-Servais et de la ville de Maestricht. Quant à Godefroid II que certaines sources surnomment «Tison d'enfer», Jocundus le juge digne de la qualification de «bon larron» (*penitens latro*). Il est plein de sym-

---

[33] Godefroid II et Béatrice regagnèrent la Lotharingie en 1068 ou en 1069, probablement en 1069, année même de la mort de Godefroid II.

[34] Il est possible qu'il ait lu les *Miracula S. Sebastiani* et visité Saint-Médard à Soissons. Au chap. 103 de la *Vita sci Servatii* il mentionne une famille de saints persans (Marius, Marthe, Audifax, Abacuc, etc.) dont les saints corps reposaient à Saint-Médard. Saint Sébastien, patron secondaire de l'abbaye de Saint-Médard, était patron aussi de l'église paroissiale de l'abbaye de Fleury.

[35] Ni Koepke, éditeur de Jocundus (MGH. SS., XII, 115), ni Eugène Dupréel (*Histoire critique de Godefroid le Barbu, duc de Lotharingie, marquis de Toscane*. Uccle 1904) n'ont approché le récit de Jocundus du rêve historique de Gothelon Ier.

pathie pour son épouse Béatrice qu'il appelle une sainte [36]. Au terrible Godefroid III il ne veut pas refuser l'éloge d'être très utile à la cause de l'empire. Le récit du songe en devient plus cuisant, mais le truquage n'en reste pas moins clair.

D'après Jocundus, Godefroid II serait mort bien longtemps (*multo post tempore*) après son retour d'Italie. Or, cet intervalle n'a pas dépassé une durée de 16 mois [37]. En revanche, le terme que donne Jocundus, est bien de circonstance pour Gothelon Ier qui eut son rêve le 11 avril 1039 et qui mourut le 19 avril 1044 [38].

§ 35. Formation et date de l'oeuvre de Jocundus

Nous avons la certitude que peu après 1076 Jocundus était fort occupé à la composition des *Miracula* [39]. Nous venons de voir qu'il résidait à Maestricht vers 1069. Il n'est donc point téméraire de situer aux alentours de 1070 la composition de la *Vita sancti Servatii*. La rédaction d'une première ébauche antérieurement à 1069 n'est pas totalement à exclure, parce que la *Vita* est déjà citée par un continuateur de la chronique de Berthaire (§ 37) et que Jocundus avait pris connaissance de l'écrit d'Alagraecus assez longtemps avant sa vocation à Maestricht (*Vita*, chap. 7).

Jocundus a dédié la *Vita* aux chanoines de Saint-Servais, ses commettants. A plusieurs endroits, le texte reflète l'enseignement d'un maître des écoles de Saint-Servais. Nous sommes portés à croire que, d'office, Jocundus en a fait une première rédaction pendant son séjour à Maestricht et qu'après son départ il a fait parvenir aux Saint-Servatiens la rédaction définitive. La première rédaction ne fut pas entreprise après 1070, la dernière est certainement antérieure à 1087 [40].

La *Vita* se présente comme une unité qui semble avoir été conçue

---

[36] *veneranda Beatrix* (*Miracula*, chap. 56). Mais Jocundus ne souffle mot sur la célèbre Mathilde.

[37] Du 8 au 11 juillet 1068 deux plaids sont tenus à Lucques. Béatrice y préside au nom de son mari qui probablement était déjà malade. En novembre 1068 déjà, nous trouvons le couple à Bouillon. Voir: Eug. Dupréel, *o.c.*, p. 157. Le retour d'Italie fut donc effectué entre le 11 juillet et la fin de novembre 1068. Godefroid mourut le 24 décembre 1069.

[38] Il fut enseveli à l'abbaye de Munsterbilzen, près de Maestricht (Dupréel, o.c., p. 21). Godefroid II avait été inhumé à Verdun.

[39] *Miracula*, chap. 56: Jocundus rapporte l'assassinat du duc Godefroid III (26 février 1076) qui est survenu récemment (*ut nuper audistis*).

[40] Cette date extrême devra certainement être reculée, mais nous ne saurions pas dire, à quel point. L'incertitude vient surtout du chap. 146 (Actes du synode de Cologne) qui est un annexe. Cet annexe est antérieur à la dernière rédaction, mais figurait-il déjà dans la première rédaction? Nous inclinons à croire que la rédaction définitive de l'ensemble du texte fut présentée avant 1076 déjà, avant la composition des *Miracula*.

comme telle, sans suite ou prolongement prémédité. Aussi les écarts entre la première et la dernière rédaction sont-ils peu nombreux et peu étendus, mais il y en a quand même de très indéniables. Quelques passages des chapp. 7 (sur les confrères qui lui ont apporté une copie de l'écrit d'Alagrecus), 9 (rapport de confrères sur les festivités en l'honneur de saint Servais de l'année courante, *presenti anno*), 32 (le site de Maestricht, *probavi oculis meis*) et 147 (*ante biennium*, rapport venu des Flandres) sont apparemment des ajouts postérieurs. La même remarque vaut pour les chapp. 146 et 147. Le chap. 145 est l'*apologia* ou épilogue de la rédaction primitive. Le chap. 146 (actes du synode de Cologne, 346) est un annexe, annoncé dans le texte. Le chap. 147 est un *additamentum* difficilement méconnaissable.

Les *Miracula* sont d'une formation et d'une nature diamétralement opposées à celles de la Vita. Leur rédaction fut entreprise sans mission officielle, mais à la seule demande d'un élève. A l'encontre de la *Vita* qui est basée à peu près exclusivement sur des sources écrites, les *Miracula* sont le produit d'une documentation aussi variée que bizarre. Au prologue, l'auteur nous fait entendre qu'il est parti d'un *Liber miraculorum* préexistant et que pour le reste il a eu recours à des narrateurs dignes de confiance (*quae in libro miraculorum eius vidimus et quae aliis magnae auctoritatis viris narrantibus agnovimus*). De fait, son modèle écrit (*Liber miraculorum*) s'arrêtait au règne de l'empereur Henri III (1039–1056); pour la période de 1050 environ à 1087 il a fallu faire usage d'informateurs et de correspondants.

Il n'y a guère, un connaisseur allemand de l'historiographie médiévale a communiqué son impression que les *Miracula* sont une traduction ou transposition mal harmonisée de matières préexistantes pour laquelle Jocundus s'est visiblement mis en sueur [41]. Nous partageons cette impression. Le fait d'en être réduit à des matières d'emprunt d'origines différentes et à l'emploi d'un jeune et collant collaborateur a mis un frein à la spontanéité de l'auteur. Le manque d'unité et de consistance rend par endroits difficile de reconnaître le penser et le style de Jocundus. L'authenticité n'est pas garantie pour tous les détails, d'autant moins que – à l'encontre de la *Vita* – nous n'avons pas plus d'un témoin du texte des *Miracula*. Les versions qui nous sont parvenues de la *Vita*, sont des abrégés de l'original perdu. Il est à présumer qu'il en est de même de l'unique version des *Miracula* dont nous disposons.

---

[41] Wilhelm Wattenbach et Robert Holtzmann, *Deutschlands Geschichtsquellen im Mittelalter*, II (Darmstadt 1967) 738–739. Holtzmann a lu et connu seulement le texte des *Miracula*.

La première étape de la première rédaction fut certainement entreprise à Maestricht où reposait le *Liber Miraculorum* qui était à récrire,
mais aussi à continuer, parce qu'il s'arrêtait au règne d'Henri III
(1039–1056). Jocundus y a récrit son modèle et pour le règne d'Henri
il est allé aux renseignements chez les *seniores* du chapitre de Saint-
Servais qui avaient connu et vu l'empereur et son épouse [42]. Mais vers
1076 ou peu après il ne résidait plus à Maestricht et travaillait à une
grande distance de cette ville, dépendant désormais d'informateurs de
fortune et de correspondants.

Au moment où Jocundus était occupé à la rédaction du chap. 56,
le duc Godefroid III venait d'être assassiné. Depuis peu (*nuper*), dit
Jocundus [43]; donc très peu après le 26 février 1076. Le terme qu'il
fournit, doit bien être accepté sous quelque réserve. Au même chapitre,
Jocundus parle de Béatrice de la Toscane (morte le 18 avril 1076)
comme d'une défunte. Mais aux chapp. 47 et 54 déjà il avait parlé de
la même manière de la veuve de l'empereur Henri III, Agnès de Poitiers, qui mourut le 14 déc. 1077 [44] et qui était sa compatriote à laquelle
il paraît avoir porté des sentiments d'affection tout spéciaux [45].

Les chapp. 56 et suivants ne furent donc pas rédigés avant 1078,
mais tout de moins très peu après 1077. Aucun miracle postérieur à
1080 n'y est relaté, ni même aucun événement politique postérieur à
cette date [46]. Au chap. 55 Henri IV est qualifié empereur (*imperator*) [47],
ce qu'il devint le 31 mai 1084, mais le passage est, peut-être, une interpolation, ou bien elle répond à l'usage antijuridique des impériaux.
Résumant, nous concluons que la deuxième étape de la première
rédaction des *Miracula* doit probablement être située entre 1077 et
1081, en tout cas entre 1077 et 1087.

En 1088, à la sollicitation probablement d'un ancien-élève et collaborateur, Jocundus expédia séparément à Maestricht le chap. 78

---

[42] *Miracula*, chap. 44: *Quod quibusdam ex vobis, carissimi, narrantibus audivimus* (au
sujet de l'empereur Henri III).

[43] Voir plus haut, à la note 39.

[44] *Miracula*, chapp. 47 (*imperatrix beatae memoriae Agnes*) et 54 (*beatae memoriae Agnes
imperatrix una cum filio suo*).

[45] M. von Salis-Marschlins, *Agnes von Poitou, Kaiserin von Deutschland*. Zürich 1888.
Marie Luise Bulst-Thiele, *Kaiserin Agnes*. Teubner 1933. De janvier 1063 à sa mort (qui survint à Rome) Agnès vivait en Italie.

[46] Au chap. 55, Jocundus fait allusion aux premières tentatives des grands de détrôner
Henri IV. Il s'agit de l'élection de Raoul de Souabe qui était contre-roi du 15 mai 1077 au
15/16 octobre 1080. Il est peu vraisemblable que Jocundus ait étendu son allusion à la figure
de Hermann de Luxembourg qui fut élu contre-roi en août 1081 et couronné à Goslar le
26 décembre 1081 et qui mourut le 29 sept. 1088.

[47] Miracula, chap. 55: *ipsum christum domini imperatorem Henricum*. Après son couronnement par un antipape Henri IV s'intitulait: *quartus rex et tertius Romanorum imperator*.

(*additamentum*), un ajout d'une longueur très considérable au sujet d'un jugement très favorable aux Saint-Servatiens, décidé par la diète d'Aix-la-Chapelle, en mai 1087.

Il est remarquable que la *Vita* (chap. 147) et les *Miracula* se terminent l'une et l'autre par un ajout espacé. La possibilité n'est pas à exclure que ces ajouts (et quelques remaniements) aient été le couronnement d'une révision générale ou rédaction définitive de toute l'oeuvre. Cette révision espacée pourrait expliquer la présence de quelques anachronismes (de peu d'importance, d'ailleurs) qui sont absents du principal texte dérivé, les *Gesta* (voir §§ 45, 47).

§ 36. Apports de Jocundus à la légende de saint Servais

Jusqu'au XIe siècle, les hagiographes et autres historiographes ignoraient toute la vie de saint Servais, antérieure à son épiscopat, et aussi la fin de sa vie, à partir de son départ de Tongres. Le saint faisait figure alors d'un évêque de Tongres qui était tombé des nues et dont le saint corps avait d'une manière inexplicable trouvé son chemin à Maestricht. Vers 979, Hériger de Lobbes a critiqué ce manque absolu d'encadrement historique. L'oeuvre du moine français Jocundus est une réponse intentionnée au défi jeté par Hériger au nom des anti-saint-servatiens dans le diocèse de Liège.

Jocundus a, en premier lieu, comblé les lacunes biographiques signalées: de la naissance à l'épiscopat (chap. 1–25, 102–108), du départ de Tongres (avec emport des reliques) à la *depositio* du saint corps à Maestricht (chapp. 84–101), tout ce que Jocundus raconte est du nouveau. Le principal élément est, sans contredit possible, la *genealogia sancti Servatii*, la légende de la parenté de saint Servais avec Jésus-Christ et saint Jean-Baptiste, à laquelle Jocundus mêle déjà saint Etienne et saint Jude-Cyriaque [48].

En deuxième lieu, Jocundus a invoqué le secours d'Attila pour expliquer la translation du siège épiscopal de Tongres à Maestricht et la présence du saint corps dans cette ville mosane, mais aussi pour déterminer l'époque où le saint a vécu. A cette fin, il a inventé et introduit plusieurs scènes de rencontre: de saint Servais et de saint Loup de Troyes, d'Attila et de saint Loup de Troyes, de saint Servais et d'Attila. Au sort triste de la ville de Tongres il a associé la ville de Troyes, en faisant prédire saint Servais la destruction de Troyes par les Huns.

---

[48] Notons que, au chap. 78 des *Miracula*, Jocundus revient sur la légende: *ex parte beati Dei genitricis cognati* (*Servatii*).

Pour rehausser la couleur historique, il a arrangé en décor toutes les destructions de villes et tous les martyres entraînés par l'invasion d'Attila en Gaule (chapp. 57–60, 112). Il comprend très bien que, en situant vers 380 ces scènes de rencontre, même les rencontres avec Attila, il contredit l'historiographie scientifique qui place en 451 l'invasion d'Attila, mais il s'en rapporte à la toute-puissance de Dieu!

En troisième et dernier lieu, Jocundus a ajouté des biographies succinctes des premiers successeurs du saint et les Actes du synode de Cologne (346). La genèse et transmission de ces Actes sont toujours à élucider, mais les biographies sont certainement du cru de Jocundus. A part, bien entendu, quelques récits populaires (chap. 125; la légende Benefacta/Huy; chap. 131: découverte du site de Liège et prédiction de sa future grandeur) et un distique (chap. 129: en relation avec la construction du *magnum templum* et d'autres églises par saint Monulphe [49]) que Jocundus peut également avoir connu par ouï-dire.

En voilà assez pour la *Vita*. Les nombreux faits nouveaux de première main que Jocundus présente dans les *Miracula*, n'entrent pas dans le cadre biographique de saint Servais, ne demandent donc pas d'être détaillés ici. Une exception est à faire pour la translation légendaire du saint sous Charlemagne, mais nous en ferons l'objet d'un chapitre à part (le chap. V).

§ 37. Premiers témoignages et échos

Vers 920, Berthaire, doyen de Saint-Vanne de Verdun, écrivit une brève Histoire des évêques de Verdun. Peu après 1047, probablement en 1049 ou 1050, son oeuvre fut continuée par un moine de Saint-Vanne [50]. Pour le synode de Cologne où Euphratès fut excommunié et déposé, une *Vita sancti Servatii* est citée [51]. Le renvoi concerne-t-il une Vie perdue, la fameuse *Vita fabulosa* que Jocundus aurait prise comme modèle? Beaucoup d'historiens l'ont cru. Nous sommes convaincus qu'il s'agit de la *Vita* de Jocundus et que le passage en question a été interpolé par quelque continuateur de l'oeuvre de Berthaire [52].

---

[49] Gilles d'Orval qui l'a pris dans la *Vita Monulphi Prima* (AA. SS. Boll., Jul. IV, 156), nous en a conservé le texte complet:
    Aliis alia, meritis eorum condigna, ex quibus
        Adhoc remanet unum, Sancta Maria, tuum.
[50] Dom Hubert Dauphin, *Le bienheureux Richard, abbé de Saint-Vanne de Verdun* († 1046). Louvain et Paris 1946. spécialement pages 1 à 2. Quand ce continuateur a-t-il posé la plume?
[51] MGH. SS. IV, 39: *Legitur in vita sancti Servatii*. Godefroid Kurth et Sylvain Balau sont partis de ce renvoi pour accréditer leur hypothétique *Vita fabulosa*.
[52] Nous partageons ici une suggestion faite par B. H. M. Vlekke, *o.c.*, p. 13. L'autographe

Moins ardue à résoudre est la question souvent débattue, si Sigebert de Gembloux est tributaire de Jocundus pour la *Chronographia* dont la première rédaction date des années 1100–1104 [53]. L'oeuvre de Jocundus est non seulement antérieure aux *Gesta*, elle fut même entreprise avant 1076 déjà. Ces faits acquis, la dépendance de Sigebert par rapport à Jocundus peut difficilement être mise en doute, mais j'en conviens que la dépendance est plus évidente que vérifiable [54].

Avec la *Vita Lupi Trecensis recentior* nous gagnons, enfin, le terrain des certitudes. Attribuée autrefois au Xe siècle, cette Vie de saint Loup de Troyes date en réalité de la fin du XIe siècle au plus tôt [55]. Elle est citée dans la chronique de Hugues de Flavigny qui fut commencée vers 1090 et achevée avant 1102 [56]. L'auteur a emprunté à Jocundus les scènes de rencontre de saint Loup et de saint Servais, de saint Loup et d'Attila: scènes qui manquent dans la première *Vita Lupi* [57] et même dans la chronique d'Hériger.

L'auteur de la *Vita 2ª Memorii* est lui aussi tributaire de Jocundus [58]. Parfois le texte est inséré dans la Vie sus-dite de saint Loup [59]. Jocundus effleure le martyre de saint Mémoire dans le même contexte que la destruction de Troyes (chap. 113 n. 1).

Toute *Vita sancti Servatii* anonyme, antérieure à la composition des *Gesta* (vers 1126), doit être comptée parmi les premiers témoins de l'oeuvre de Jocundus.

de Berthaire étant perdu et aucune des copies conservées n'ayant été faite avant la fin du XIIe siècle, il est impossible de décider la question.

[53] D'après Papebrochius (AA. SS. Boll., Maii, VII, Tractatus preliminaris, p. XXII, no. 12 fin), Sigebert a fait usage de l'oeuvre de Jocundus. Les auteurs de l'*Histoire littéraire de la France*, VIII (1868) 341–344, se sont prononcés dans les mêmes termes.

D'après Balau, Sigebert serait tributaire de la *Vita fabulosa*. D'après Wilhelm, il aurait puisé dans les *Gesta*.

Vlekke (1935) n'a pas osé trancher la question de savoir, si Sigebert a fait des emprunts à Jocundus ou aux *Gesta*. De fait, il a fait sienne l'indécision que l'éditeur L. von Bethmann (1844) avait temoignée à cet égard.

W. Levison (1930) a fait résolûment retour à l'opinion du Bollandiste Papebrochius. Nous marchons à côté de lui.

[54] Sigebert (MGH. SS., VI, 304) fait naître saint Servais dans la province dite Perside, mais ne donne pas le nom de la ville natale (*Phestia*). Cette omission est surprenante, d'autant plus que les *Gesta* donnent bien le nom de la ville, tout comme Jocundus.

[55] On l'a longtemps considérée comme une des sources de Jocundus, parce que les passages relatifs à saint Servais ressemblent beaucoup à ceux d'Hériger. En 1930, W. Levison (Neues Archiv, XLVIII, 233) a observé que l'auteur de la *Vita Lupi Trecensis recentior* a puisé dans Jocundus qui, à son tour, a fait des emprunts à Hériger. Son observation est partagée de Vlekke (*o.c.*, p. 103).

[56] MGH. SS., VIII, 312. On trouvera le texte de ladite *Vita* (BHL. 5089) dans les AA. SS. Boll., Julii VII, 72–82.

[57] MGH. SS. rer. merov., III, 87, 89, 120.

[58] W. Levison, dans: Westdeutsche Zeitschrift für Geschichte und Kunst, 1911, p. 511. Saint Mémoire était diacre de saint Loup.

[59] AA. SS. Boll., Juillet, VII, 77–79. BHL. 5916 et 5089.

L'auteur des *Gesta* ne mentionne pas moins de deux exemplaires. L'un appartenait à une abbesse d'origine saxonne en Alsace [60], l'autre était entre les mains d'une abbesse de Munsterbilzen (près de Maestricht) [61]. Saint Norbert aussi pratiquait la lecture d'une Vie de saint Servais; en juin 1128 il se rendit à Maestricht pour se faire montrer le *sericum* de saint Servais dont la lecture d'une *Vita beati Servatii* lui avait fait connaître l'origine miraculeuse [62]. Avant 1117 saint Norbert avait été chanoine de Saint-Servais à Maestricht; il a donc pu lire le manuscrit original de Jocundus qui, au chap. 101, rapporte le miracle du *sericum*.

Mais quand saint Norbert revint à Maestricht, ou peu après, la dernière heure de la popularité de Jocundus avait sonné. La recension des *Gesta* allait relever la garde. Entre 1124 et 1140, vers 1131 peut-être, les moines de Saint-Amand conclurent un contrat de fraternité avec les chanoines de Saint-Servais de Maestricht [63]. Voyant que la Vie de saint Servais manquait à la bibliothèque de son abbaye, l'abbé Absalon (1124–1140) emprunta un exemplaire aux chanoines de Maestricht et le fit copier [64]. Or, la copie présumée qui est aujourd'hui à la Bibliothèque de Valenciennes, ne présente pas la version de Jo-

---

[60] *Gesta*, chap. 56 (éd. Wilhelm, p. 137). L'abbesse eut la visite d'un parent qui était évêque en Saxe et qui désirait lire cette Vie de saint Servais.

[61] *Gesta*, chap. 60 (éd. Wilhelm, p. 137–138). Au nécrologe de cette abbaye la fête de la translation de saint Servais (7 juin) est inscrite en ces termes: *7 Junii. Traiecto, translatio sancti Servatii episcopi, quem Karolus Magnus magna cum veneratione transtulit, et ob cuius meritum ipse imperator victor extitit Sarracenorum;* cf. J. Weale, C. de Borman et S. Bormans, *Nécrologe de l'abbaye de Munsterbilsen*, dans: Bulletin de l'Institut archéologique liégeois, XII (1874) 27–60. L'inscription fut faite après 1130, mais encore au XIIe siècle. Elle témoigne d'une lecture attentive des chapp. 1–5 des *Miracula* de Jocundus.

Gotheton Ier, duc de Lotharingie (mort en 1044), fut enseveli à l'église de l'abbaye de Munsterbilzen. Jusqu'à l'âge de 17 ans où elle fut demandée en mariage par Eustache II, comte de Boulogne, la comtesse Ide, née à Bouillon en 1040, fille de Godefroid II le Barbu et nièce du pape Etienne IX, avait été élevée parmi les moniales de Munsterbilzen. Sa mère aussi, appelée Duota, y avait été ensevelie.

[62] MGH. SS., XII, 703: ajout à la *Vita Norberti* qui fut composée entre 1157 et 1161. L'ajout fut fait au couvent de Kappenberg. Notons que Herman, abbé de Kappenberg (O. Praem.), ami de Rupert de Deutz et juif converti, est connu comme auteur d'un *Opusculum de sua conversione* qu'il écrivit vers 1137 (Migne, *Patr. lat.*, CLXX, 805–836).

[63] Dom U. Berlière en situe la rédaction vers 1131, parce que cette année est marquée d'une association de monastères de la province ecclésiastique de Reims; cfr. Dom U. Berlière, *Les fraternités monastiques et leur rôle juridique*, dans: Mémoires Acad. roy. d. Belgique, cl. d. lettres, 2e série, t. XI (1920), fasc. 3, p. 14. L'association de Saint-Amand et de Saint-Servais fut renouvelée en 1260 et 1286; voir: Henri Platelle, *Le temporel de l'abbaye de Saint-Amand des origines à 1340*. Paris 1962. p. 183.

[64] Martène et Durand, *Thesaurus novus*, I (1717) 379, lettre sans date d'Absalon, abbé de Saint-Amand (1124–1140), aux chanoines de Maestricht: *de augmento gloriae B. Servatii gaudere vos credimus, ut ipsius vitam nobis transcribendam mittatis.* Analyse de la lettre dans: J. Leclercq, *Documents sur la mort des moines*, dans: Revue Mabillon, LIV (1955) 165–180, spéc. aux pp. 165–167.

cundus, mais celle des *Gesta* [65]. Il apparaît donc que, aux années 1130–1140 déjà, les *Gesta* faisaient autorité comme version officielle et vulgate de la *Vita et Miracula sancti Servatii* de Jocundus. Le modèle présumé qui fut copié à Saint-Amand, présente la version des *Gesta* et un dessin de la parenté de saint Servais [66], tout comme la copie qui est à Valenciennes [67].

A l'office public du 13 mai (fête de saint Servais) on lisait la notice biographique du saint que donne le Martyrologe d'Usuard et qui se termine par le récit du miracle de la neige, emprunté à Grégoire de Tours. Au chap. 118, le Texte B de Jocundus renvoie à cet usage [68]. En revanche, le Texte A nous fournit la preuve que, ça et la, le texte même de Jocundus était employé pour l'office public. Dans le ms. 1138/46 de Trèves, les capitules de l'éloge ou du catalogue des vertus de saint Servais (chapp. 16–23) sont, à la marge, numérotés de I à VIII et le dernier se termine par l'ajout *Finis*. Les huit coupures répondent, sans doute, aux huit *lectiones* que les moines de Saint-Matthie de Trèves avaient à réciter dans les Matutines, en la fête de saint Servais [69]. La même constatation vaut probablement pour le Texte C: ce texte, mieux dit fragment, qui provient de l'abbaye de Saint-Trond, renferme précisément les chapitres dont les moines de Saint-Matthie de Trèves tiraient des leçons pour l'office de saint Servais. Et de même pour le ms. B.P.L. 102 de Leyde qui provient de l'abbaye d'Egmond (voir § 49) et renferme les mêmes chapitres.

L'insertion de quelques *prosae* dans le Texte A (chap. 54) et dans le

---

[65] Le ms. 514 (471 B) de la Bibliothèque de la Ville de Valenciennes; cfr. *Catalogue général des manuscrits des bibliothèques publiques de France*, série en-8vo, tome XXV (1894) 412–414: recueil du XIIe siècle, provenant de l'abbaye de Saint-Amand; aux ff. 90–129, les *Gesta* de saint Servais; au f. 89v, une curieuse peinture, représentant dans des médaillons les ancêtres du Christ et ceux de saint Servais de Tongres que l'on fait descendre d'Eliud, frère de sainte Elisabeth.

[66] Le ms. *theol. qu. 188 (Lach.)* de la Bibliothèque Nationale à Berlin; voir: Val. Rose, *Verzeichnis der Lateinischen Handschriften der Preussischen Staatsbibliothek*, II, 2 (Berlin 1903), pp. 845–846, no. 795. Ce manuscrit donne le texte des *Gesta sci Servatii* et renferme une peinture qui passe pour la plus ancienne représentation miniaturée de la parenté de saint Servais. De cette miniature on trouvera des reproductions et descriptions dans: A. Boeckler, *Abendländische Miniaturen bis zum Ausgang der Romanischen Zeit* (Berlin 1930), p. 97; dans: Oudheidkundig Jaarboek, IV (1935) 12 (par A. W. Byvanck); et dans: Publications d. l. Soc. hist et archéol. dans le Limbourg, LXXI (1935) 14 (par A. Kessen). Les auteurs que nous venons de citer, font dater le manuscrit de 1130–1140 ou de 1160 environ, et l'estiment originaire de Saint-Servais de Maestricht.

[67] Aucun historien jusqu'ici n'a rapproché les deux manuscrits. Nous donnons une impression personnelle. Hélas, il n'est plus possible de la vérifier, parce que le manuscrit de Berlin est porté disparu depuis la guerre de 1939/1945.

[68] Jocundus, *Vita sci Servatii*, chap. 118: *qui est sanctis ... suis est mirabilis .... ut in hoc dilecto eius videtur hodie.*

[69] Les indications reproduites sont postérieures à la conscription du volume, mais elles sont encore du moyen-âge. Le nombre de huit *lectiones* est propre à l'office des moines.

Texte B (chap. 87) fait penser que du temps de Jocundus les Saint-Servatiens en la fête de leur patron chantaient déjà des hymnes entre l'Epître et l'Evangile, en remplacement de la leçon de la vie du saint qui avait été d'usage dans la liturgie ancienne de la Messe.

Les abbayes citées en exemple: Saint-Matthie (dioc. de Trèves), Saint-Trond (dioc. de Liège), Grimbergen (dioc. de Cambrai), Egmond (dioc. d'Utrecht), prouvent que, malgré le refus de canonisation encaissé en 1049, le culte de saint Servais n'était point limité au diocèse de Liège. Un pas important vers l'universalisation et canonisation sera fait en 1330, quand la fête du saint sera prescrit à l'Ordre des Frères Prêcheurs [70]. Mais ce n'est qu'à partir du XVIe siècle que le saint sera officiellement compté parmi les saints de l'Eglise (§ 20).

Pour les versions rimées en moyen-néerlandais et en moyen-haut-allemand de la Vie de saint Servais qui sont toutes inspirées des Gesta [71], toute influence directe du texte de Jocundus est à exclure. En revanche, on ne peut pas nier, moins encore négliger, les apports (directs ou indirects) de Jocundus aux légendes de Charlemagne et d'Attila et à la matière du Roman d'Aquin. Nous y reviendrons au chapitre suivant (chap. V).

Nous n'avons pas pris connaissance des vies françaises en prose qui sont toutes inédites et dont aucun manuscrit n'est antérieur au XVe siècle [72]. Dans un d'eux, la parenté de saint Servais avec Jésus-Christ n'est plus démontrée avec un appel à Alagraecus, mais avec une simple référence à l'Ecriture Sainte [73].

---

[70] En 1330, la fête de saint Servais fut introduite dans l'Ordre des Frères Prêcheurs et pour l'office propre le nombre des *lectiones* fut établi à trois. Ici encore les *lectiones* étaient tirées de la Vie du saint. *Monumenta Ordinis Fratrum Praedicatorum*, IV, 194, 206, 216. Archivum Fratrum Praedicatorum, I (1931) 348. La mesure fut prise en reconnaissance du fait que le chapitre général de l'Ordre, tenu à Cologne, avait été sauvé d'un attentat par l'intervention de saint Servais.

[71] Il est clair que le poète Hendrik van Veldeke s'est inspiré, non pas de Jocundus, mais des *Gesta*. On s'est efforcé d'établir, quel manuscrit des *Gesta* le poète a eu devant ses yeux. Que de peines inutiles!

[72] A.-M. Bouly de Lesdain, *Quelques recueils de vies de saints en prose*, dans: Bulletin d'Information de l'Institut de Recherche et d'Histoire des Textes, no. 5 (1956) 69–85, signale sept manuscrits de la *Vie de saint Servais de Tongres*.

[73] *Par le tesmoing de l'Escriture ilz furent II soers, l'une eust à nom Anne, l'autre fut nommée Hismérie . . .*; voir: E. Langlois, *Vie de Saint Servais*, dans: *Notice du manuscrit Ottobonien 2523*, dans: Mélanges d'archéologie et d'histoire de l'Ecole française de Rome, V (1885) 41–43.

CHAPITRE V

LE TÉMOIN DE LA LITTÉRATURE ÉPIQUE NAISSANTE

§ 38. Argument

Jocundus veut nous faire croire que, avant Charlemagne, le culte de saint Servais aurait été inconnu en France, mais que de son temps (le XIe siècle) le saint était connu et honoré dans tout le pays grâce à la translation de ses reliques faite sous Charlemagne.

Dès le VIIIe siècle, les abbayes de Saint-Wandrille [1] et de Saint-Riquier [2] possédaient des reliques de saint Servais, mais le culte y a-t-il survécu aux invasions normandes? Vers 850 les moines de Saint-Wandrille s'étaient réfugiés à Gand et leur communauté ne fut pas rétablie avant 1030 [3]. L'ignorance complète dont Jocundus fait preuve au sujet du culte de saint Servais à l'époque mérovingienne, est donc bien excusable. Elle prouve, en plus, que Jocundus n'a point appartenu à une desdites abbayes.

Il est incontestable que, au XIe siècle, le culte de saint Servais entre dans une période de nouvelle extension, de sa plus grande extension même, mais, en France, les nouveaux centres du culte ne se font pas signaler avant le deuxième quart du XIIe siècle: Villemagne 1134 (§ 9), Saint-Servais-sous-Troyes 1124/30 [4], Saint-Amand 1124–1140 (§ 37) et Saint-Servan en Bretagne 1138 [5]. Mais est-ce dire que cette

---

[1] Des reliques de saint Servais furent emportées de Maestricht par Wandon, abbé de Saint-Wandrille, en 742. Voir les *Gesta abbatum Fontanellensium*, dans: MGH. SS., II, 286. Peu après, une des églises de Saint-Wandrille fut dédiée aux saints Servais et Lambert; sa *dedicatio* était commémorée le 1er octobre (Zender, *o.c.*, p. 77).

[2] *Chronicon Centulense*, lib. II, chap. IX. Editions dans: MGH. SS., XV, 174, et dans: Hariulf, *Chronique de l'abbaye de Saint-Riquier (Ve siècle-1104)*, publ. p. Ferd. Lot (Paris 1894) p. 65. Une leçon variante fut publiée par F. Lot dans la Bibliothèque de l'Ecole des Chartes, LXXII (1911) 256.

[3] A. van Werveke, *Saint-Wandrille et Saint-Pierre de Gand (IXe et Xe siècles)*, dans: *Miscellanea Mediaevalia in memoriam Jan Frederik Niermeyer* (Groningen 1967), pp. 79–92.

[4] M. Zender, *o.c.*, p. 84 no. 363.

[5] Sous le vocable de saint Servais l'église de Saint-Servan (près de Saint-Malo) apparaît pour la première fois en 1138, mais l'église fut fondée en 1098, et le cimetière (*Sancti Servatii*

nouvelle expansion en France serait due à la translation faite sous Charlemagne et à l'intervention du saint dans la lutte contre les Sarracènes, comme le veut Jocundus? Peut-on construire des liens de causalité entre des événements aussi éloignés l'un de l'autre dans l'ordre du temps?

En comparaison avec la *Vita*, les *Miracula* de Jocundus forment une chronique assez romanesque. Néanmoins, Bruno Krusch (1896) [6] a eu l'audace de prendre au pied de la lettre le récit de Jocundus sur la bataille de Charles Martel contre les Sarrasins, d'admettre comme un fait historique la translation du saint corps de Servais sous ce prince et d'attacher les débuts du culte de saint Servais à la victoire que Charles Martel remporta sur les Sarrasins [7]. Rares sont les historiens qui ont pris son parti. Et pour cause. Nous, pour notre part, nous nous sommes laissés rebuter par le fait que, en tant que centres du culte de saint Servais, les abbayes de Saint-Wandrille et de Saint-Riquier – les seuls centres attestés au VIIIe siècle dans les limites de la future patrie de Jocundus – ne se sont plus relevés de leurs ruines après les invasions normandes. Nous accordons aux historiens de l'iconographie [8] que, à partir des Xe/XIe siècles, le culte de saint Servais était fondé principalement sur la légende de la parenté avec Jésus-Christ. Ce n'est pas dire pour autant que la lutte contre les Sarrasins n'a été pour rien

---

coemeterium), noyau de la ville future, est formellement mentionné quelques années avant 1098 déjà. Voir: L. Campion, *S. Servatius, évêque de Tongres, patron de Saint-Servan.* Rennes 1904 et 1906. (Extraits des Annales de Bretagne). Voir le compte-rendu par A. Poncelet, dans: Analecta Bollandiana, XXIV (1905) 510–512; XXVI (1907) 114.

On ne peut plus suivre l'Abbé Campion, quand il conclut que le cimetière aurait porté le nom de saint Servais avant les invasions normandes et même avant l'époque carolingienne. Peut-être, saint Hélier que la légende – légende peu sûre – fait naître à Tongres et évangéliser les pays avoisinants Saint-Servan, a-t-il apporté dans ces parages le nom et le culte de saint Servais. Les Bretons insulaires, établis en Armorique, auraient «bretonnisé» le latin *Servatius*, en lui donnant la forme *Serwan*, qui serait devenue, en français, *Servan*. C'est ainsi que s'est exprimé le Père A. Poncelet. Nous ajoutons, de notre part, que l'amalgame des noms des saints Servais et Servant a aussi joué un rôle dans ce processus (voir § 39 et la note 53).

[6] MGH. SS. rer. merov., III (1896) 83.

[7] Bruno Krusch – il faut lui faire cet honneur – a été le premier à observer que les plus anciennes acquisitions de reliques de saint Servais (Saint-Wandrille et Saint-Riquier) et la plus ancienne mention de la fête de saint Servais (13 mai) sont toutes postérieures, bien que de peu, à la bataille de Poitiers (732).

La plus ancienne mention de la fête de saint Servais (13 mai) a été interpolée à Fontenelle, entre 734 et 756, dans un manuscrit du Martyrologe de Saint Jérôme. Dans deux autres manuscrits on a interpolé une autre fête de saint Servais (1 octobre), celle de la dédicace de la basilique des saints Servais et Lambert à Saint-Wandrille. Voir l'édition critique de: H. Quentin, O.S.B., et H. Delehaye, S. J., *Martyrologium Hieronymianum*, I, (60); II, 1 (128); II, 2, p. 252. Lire aussi l'analyse donnée par Wilhelm Levison, dans: *Aus rheinischer und fränkischer Frühzeit* (Düsseldorf 1948), p. 544 à la note 3.

[8] K. Künstle, *Ikonographie der christlichen Kunst*, II, 529. L. Réau, *Iconographie de l'art chrétien*, III, 3 (Paris 1959) 1205–1207.

dans l'expansion du culte de saint Servais. Seulement, nous lui dé-
nions tout rapport de causalité, en rigueur des termes, historique.

§ 39. La bataille de Poitiers (octobre 732)

Aux chapp. 1–5 des *Miracula,* Jocundus raconte une victoire que
Charlemagne remporta sur les Arabes (Maures, Sarrasins). Il attribue
cette victoire à l'intercession de saint Servais dont la fête tomba le
jour même de cette victoire. Grâce à ce triomphe, continue-t-il, la
patrie fut libérée des invasions arabes et la gloire de saint Servais se
diffusa dans le royaume entier. Saint Servais fut promu au rang des
patrons de l'empire (*patroni regni*). Un évêque de la cour fut envoyé à
Maestricht pour accomplir, au nom de Charlemagne, la translation
solennelle des reliques du saint.

Nous nous arrêtons à ce récit, parce que Jocundus a été le premier
à attribuer cette victoire de Charles Martel (qu'il confond avec Charlemagne) à l'intervention de saint Servais et à introduire cet élément
dans l'hagiographie du saint dont il est devenu un élément inséparable.
En 1905 déjà, le Père A. Poncelet a attiré l'attention sur cette remarquable innovation [9].

La description que nous fait Jocundus, se rattache évidemment au
souvenir de la grande invasion qui fut terrassée à Poitiers. On recon-
naît la formation, la tactique et les phases du combat, rapportées par
les sources au sujet de la grande victoire qui libéra toute l'Aquitaine.
A l'attention des lecteurs nous signalons spécialement le passage où il
est dit, que la longue ligne des Francs ne ploya pas et resta immobile
sous le choc épouvantable comme un mur solide et invincible: passage
emprunté au récit qu'Isidore, évêque de Beja (*Isidorus Pacensis*,
connu autrefois comme l'*Anonyme de Cordoue*) nous a laissé de cette
bataille [10].

Les combats ont duré 9 jours (7 jours d'escarmouches et de pillages,
au 8e jour la grande bataille près de Poitiers, prise du camp ennemi
le 9e jour). D'après les sources aquitaines et franques, la bataille

---

[9] Analecta Bollandiana, XXIV (1905) 510–512.
[10] Jocundus, *Miracula sci Servatii,* chap. 2: *quasi murus fortis et inexpugnabilis.* Comparer
Isidorus Pacensis: *ut paries immobiles permanentes, sicut et zona rigoris glacialiter manent
adstrictae* (éd. Jules Tailhan. Paris 1885. p. 39) et Frédégaire (MGH. SS. rer. merov., II, 175).
La chronique d'Isidore fut écrite vers 756 dans une prose rythmée latine. On trouvera le
texte d'Isidore aussi dans Bouquet, *Recueil,* II, 721, et Migne, *Pat. lat.,* XCVI, 1253–1280.
Troisième source de valeur essentielle: la chronique de Moissac (MGH. SS. I, 280–313).
Adémar de Chabannes (MGH. SS., IV, 114) reproduit Frédégaire, ajoutant seulement une
explication du surnom *Martel.*

aurait eu lieu un samedi d'octobre, c.à.d. le 4, le 11, le 18 ou le 25 octobre 732 [11]. Les chroniques arabes donnent la précision: *ramadan 114* [12], mois qui en 732 commença le 25 octobre. Si l'on cherche le terme moyen des deux datations, on obtient la date précise: 25 octobre 732. Cette date ne coïncide pas avec celle de la fête de saint Servais (13 mai), avancée par Jocundus et par l'auteur des *Gesta* comme vraie date de la bataille de Poitiers, mais elle s'accorde à peu près [13] avec celle de la fête de saint Servand (*Servandus*) qui, en Espagne et dans tout le Midi de la France, se célébrait le 23 octobre. Nous avons à retenir ce petit fait, parce que la confusion de saint Servais avec saint Servand est loin d'être rare.

Le Texte A de Jocundus se contredit en fixant la bataille et la translation à l'épiscopat de saint Hubert qui mourut le 30 mai 727 [14]. Choqués par cette contradiction, plusieurs historiens ont essayé de rapporter le texte à une autre des nombreuses victoires que Charles Martel a remportées sur les Arabes [15]. Il est remarquable qu'aucun d'eux n'a avancé la bataille de Toulouse que Breysig (1869) a cru pouvoir fixer à mai 721 [16]. Quelle chance qu'ils ne l'ont pas fait, car la fixation de Breysig repose sur une traduction mauvaise de la source arabe [17]. Lévi-Provençal a corrigé cette erreur et fixé définitivement au 9 juin 721 la bataille de Toulouse. Mais cette nouvelle datation nous prépare une surprise: elle suit de très près celle de la fête de la translation de saint Servais qui était célébrée le 7 juin!

[11] Th. Breysig, *Jahrbücher des fränkischen Reiches 714–741. Die Zeit Karl Martells*. Leipzig 1869. p. 67, à la note 6. A. Séguin (*Charles Martel et la bataille de Poitiers*. Paris 1944) a proposé le samedi 11 octobre comme date de la bataille de Poitiers.

[12] E. Lévi-Provençal, *Histoire de l'Espagne musulmane*. nouv. éd. II (Paris et Leiden 1950) 62.

[13] ou complètement, si l'on tient compte d'une répartition divergente des journées de la bataille.

[14] L'auteur des *Gesta* qui souvent améliore le Texte A de Jocundus, ne fait pas mention de saint Hubert. Il est donc permis de penser que le nom de saint Hubert a été interpolé par l'arrangeur ou par le copiste du Texte A de Jocundus.

[15] A l'exemple des Bollandistes (AA. SS., Maii III, 217) et de Bouquet (*Recueil*, III, 649) plusieurs historiens limbourgeois et liégeois ont appliqué le texte de Jocundus à la grande invasion des Arabes dans la vallée du Rhône, en 725–726. Bruno Krusch (MGH. SS. rer. merov., III, 177) l'a voulu rapporter à une bataille de 737 (faite donc après la mort de saint Hubert!).

[16] Th. Breysig, *o.c.*, pp. 38–39. La bataille de Toulouse a souvent été confondue avec celle de Poitiers, e.a. par Réginon de Prüm (MGH. SS., I, 533).

[17] La source arabe avait été consultée par Breysig dans la traduction de J. A. Conde, *Historia de la dominacion de los Arabes en España*. Madrid 1874. p. 24: l'an 103 de l'Hégire (au lieu de 102). La leçon erronée a été corrigée par E. Lévi-Provençal, *Histoire de l'Espagne musulmane*, I (1950) 58.

§ 40. Un transfert épique

Le récit de Jocundus sur une translation des reliques de saint Servais, faite sur l'ordre de Charlemagne en reconnaissance d'une victoire remportée sur les Arabes, a passé dans la *Vita Karoli Magni* qui fut composée à Aix-la-Chapelle, vers 1165 [18]. Une rédaction populaire en allemand qui date de 1475 et qui probablement dérive d'un modèle écrit en moyen-néerlandais, donne toujours le même récit, mais de manière plus développée et détaillée qui suit de près le texte de Jocundus [19]. D'après Hämel, le modèle moyen-néerlandais de ce livre populaire (*Buch vom Heiligen Karl*), composé peu après 1165 et arrivé à Zurich en 1233, était un développement de la susdite *Vita Karoli Magni* de 1165, pour laquelle le *Liber Sancti Jacobi* de Compostelle et (ajoutons: la Vie et les Miracles de saint Servais) avaient été mis à contribution [20].

On le voit: au cours du XIIᵉ siècle, le récit de Jocundus s'est intégré à la Vie de saint Charlemagne et ainsi il a été impliqué dans le développement et la transmission de la légende épique de Charlemagne, même du Pseudo-Turpin et du pèlerinage de Compostelle. Ce développement est une preuve a posteriori, que le nom de Charlemagne figurait déjà dans l'original perdu de Jocundus [21] et que l'auteur a consciemment et nommément exalté Charlemagne comme auteur de la translation de saint Servais.

Certains objecteront, peut-être, que Jocundus attribue à Charlemagne la victoire de Poitiers (732) qui fut remportée par son aieul Charles Martel et que la leçon A place la translation de saint Servais sous l'épiscopat de saint Hubert, mais de tels embellissements anachroniques sont caractéristiques de la meilleure tradition épique et inhé-

---

[18] *Vita Karoli Magni*, publiée par G. Rauschen, *Die Legende Karls des Grossen im 11. und 12. Jahrhundert* (*Publikationen der Gesellschaft für Rheinische Geschichtskunde*, VII, 1890), pp. 17–93, spécialement à la page 78. L'auteur de la *Vita* renvoie à *ipsius (Servatii) hystoria.* Vise-t-il la *Vita* de Jocundus? ou bien les *Gesta*?

[19] Albert Bachmann, *Deutsche Volksbücher aus einer Zürcher Handschrift des XV. Jahrhunderts.* Tübingen 1889. pp. XXII (Introduction) et 102–103 (texte du *Buch vom Heiligen Karl*). Tout comme Jocundus, l'auteur du livre populaire compare Charlemagne à un lion rugissant et fait entrer en scène l'évêque Willigis pour couvrir l'autel de saint Servais d'un *ciborium.* Ajoutons qu'il donne l'orthographe *Servancius*! Lire aussi: M. Kletzin, *Das Buch vom heiligen Karl,* dans: Beiträge zur Geschichte der älteren deutschen Sprache und Literatur, LV (1931) 1–73.

[20] Adalbert Hämel, *Der Pseudo-Turpin von Compostella.* Munich 1965. p. 13. – Vers 1135 (en tout cas avant 1150) le *Liber sancti Jacobi* (guide des pèlerins de Compostelle) et le Pseudo-Turpin furent réunis en un seul recueil par Aimeri Picaud.

[21] Le Texte A de Jocundus aussi bien que les *Gesta* portent ici le nom de *Karolus Magnus.* Cela garantit que le nom se trouvait déjà dans l'original perdu de Jocundus.

rents à tout transfert épique. Les légendes obéissent à la tendance soit de vieillir, soit de rajeunir certains faits: en d'autres mots: à la tendance de transférer des faits soit dans l'espace soit dans le temps. Les transferts ne s'expriment que rarement sous une forme précise; d'ordinaire, ils gardent le vague des équivoques.

La *Passio Agilolfi*, composée entre 1060 et 1062 par un moine de Malmédy, offre un des plus anciens exemples de l'équivoque Charles Martel-Charlemagne [22]. Transmis d'âge en âge, des récits ou des chants qui célébraient Charles Martel, se sont un jour fondus avec d'autres chants ou récits, dont Charlemagne était le héros. Ce report dans le passé est un transfert épique. L'équivoque Charles Martel-Charlemagne, devenue transfert tout nu, c'est même l'exemple type du transfert épique. Dans le Pseudo-Turpin, les exemples abondent. Un siècle plus tôt, Jocundus avait donné l'exemple.

S'il pouvait entendre le terme profane *transfert épique*, Jocundus frémirait dans sa tombe. Pour lui, tout transfert à saint Charlemagne était un simple *transfert hagiographique* et conséquemment licite, d'autant plus que les transferts hagiographiques relèvent des mêmes habitudes d'esprit que la typologie biblique. Nous avons constaté, combien il excellait dans ce procédé (§§ 33, 34).

§ 41. A la recherche du fond historique

Pour la translation de saint Servais l'information de Jocundus est beaucoup moins sûre que pour la bataille de Poitiers qui l'aurait occasionnée. Le nom de l'évêque *Vulvegisus* (Jocundus A; les *Gesta* donnent: *Willigisus*) ne fut porté par aucun évêque ni du temps de Charles Martel ni du temps de Charlemagne.[23] Jocundus aurait-il eu l'oeil sur *Willigiselus* qui, de 614 à 627, était évêque de Toulouse? [24] ou bien sur *Vulfarius*, archevêque de Reims (803–816), évêque de la cour, *missus dominicus* et homme de confiance de Charlemagne dont il signa le testament en 811? [25] Nous inclinons plutôt à croire qu'il s'est souvenu vaguement du saint confesseur *Vulgisus* qui vécut au VIe

---

[22] Rita Lejeune, *Recherches sur le thème: Les Chansons de Geste et l'histoire*. Liège 1948. pp. 20 et 37. Jacques Stiennon, *Le rôle d'Annon de Cologne et de Godefroid le Barbu dans la rédaction de la* Passio Agilolfi (*1070–1062*), dans: Le Moyen-Age, LXV (1959) 225–244.
[23] A l'exemple de Ghesquière (*Acta Sanctorum Belgii Selecta*, I, 204), Fr. Bock et M. Willemsen, *o.c.*, p. 5, ont suggéré que *Vulvegisus* serait, peut-être, le même que Volchise, évêque de Verdun. Or, cet évêque qui est signalé entre 719/24 et 762, s'appelait en réalité *Voschisus*; voir: L. Duchesne, *Fastes épiscopaux de l'ancienne Gaule*, III (Paris 1915) 72, et H. Leclercq, dans: Dict. d'archéol. chrét. et de liturgie, XV, 2 (1953) 2955.
[24] L. Duchesne, *o.c.*, III, 307.
[25] L. Duchesne, *o.c.*, III, 87.

siècle et qui était spécialement honoré dans l'Ile-de-France [26]. C'est en tout cas un personnage ecclésiastique de Paris où il fait résider Charlemagne, qu'il a voulu faire entrer en scène ici.[27]

La translation que, sur l'ordre de Charlemagne (!) ,saint Willigise aurait effectuée de concert avec saint Hubert (mort depuis 727), nécessita des travaux dans le crypte que Jocundus attribue à saint Monulphe. Ce double report dans le passé mérovingien est ahurissant. Aujourd'hui, les historiens de l'architecture fixent au IXe siècle la construction du crypte de l'église de Saint-Servais. Le récit de Jocundus serait-il une pure fable? Le silence de Gilles d'Orval qui par ailleurs a fait beaucoup d'emprunts à Jocundus, aurait dû nous avertir.

La mémoire d'une translation de saint Servais était célébrée le 7 juin [28]; la date coïncidait à deux jours près avec celle de la bataille de Toulouse (721). Au XIIe siècle, les opinions sur l'origine de la fête étaient divisées. Les uns y voyaient, avec Jocundus, une commémoration de la victoire de Charlemagne sur les Sarrasins et de la translation de saint Servais y consécutive [29]. Les autres, comme le poète Hendrik van Veldeke (vers 1160) [30], l'interprétaient comme une commémoration du retour triomphal à Maestricht des reliques de saint Servais, volées par les Saxons au cours du Xe siècle [31]. Il est de par trop naïf de vouloir concilier [32] les deux interprétations, en admettant deux translations dont les commémorations auraient été accouplées en une seule fête. Plus tard, la victoire sur les Sarrasins était commémorée en une fête spéciale, le *Triumphus sci Servatii* (4 juillet), qui coïncidait avec

---

[26] BHL. 8747. AA. SS. Boll., Oct. I, 194.

[27] C'est ce qu'a déjà vu Friedr. Wilhelm qui, dans la table de son édition des *Gesta*, signale le personnage en question comme: *Willigisus presul Parisiensis*.

[28] AA. SS. Boll., Maii III, 217–218: liste de sources liturgiques qui font mention d'une *Translatio* de saint Servais, en date du 7 juin. Ajouter le psautier-livre d'heures à l'usage de Saint-Servais de Maestricht (2e moitié du XIVe siècle) qui est conservé à la Bibliothèque municipale d'Angers; voir: V. Leroquais, *Les psautiers manuscrits latins des Bibliothèques publiques de France*, I (Mâcon 1940–1941) 32–33.

La fête figure déjà à un calendrier de 1253; voir: W. Braekman et M. Gysseling, *Het Utrechtse Kalendarium van 1253 met de Noordlimburgse gezondheidsregels*, dans: Verslagen en mededelingen van de Vlaamse Academie, 1967, pp. 575–635, spécialement à la page 584.

[29] Voir le nécrologe de l'abbaye de Munsterbilzen (XIIe siècle), cité au § 37, à la note 61.

[30] D'après Hendrik van Veldeke (éd. Van Es, vs. II, 1474–1483; éd. Frings, vs. 4726), les reliques de saint Servais, ramenées de Quedlinbourg, furent accueillies en triomphe à Maestricht le 7 juin:

in bramant op den sevensten dach.

Ailleurs (éd. Van Es, vs. II, 944; éd. Frings, vs. 4197), le poete fixe à la même date la translation faite sous l'épiscopat de saint Hubert après la victoire sur les Sarrasins («payens»):

Dus waert verhaven Sinte Servaes
Septimo ydus Junii.

[31] Jocundus a été le premier à consigner par écrit la légende de ce vol, si, du moins, il n'en a pas pris connaissance par un *Liber Miraculorum* plus ancien.

[32] comme l'ont fait Fr. Bock et M. Willemsen, *o.c.*, p. 7.

la fête de la *Translatio* de saint Martin (4 juillet) à l'intervention duquel les Français attribuaient la victoire de Poitiers [33].

Apparemment, personne ne se reconnaissait plus dans ce dédale de récits et de fêtes. A première vue, la valeur du récit de Jocundus ne paraît pas supérieure à celle de mainte autre légende de Charlemagne, comme celle de la consécration légendaire du dôme d'Aix-la-Chapelle. Et le rôle qu'y joue saint Hubert semble présupposer une de ces résurrections qui abondent dans le cycle des récits carolingiens [34]. De plus mince aloi encore est la légende, d'après laquelle Charles Martel, avant de marcher sur Poitiers en 732, se serait rendu à Echternach pour implorer le secours de saint Willibrord [35].

Jocundus semble avoir identifié l'auteur des *Gesta antiquiora sci Servatii* (IXe siècle) avec l'auteur d'un *Liber Miraculorum* imaginaire, cité par lui, et avoir ensuite identifié ce *Liber miraculorum* imaginaire avec le *Liber miraculorum* rudimentaire qu'il avait devant les yeux et qu'il cite cinq fois (§ 32 no. 3). D'après lui, ce dernier livre aurait été découvert sous Charlemagne: comme par miracle, précise-t-il, rattachant ainsi la genèse du livre au récit de la translation faite sous Charlemagne [36]. Cet aveu nous instruit sur la part que la fantaisie a eue dans la genèse du récit.

Le rapport sur la translation faite sous Monulphe que contenait le *Liber miraculorum* imaginaire de saint Grégoire [37], a sans doute passé

---

[33] P. Doppler, *Verzameling van charters*, no. 908 (1675). Zender, *o.c.*, p. 81. Chose curieuse: le 4 juillet, les chanoines de Saint-Servais ne disaient pas la Messe en l'honneur de saint Servais, mais en l'honneur de saint Martin!

[34] D'après un très ancien distique qui se trouve dans l'église de Saint-Servais, les saints Monulphe et Gondulphe ressuscités auraient assisté à la consécration du dôme d'Aix-la-Chapelle; cfr. Mgr. G. Monchamp, *Le distique de l'église de Saint-Servais à Maestricht*, dans: Bulletin de l'Académie royale de Belgique, 1900, pp. 771–796. – Les saints Willibrord, Liudger et Hilgrin auraient assisté au célèbre synode, tenu à Aix-la-Chapelle en 816; à en croire l'auteur des *Gesta Episcoporum Halberstadensium* (MGH. SS. XXIII, 79). – Et j'en passe.

[35] Georges Kiesel, *Der heilige Willibrord im Zeugnis der bildenden Kunst*. Luxembourg 1969. p. 189.

[36] Jocundus, *Miracula sci Servatii*, chap. 16 (éd. Koepke, p. 97).

[37] *Gesta antiquiora sancti Servatii* (Analecta Bollandiana, I, 1882, p. 100:) *Cuius beatum corpus post multorum spatia temporum translatum fuisse Deo revelante, in libro miraculorum eius scripsimus*. Le passage a été emprunté mot à mot à Grégoire de Tours, *Historia Francorum*, lib. II, chap. 5 (MGH. SS. rer. merov., I, ed. I[a], p. 67; ed. 2[a], p. 47). Par les derniers mots, Grégoire renvoie au *Liber de gloria confessorum* (c. 71) qui forme le Liber VIII de ses *Libri VIII Miraculorum*.

On s'est, dans le passé, souvent mépris sur le sens de cette citation. Le Bollandiste Henschenius (AA. SS. Boll., Maii III, 219) a bien perçu la paternité de Grégoire de Tours, mais il y a vu un renvoi à un ouvrage séparé de Grégoire de Tours dont un exemplaire aurait été montré à Charlemagne et à Henri III et enfin utilisé par Jocundus. De là vient que sa conclusion est pleine de scepticisme: *Et tamen scripta si fuerint, modo non extant*.

Il est d'autant plus facile à comprendre que Jocundus (ou son informateur) a pu prendre la citation comme un renvoi à un *Liber miraculorum* de l'auteur des *Gesta antiquiora*.

dans le *Liber miraculorum* que Jocundus avait devant les yeux et qu'il croyait être d'origine miraculeuse ou, du moins, dater de Charlemagne. Voilà donc rehaussés au nombre de trois les éléments historiques que Jocundus (ou son informateur) a transférés sur la personne de Charlemagne: la victoire sur les Arabes près de Poitiers (732), remportée par Charles Martel; la construction du crypte de Saint-Servais, au IXe siècle; et la genèse du *Liber miraculorum*. Il y a lieu d'ajouter un quatrième élément: le déplacement ou la *translatio* des reliques de saint Servais que forcément comportait la construction du crypte. Le processus du transfert concentré de tous ces éléments nous intéresse moins que la portée religieuse de la légende, mais ici Jocundus n'est pas facile à suivre.

Dans un autre contexte, Jocundus distingue deux translations de saint Servais: l'une faite par saint Monulphe, l'autre par saint Hubert (évidemment celle qui aurait eu lieu sous Charlemagne) [38]. La première avait, dit-on, été couronnée par une élévation et, conséquemment, elle avait la valeur d'une canonisation locale. Jocundus, cependant, est d'un avis divergent. D'après lui, la translation, faite par Monulphe, était complètement oubliée, car elle n'avait été qu'un simple déplacement: les reliques n'avaient même pas été placées sur un autel. Il se réclame de l'autorité de saint Grégoire le Grand [39] pour prouver que, des jours de Monulphe, on jugeait encore réprouvable le placement de reliques sur un autel. L'élévation et le culte public de saint Servais n'auraient donc pas été décrétés par saint Monulphe, mais par saint Hubert sous Charlemagne.

Aux cérémonies, présidées par saint Hubert, Jocundus associe l'empereur Charlemagne, représenté par un évêque du palais (Willigise). Cette intervention (sans doute légendaire) de saint (!) Charlemagne est bien à mettre au niveau des interventions d'anges et des autres manifestations du doigt de Dieu qui abondent dans la *Vita sancti Servatii*. Il est vrai, que strictement elle n'ajoutait rien à la valeur juridique de l'élévation, faite par saint Hubert, mais elle en a certainement rehaussé le prestige et élargi le rayon d'action. Grâce à l'auréole impériale, la canonisation locale décrétée par Hubert, a pu gagner un semblant d'universalité.

Les Saint-Servatiens ont-ils joué ce dernier atout après l'échec

---

[38] Jocundus, *Miracula*, chap. 31: *translationis eius memoriam, olim a venerabili patre Monulfo, deinde a beato Huberto institutam.*

[39] Jocundus, *Miracula*, chap. 8. Dans le même contexte, Jocundus blâme les seigneurs laïcs qui possèdent des autels, mais qui d'ordinaire sont des meurtriers. Paroles dignes d'un Pierre Damien et d'un Richard de Saint-Vanne!

qu'ils subirent à Mayence en 1049? [40] Ou bien, sous la plume de Jocundus, la légende a-t-elle pris un tour typologique, pour relever l'activité du prévôt Humbert, parallèle à celle de saint Hubert?

§ 42. Le Roman d'Aquin

Autrement que dans l'hagiographie de saint Servais [41], le thème de *Saint Servais vainqueur des Sarrasins* n'a guère laissé d'écho dans l'historiographie, pas même dans les légendes épiques où les combats contre les Sarrasins jouent un si grand rôle. Il y a une exception: le *Roman d'Aquin* [42]: oeuvre rimée tout à fait personnelle d'un jongleur breton qui fut composée dans la seconde moitié du XIIe siècle ou bien, au plus tard, aux alentours de 1200 [43]. Les mentions que cette oeuvre inachevée fait de saint Servais de Maestricht, ne sont pas toutes restées inaperçues. Joseph Bédier en a relevées quelques-unes en 1908: les vers 1894–1898 et 1985–2015 où la parenté de saint *Servan* avec Jésus-Christ est commémorée [44]. Il a eu surtout le mérite d'avoir développé le rapprochement de ces vers et du texte correspondant de Jocundus, fait trois ans avant par Gaston Paris [45]; d'avoir démontré ainsi que le poète du *Roman d'Aquin* tenait saint *Servan* pour saint

[40] Le concile de Mayence, de 813 (Gratien, Décret, *De cons.*, D. 1, c. 37) interdit le transfert des saints corps sans la permission du prince, des évêques et du synode (*Corpora sanctorum de loco in locum nullus transferre presumat sine consilio principis vel episcoporum sanctaeque sinodi licentia*). Les canonistes appliquaient le terme *princeps* au pape et aux autres évêques. – Il est d'autant plus singulier que, d'après Albéric de Troisfontaines (voir § 20), le procès de canonisation de saint Servais, à Mayence en 1049, aurait été engagé par l'empereur Henri III, et que nulle source ne fait mention d'une initiative, prise par l'évêque qualifié, l'évêque de Liège (Théoduin).

[41] La *Vita Karoli Magni* (1165) et son dérivé, le *Buch vom Heiligen Karl*. Voir plus haut, § 40.

[42] Le manuscrit unique conservé date du XVe siècle. Edition par F. Joüon des Longrais, *Le Roman d'Aquin ou la Conqveste de la Bretaigne*. Nantes 1880. Analyses par Gaston Paris, *Histoire poétique de Charlemagne* (Paris 1865). p. 296 (*La Conquête de la Bretagne*), et surtout dans: Joseph Bédier, *Les légendes épiques*, II (Paris 1908), pp. 95–135 (*La légende de la conquête de la Bretagne par le roi Charlemagne*).

La conquête de la Bretagne est rappelée déjà dans la Chanson de Roland (v. 2322), dans Turpin (c. 2) et dans le *Corouement Loeys* (v. 18), mais il ne paraît pas qu'on se soit représenté alors les Bretons comme des Sarrasins.

On admet généralement que, dans le *Roman d'A(i)quin*, les Sarrasins sont mis pour les Normands et que le nom du roi Sarrasin Aiquin répond au nom norvégien Haakon.

[43] Gaston Paris (*o.c.*, p. 296) l'attribue au XIIIe siècle. Jos. Bédier (o.c., II, 95 ss.) en fait dater la composition de la fin du XIIe siècle. Robert Barroux (*Dictionnaire des lettres françaises*, I, Paris 1964, pp. 38–39) précise: première rédaction entre 1170 et 1190, interpolations du XIIIe siècle. S. Lejeune (voir à la note 46), p. 298, donne comme date: 1200 environ.

[44] Cette parenté n'y est pas encore liée au thème du *Trinubium S. Annae* et n'y est pas encore incorporée au thème de la *Sainte Parenté* (*Heilige Sippe*). C'est une preuve de plus, que la composition du *Roman d'Aquin* est antérieure au XIIIe siècle, antérieure à la Légende Dorée.

[45] Gaston Paris, *Histoire poétique de Charlemagne*. Paris 1905. p. 54. Manque à l'édition de 1865.

Servais de Tongres et que ce dernier est le vrai patron de l'église de Saint-Servan (près de Saint-Malo) [46].

Bédier n'est pas allé trop loin. Il y a toujours lieu d'augmenter le nombre des rapprochements faits par lui et même d'entamer la question, laissée ouverte par lui, de savoir si les ressemblances signalées trahissent un rapport de cause à effet, si elles résultent d'une influence directe de l'oeuvre de Jocundus.

Les vers 1189 ss. portent que la Messe du saint Esprit fut dite et que la grande bataille fut engagée un jour de la Pentecôte (v. 1190: *Penthecoust e eist cil jour en esté*). Ce jour est le cinquantième jour après Pâques, si cette fête tombe le 25 mars [47]. Il est le cinquantième jour aussi après le Vendredi Saint de l'année 384 qui, pour cette raison, passe dans la tradition pour l'année de la mort de saint Servais [48]. Mais il est encore le cinquantième jour après le premier Vendredi Saint de notre ère, où Jésus-Christ mourut à la croix et qui, selon saint Augustin, tomba le 25 mars. Mais il y a plus. Avant d'engager le combat contre le roi sarrasin Aquin, Charlemagne fait deux longues prières ou invocations: la première à Dieu (v. 1922–1980), la deuxième à saint Servais, cousin du Christ (v. 1985–2028). Or, la première de ces invocations est un résumé de la Passion du Seigneur et son début est un emprunt à la liturgie du Vendredi Saint [49].

Selon toutes les apparences, le poète du *Roman d'Aquin* fixe au 13 mai, à la fête de saint Servais qui tombait un jour de la Pentecôte, la victoire que Charlemagne remporta sur le roi sarrasin de Bretagne. Le parallélisme avec le récit de la bataille de Poitiers que Jocundus attribue à Charlemagne et qu'il fixe au jour de la fête de saint Servais, est complète. Le poète breton aurait-il lu ou, au moins, utilisé le texte de Jocundus? La raison commande d'étouffer les cris de joie ou de surprise.

---

[46] Jos. Bédier, *o.c.*, II (1908) 127–129; IV (1913) 435. Dom S. Lejeune a pris connaissance du *Roman d'Aquin* par l'ouvrage de Bédier et en a profité pour son étude sur la parenté de saint Servais qui a paru dans les Publications de la Société historique et archéologique dans le Limbourg à Maestricht, LXXVII (1941).

[47] Cette coïncidence s'est produite en 848, 927, 1011, 1022, 1095, 1106, 1117, 1190, 1201.

[48] Lire sur le calcul de l'année traditionnelle de la mort de saint Servais et sur les problèmes qu'il comporte: B. H. M. Vlekke, *o.c.*, pp. 38–40.

[49] *Roman d'Aquin*, v. 1932 ss.:
Damme Dé......
Qui descendis du ciel le monde saulver....
Missa de Passione Domini, Oratio:
Domine.....qui de caelis ad terram
de sinu patris descendisti....
(cfr. André Pflieger, *Liturgicae Orationis concordantia verbalia. I. Missale Romanum.* Herder 1964. p. 149).

Le cours des combats, célébrés par le poète breton, ne ressemble nulle part à la description que Jocundus nous fait de la bataille de Poitiers. Cette constatation est déjà de mauvais augure. Qui pis est, c'est que Jocundus ne donne aucun calcul de la fête de saint Servais et que le calcul traditionnel se lit pour la première fois dans les *Gesta* (chap. 14, éd. Wilhelm, p. 60: *Tertio idus Maii exuit hominem* .... *Recognoscitur autem hic dies quinquagesimus a die dominice passionis, qui est VIII Kal. Aprilis*).

Brochant sur tout, le poète breton ajoute quelques détails qui sont en contradiction flagrante avec le récit de Jocundus. Il nous veut faire croire que saint Servais fut incarcéré en Egypte; qu'ensuite il vécut à Rome du temps d'Audax (v. 2006: *Adace*), préfet de Rome sous l'empereur Jules Nepos (474–475); qu'à la fin il échut en Catalogne (*Escallogne*) où il fut décapité sur l'ordre du roi Hérode (v. 2012: *par luy eüstes, sere, le cheff couppé*).

En faisant dater de 474–475 le séjour de Servais à Rome, le poète breton admet la figure d'un Servais quadricentenaire (*Quadriseclis Servatius;* voir: § 29), rejetée par Jocundus. La décollation en Espagne ne cadre pas avec la légende de saint Servais de Tongres, mais elle à sa place dans la passion de saint Servant (Servand) d'Espagne, patron du diocèse de Cadix et, à une époque plus récente, patron des armées espagnoles [50].

D'après l'opinion courante, le culte de saint Servais en Bretagne aurait supplanté le culte de saint Servan d'Ecosse. La révélation que nous venons de tirer du *Roman d'Aquin*, oblige d'impliquer désormais la figure de saint Servant d'Espagne dans le développement du culte de saint Servais en Bretagne et, peut-être, ailleurs. L'expansion du culte de ce martyr espagnol fut intensifiée par la fondation de l'abbaye des saints Servant et Germain à Tolède, vers 1090,[51] et atteignit son apogée à la suite de son accouplement avec celui du saint officier Marcel de Léon, son prétendu père [52].

Il reste un fait acquis, que le poète du *Roman d'Aquin* a voulu célébrer saint Servais de Tongres-Maestricht, mais il n'en est pas moins certain qu'il a amalgamé les figures de saint Servais de Tongres et de

[50] BHL, 7608: cette vie qui est la plus ancienne et date du VIIIe siècle, a été éditée dans les AA. SS. Boll., Oct. X (Paris 1869) 25–31 (*Passio SS. Servandi et Germani*). Une inscription de 662 fait mention des reliques. La fête est célébrée le 23 octobre.

[51] La plus célèbre abbaye de toute l'Espagne. En 1109, le roi Alphonse VI la soumit à Saint-Victor de Marseille; voir: Martène et Durand, *Amplissima collectio*, I (1724) 546.

[52] Dès le XIIIe siècle, on croyait généralement que les saints Servant et Germain étaient frères, fils du centurion et martyr Marcel, mais rien ne le prouve. Voir: Analecta Bollandiana, LXIX (1951) 132–136.

saint Servant (Servand) d'Espagne [53]. La parenté avec Jésus-Christ et le calcul de la fête – les seuls traits de saint Servais de Tongres qu'il prête à son héros –, le poète breton les semble avoir empruntés aux *Gesta sancti Servatii* plutôt qu'à Jocundus, ce qui revient à dire qu'il a composé son roman après 1130.

§ 43. Réflexion

Jocundus a inséré dans son oeuvre quelques récits importants qui devancent la littérature épique des XIIe et XIIIe siècles. Le récit qu'il fait de la rencontre d'Attila et de saint Servais et du baptême que le saint administre au conquérant épouvantable,[54] annonce de loin la part qu'aura la légende ecclésiastique à la formation de l'épopée des *Niebelungen*. Ses apports à la légende de Charlemagne ont eu plus d'effet immédiat. Il fait de l'empereur Charlemagne le grand serviteur de la gloire de saint Servais [55]; à saint Servais il confère l'auréole d'un grand défenseur céleste de l'empereur et de la chrétienté contre les Sarrasins.

Ces faits ne sauraient plus être niés, mais un problème reste à élucider: comment se fait-il que saint Servais a pu être promu défenseur de la Chrétienté contre les Sarrasins? Son rôle de prophète à la veille de l'invasion des Huns y semble avoir été pour peu. Même l'étroite association de sa figure à celle de la personne de Charlemagne n'explique pas tout: elle en a été un effet plutôt qu'une cause. Une meilleure réponse nous vient de la lecture du *Roman d'Aquin:* la tendance populaire d'amalgamer, voire d'identifier les noms et les figures de saint Servais de Tongres et de saint Servant d'Espagne.

Au XIe siècle, cette tendance était dans l'air. Jocundus n'en fut pas l'auteur, mais un témoin et intermédiaire, au même titre que les pèlerins de Compostelle et les croisés volontaires pour l'Espagne. La France centrale était le point d'interférence des cultes de saint Servais et de saint Servant. Le moine français Jocundus était forcément engagé dans le processus de la confusion des deux saints. L'importance

---

[53] L'amalgame a laissé des traces dans l'orthographe inégale des églises bretonnes qui ont saint Servais de Tongres comme patron (six Saint-Servais, deux Saint-Servant, un Saint-Servan).

[54] Jocundus, *Vita sci Servatii*, chap. 60: *Rex ipse pontifici sacro loquitur secreto et ab eo Christi baptismate, ut aiunt, percepto, fit de grege domini.*

[55] La nouvelle de la translation de saint Servais par Charlemagne a passé dans la *Vita Karoli Magni* (1165). Ce fait fut signalé, en 1951 déjà, par Robert Folz, *Etudes sur le culte de Charlemagne dans les églises de l'Empire*. Thèse Paris. Strasbourg 1951.

de ce mouvement demande d'être établie. Pour le moment, nous nous contentons de planter les premiers jalons.

L'exemple assez tardif qui nous vient de la Bretagne, celui du *Roman d'Aquin*, n'est probablement qu'un reste d'une zône d'interférence beaucoup plus élargie. Nous rappelons le fait que la bataille de Poitiers que Jocundus fixe au 13 mai (fête de saint Servais), eut en réalité lieu autour de la fête de saint Servant (23 octobre; voir § 39). L'orthographe *Servantius* (pour *Servatius*) qui, dans la toponymie bretonne, rappelle l'amalgame des saint Servais et Servant, est très répandue, jusqu'en Suisse et en Italie [56]. Et voici même un exemple d'interaction inverse: l'église de Virecourt par Bayon (Meurthe-et-Moselle), dédiée à saint Servais de Tongres au cours du XIe siècle, apparaît plus tard sous le vocable de saint Servant d'Espagne [57].

Devant ces faits et indices, nous comprenons mieux l'énoncé étonnant de Jocundus que, de ses jours, saint Servais était honoré aussi en Espagne (§ 5, no. 7): énoncé vide de sens, si nous ne le rapportons pas aux saints Servais et Servant jumelés, voire à l'équivoque Servais-Servant et aux transferts y consécutifs.

L'amalgame des saints Servais et Servant, importé du Midi par Jocundus, a frayé son chemin jusque dans la version moyen-neerlandaise de la biographie du saint patron de Maestricht. Vers 1170, le poète Hendrik van Veldeke inséra une étape tout à fait nouvelle dans l'itinéraire de saint Servais: s'acheminant de Jérusalem vers Tongres, le saint fait un détour par l'Espagne pour implorer le secours de saint Jacques à Compostelle [58]. Le parallélisme avec le *Roman d'Aquin* est évident; pour l'étape espagnole, au moins, car pour l'arrêt à Compostelle Hendrik van Veldeke reste le témoin unique.

Où est-ce-que le poète Veldeke a puisé ce détail? Son informateur,

---

[56] L'orthographe *Servancius* (pour *Servacius*) est attestée, pour la Suisse, dans le *Buch vom Heiligen Karl* (voir § 40, à la note 19). Un sacramentaire du XIIIe siècle, provenant de l'abbaye de Casamari près de Veroli (Italie), donne, dans le propre des saints, la fête de *Sanctus Servantius*, à célébrer le 13 mai; cfr. Adalbert Ebner, *Quellen und Forschungen zur Geschichte und Kunstgeschichte des Missale Romanum im Mittelalter. Iter Italicum.* Graz 1957. p. 139.

[57] Zender, *o.c.*, p. 85.

[58] Hendrik van Veldeke, v. 435-440 (éd. Van Es):
      Te Sinte Jacobs voer hij sijne ghebede,
      Die heilighe Sinte Servacius,
      In Galissien, te sijnen huys,
      Ende soechte sijne genade da.
      Van danne voer hi te Gallia,
      Dat is nu Lutteringhen.
Th. Frings a rejeté l'authenticité de ces vers pour la seule raison que les modèles en latin ne présentent aucun passage correspondant. Voir l'introduction à son édition, page XLI, à la note 1.

le coûtre Hézelon, l'aurait-il recueilli de la bouche d'un ancien-élève de Jocundus? L'équivoque Servais-Servant aurait-elle fait naître aussi la figure de saint Servais comme prototype des pèlerins de Compostelle? Il paraît que, vers 1100 déjà, il était d'usage que les pèlerins de la région se mettaient sous la protection de saint Servais avant de se mettre en route pour Compostelle [59] et qu'ils venaient lui rendre grâces sur le chemin de retour [60]. En tout cas, le culte de saint Jacques était répandu dans la région mosane dès le troisième quart du XIe siècle [61].

---

[59] *Gesta sci Servatii*, chap. 58 (éd. Wilhelm, p. 136): avant d'entreprendre un pèlerinage à Compostelle, Lambert de Fouron (dernier quart du XIe siècle) se met sous la protection de saint Servais.

[60] Sur le chemin de retour de Compostelle, le frison Evermarus fut assassiné près de Russon (Rutten), entre Saint-Trond et Maestricht. Voir: AA. SS. Belgii, V, 278; AA. SS. Boll., Maii I, 122–126, et BHL, 2794. L'histoire est reportée vers 700, mais le texte date du XIIe siècle. L'auteur dit expressément que le saint avait le dessein de se rendre au tombeau de saint Servais à Maestricht.

[61] Liège reçut des reliques de saint Jacques de Compostelle en 1056; cf. J. Stiennon, *Le voyage des Liégeois à Saint-Jacques de Compostella en 1056*, dans: *Mélanges Félix Rousseau* (Bruxelles 1958), pp. 553–581. – Aix-la-Chapelle reçut des reliques du même saint en 1076 et une église Saint-Jacques y fut construite vers 1080; cfr. André de Mandach, *La Geste de Charlemagne et de Roland* (Genève et Paris 1961), p. 45.

CHAPITRE VI

LA TRANSMISSION DU TEXTE DE JOCUNDUS

§ 44. Le texte original perdu
(* J)

On estime généralement que le ms. 1138/46 de Trèves nous a conservé la copie unique, fidèle et complète du Texte original perdu. Wilhelm Levison (1911) [1] a bien remarqué, que ledit manuscrit présente des leçons très corrompues. Et le Père De Ghellinck (1946) [2] a même suggéré, qu'il n'offre qu'un texte *fragmentairement conservé*. Mais ces mises-en-garde – l'une critique, l'autre sibylline – sont restées sans lendemain. Au paragraphe suivant, nous démontrerons, combien elles sont fondées. Que disons-nous, le Texte que nous offre le manuscrit de Trèves, n'est pas une copie, mais un dérivé; un dérivé assez proche de l'original perdu, il est vrai, mais malgré cela pas même le meilleur des dérivés.

L'original perdu, nous le désignons par le sigle * J. Ce sigle a le double avantage de faire ressortir l'historicité de l'oeuvre de Jocundus et de faire éviter les dangers d'ambiguité qu'entraîne l'emploi de la notion *vita fabulosa* [3]. Car, en un sens très étroit du terme, nous pourrions dire: le Texte * J, voilà enfin la *vita fabulosa* longtemps recherchée! [4]

Le problème de la transmission se pose d'une manière différente, selon qu'il s'agit de la *Vita* ou des *Miracula*. En 1928, Levison a con-

---

[1] voir plus bas, à la note 5.

[2] J. De Ghellinck, *o.c.*, II (1946) 182.

[3] Par *vita fabulosa* on a entendu successivement: 1) un texte intermédiaire entre Hériger et Jocundus (G. Kurth, S. Balau); 2) un texte intermédiaire entre Hériger et les *Gesta* (Wilhelm).

[4] c.à.d. le texte intermédiaire entre Hériger et le ms. 1138/46 de Trèves. S. Balau, peut-être, en a soupçonné l'existence, car, à côté d'une *vita fabulosa* intermédiaire entre Hériger et le ms. 1138/46 de Trèves, il parle de la *compilation légendaire* de Jocundus (p. 128) et de la *légendaire biographie* de saint Servais, composée par Jocundus (p. 318).

staté que pour la *Vita* la ramification des versions est plus diversifiée que pour les *Miracula* [5]. Sa constatation garde toute sa valeur; elle s'avère même davantage maintenant que nous avons introduit une version originale perdue qui complique la ramification de la *Vita*.

Au lendemain du concile de Mayence (1049), les chanoines de Saint-Servais trouvaient plus que jamais insuffisants les détails consignés sur leur patron dans les biographies primitives. Que ce soit Jocundus, auquel ils s'adressaient pour la composition d'une biographie dévelop-pé par le menu, et ils pouvaient s'attendre à un texte aussi prolixe que fantastique. Eux-mêmes seraient les premiers à favoriser les adaptations et découpages. Deux mots se présentaient ici en tête de tout: *abrégez, simplifiez.*

	A	*Gesta*	B	B 1
Vita sci Servatii (sans append.)	15700	12000	10700	9600
Vita sci Servatii (avec append.)	23700	12700	14500	15700

Pour la *Vita* proprement dite (sans les Vies des saints Monulphe et Gondulphe et sans les actes du synode de Cologne), le tableau montre une réduction croissante du nombre des mots dans les adaptations successives. Très radicale est la réduction, apportée par l'auteur des *Gesta:* elle est de 48% (12700:23700). L'élagage porte principalement sur le grand dialogue (chapp. 102–108), les vies des saints Monulphe et Gondulphe et les Actes du synode de Cologne; ces derniers ont même été complètement supprimés.

Pour la *Vita* (avec les Appendices), le tableau révèle une tendance contraire: réduit à peu près de moitié par l'auteur des *Gesta*, le nombre des mots augmente graduellement dans les dérivés B etc. L'augmentation est due à un développement des Vies des saints Monulphe et Gondulphe (B) qui, à la longue, seront même présentées comme des Vies à part (B 1, etc.).

§ 45. Le Texte A

Il subsiste un seul manuscrit du Texte A: le ms. 1138/46 de la ville de Trèves. On est d'accord que le manuscrit date du début du XIIe

---

[5] W. Levison, dans: Jahrbuch der philosophischen Fakultät der Universität Bonn, III (1924/25, parue en 1928) 188: à propos de la division en quatre groupes (A. B, C, D), faite par les Bollandistes en 1911. D'après lui, cette division vaut seulement pour la *Vita*. Pour les *Miracula*, il n'admet que deux groupes: A(ms. 1138/46 de Tréves) et ABD (*Gesta*).

siècle [6]. Les termes de la période de conscription doivent être situés entre 1106 et 1112/20 environ, entre la mort du roi Henri IV (1106) et la composition des *Gesta* (vers 1122/26) qui n'ont eu aucune influence sur le texte.

Levison (1911) a constaté que le manuscrit offre un texte assez corrompu [7]. A titre de preuve, il a allégué la leçon erronée *inventi.etiam* (*Miracula*, chap. 114) pour *penitus eam*. Il n'est pas difficile d'augmenter le nombre des erreurs évidentes, dues à quelque copiste de seconde ou de troisième main.

Vita, chap.　29: *Mogontię* pour *Turonis*.
　　,,　chapp. 29,105: *Anastasius* pour *Athanasius* [8].
　　,,　chap.　54: *ab eo* pour *a deo*.
　　,,　chap. 103: *Armenia* pour *Hebrea*.
　　　　　　　　　　Persida pour *Persia* [9].
　　,,　　,,　105: *Fiche* pour *Etium*.
　　,,　　,,　120: *Panem reddidit clibanus:* le sujet manque.
　　,,　　,,　124: *Besignatus* pour *Designatus*.
　　,,　　,,　146: *Effrata* pour *Eufrata*.
　　,,　　,,　　,,　*Siscolius* pour *Discolius*.
　　,,　　,,　　,,　*Diapetus* voor *Diclapetus*.
Miracula, chap.　78: *cuius regni erit finis* pour *cuius regni non erit finis*.
　　,,　　　,,　78: *Videns ille qui nil proficeret* pour *Videns ille quia nil proficeret*.

La mention implicite de la mort du prévôt Godescalc qui survint aux années 1100/06 (*Miracula*, chap. 78: *prepositus beatae memoriae Godescalcus;* voir § 8, no. 9) est une interpolation évidente. La même observation vaut pour le roi Henri IV qui est mentionné comme quelqu'un d'une période révolue (*Miracula*, chap. 54: *eiusque in diebus*, c.à.d. du temps d'Henri IV, donc avant 1106) et qui là-dessus est qualifié d'empereur (*Miracula*, chap. 55: *ipsum christum domini imperatorem Henricum*), bien qu'il ne fût pas couronné empereur avant le 31 mai 1084.[10]

---

[6] éd. Koepke (MGH. SS., XII, 87). A Poncelet, dans: Analecta Bollandiana, XXIX (1910) 352, à la note 1. W. Levison, dans: Westdeutsche Zeitschrift für Geschichte und Kunst, XXX (1911) 514-515. Maurice Coens, dans: Analecta Bollandiana, LII (1934) 180.

[7] W. Levison, *o.c.*, p. 516. B. H. M. Vlekke, *o.c.*, p. 83.

[8] Par confusion, probablement, avec saint Anastase le Perse dont il est question au chap. 103.

[9] Persida: par contamination de *Persia* et de *Persis* (gén.: *Persidis*).

[10] Au chap. 4 des *Miracula*, Jocundus fait mention de *totius sanctitatis homo beatissimus papa Leo*. Or, le pape Léon IX (1049-1054) fut canonisé en 1087. La mention serait-elle donc une interpolation? Nous hésitons à la qualifier ainsi. Jocundus est prodigue de béatifications prématurées. Au pays mosan, le pape Léon IX jouissait d'une grande popularité, parce qu'il

Les leçons corrompues doivent être attribuées au copiste. Les interpolations, ainsi que les élagages et les arrangements, sont l'oeuvre plutôt de l'adapteur. C'est dire que le Texte A est probablement antérieur au seul manuscrit qui en est conservé. Quant à la personne de l'arrangeur ou adapteur, elle doit être cherchée hors de Maestricht.

Au chapitre final des *Miracula* font suite deux listes versifiées des évêques de Tongres et de Maestricht (61 vers dont 29 hexamètres). Ces listes sont en contradiction avec celle que Jocundus donne au chap. 144 de la *Vita*, en tant qu'elles intercalent un *Faramundus* (comme 20e évêque) [11] et qu'elles se terminent par *Hubertus* comme 22e évêque, alors que, au chap. 144 de la *Vita*, la liste de Jocundus finit par *Lambertus* comme 20e évêque. Il y avait plusieurs façons d'envisager la succession des évêques de Tongres et de Maestricht.

Du temps de Jocundus, on chiffrait à vingt le nombre des évêques: de Materne à Lambert. La charte par laquelle fut renouvelée et confirmée la dépendance immédiate de l'église de Saint-Servais de la couronne impériale en 1087, porte le préambule que ce privilège était fondé sur deux titres: la franchise concédée par Charlemagne et le fait que Tongres-Maestricht avait été un siège épiscopal qui avait eu *vingt* titulaires [12]. Jusqu'à la parution des *Gesta* qui seront les premiers à le donner, le nom du contre-évêque Faramond manque toujours aux listes locales et régionales des évêques, et même après l'insertion de ce nom y sera rare: on ne le trouvera point dans l'oeuvre de Hendrik van Veldeke (1170).

La présence du nom de Faramond aux listes épiscopales qui font suite aux Texte A, de même que le comptage à vingt-et-un des évêques de Tongres-Maestricht, prouvent que ces listes n'émanent pas de Jocundus, qu'elles doivent être rejetées comme des interpolations ou des ajouts et que Koepke (éd., p. 126) a eu tort de les publier comme suite

---

était lorrain de naissance et que, en 1049, il avait consacré l'église de Voerendaal près de Maestricht. Lire sur cette consécration: Aug. Calmet, *Histoire ecclésiastique et civile de Lorraine*, I, Preuves, pp. 454–458; et J. Tesser, *Kerkwijding te Voerendaal door paus Leo IX in 1049*, dans: De Maasgouw, 1949, col. 49–58.

[11] Faramond, évêque-intrus de Maestricht (679–681) pendant l'exil de saint Lambert, était un clerc de Cologne. Il paraît identique au Faramond qui, vers 711–719, occupait le siège de Cologne; cfr. Friedr. W. Oediger, *Die Regesten der Erzbischöfe von Köln*, I, no. 55. Il est presque exclusivement connu par les Vies successives de saint Lambert, de la *Vita 2a sci Lamberti* qui date de 770 environ (MGH. SS. rer. merov., VI, 357), à celle que l'on doit à Nicolas, chanoine de Liège, mort vers 1142 (BHL, 4688).

[12] D. v. Gladiss, dans: MGH. Diplomata Henrici IV, p. 522, no. 395 (1087): *et hoc merito quoniam ipsa quondam XX episcoporum sedes simul extitit et regalis et imperialis curia*). Dans son commentaire, l'éditeur argumente que l'union de l'église de Saint-Servais à la couronne impériale fut renouvelée et confirmée plutôt que concédée par la charte de 1087. Au chap. 78 des *Miracula*, Jocundus raconte que devant la diète d'Aix-la-Chapelle (mai 1087) un record y relatif fut fait par un vieillard.

à l'oeuvre de Jocundus. Elles prouvent aussi que l'arrangement du Texte A a eu lieu hors de Maestricht, hors du diocèse de Liège, ou, au moins, qu'il date d'une époque où l'inscription de Faramond au catalogue des évêques commençait à pénétrer jusqu'à la Meuse.

Dans le manuscrit unique (Trèves 1138/46) les listes sont du même scribe que le Texte A de Jocundus. Heureusement, un moine judicieux de Saint-Matthie du XIIIe siècle, a eu soin de placer l'explicit de Jocundus (*explicit vita sci Servacii*) au bas du f. 76^r, donc avant le début desdites listes des évêques.

Au chap. 29 du Texte A de la *Vita*, le nom de saint Martin de Tours est confondu avec celui de saint Martin de Mayence. L'erreur est imputable à l'arrangeur plutôt qu'au copiste; elle présuppose, au moins, une certaine familiarité avec la cathédrale Saint-Martin de Mayence qui avait été fondée par l'archevêque saint Willigise (975–1011).

L'arrangeur du Texte A ne s'est pas contenté de passer à la lime le texte de Jocundus, il a manié aussi la serpe et même la hache. Il semble avoir eu en horreur les démonstrations dialectiques. Il s'est pris surtout à la *pars* III (chapp. 102–108) de la *Vita* qu'il a abrégée et estropiée de manière à en rendre méconnaissable la forme dialoguée. Il a à peu près supprimé cette partie; les restes, il les a déplacés et intercalés entre la mort de saint Servais et l'invasion des Huns [13].

Mais il s'est bien gardé de couper dans le vif des *Miracula*. Il a fait exception seulement pour les récits d'un élève (le *puer*) qui sont peu édifiants pour des lecteurs religieux ou monastiques. Il manque au Texte A trois récits qui répondent aux chapp. 38 à 40 des *Gesta*.

§ 46. Le Texte B

Il en subsiste plusieurs manuscrits dont le plus ancien, le ms. 5 des Bollandistes, date de la seconde moitié du XIIe siècle et provient de l'abbaye de Grimbergen. Ceux qui ont, dans le passé, consulté ledit manuscrit, en ont rattaché le texte aux *Gesta* [14]. C'est ce qui explique,

---

[13] Dans le Texte B et dans les *Gesta* la partie correspondante a sa place *après* l'élection de saint Servais au siège de Tongres.

[14] A. Kempeneers (1913) et Th. Frings l'ont assimilé aux *Gesta*. D'après Friedr. Wilhelm (1911), le texte serait une contamination du Texte A et des *Gesta*. W. Levison qui a examiné le manuscrit en personne, en a défini le texte comme un dérivé (*Ableitung*) du texte que nous appelons le Texte A; cf. Jahrbuch der philosophischen Fakultät der Universität Bonn, III (1924/25, paru en 1928) 188. En même temps, Levison a infirmé ce jugement, en faisant suivre la constation que 11 chapitres des *Miracula*, collationnés par lui, répondent mot-à-mot aux chapitres correspondants des *Gesta*.

L'incertitude vient de deux faits: les historiens cités se sont restreints à faire quelques sondages et la majorité d'eux se préoccupait des *Gesta*. Seul B. H. M. Vlekke (1935; *o.c.*,

pourquoi nous l'avons examiné et collationné en dernière heure. Notre jugement diffère beaucoup de celui de nos devanciers.

Le Texte B dont le ms. 5 des Bollandistes est le plus ancien témoin, est un texte bipartite dont les deux parties offrent des versions divergentes. A l'exception du chap. 67 qui manque, la seconde partie, celle des *Miracula*, est, du début à la fin, une copie fidèle de la recension franco-belge des *Gesta*. La première partie, comprenant la *Vita* et portant le nom de Jocundus, n'est ni une copie ni même un abrégé du Texte A, mais un abrégé du texte original perdu (* J). L'arrangement des deux parties hétérogènes en une seule oeuvre est forcément postérieur à la composition des *Gesta* (1120/26), mais antérieur à celle du poème de Hendrik van Veldeke (vers 1170).[15]

Evidemment, la date de l'arrangement n'est pas celle de la composition de la *Vita*, du Texte B. Il est évident aussi que le Texte B fut composé bien longtemps avant celui des *Gesta*, parce qu'il est un dérivé direct de l'original de Jocundus. Son auteur doit certainement être recherché parmi les Saint-Servatiens à Maestricht. Une référence à l'office pour la fête de saint Servais (chap. 118), la conservation intégrale des chapitres dialogués (chapp. 102 à 108) et la confusion de l'église Notre-Dame de Huy avec celle de Maestricht (chap. 125), autorisent à le penser.

Il suffit de collationner le Texte B au Texte A pour avoir la certitude, que B ne partage aucune leçon erronée de A et – ce qui est plus important – que leurs textes se complètent mutuellement : certains chapitres de B manquent dans A, certains passages de A manquent dans B. La conclusion qui s'en dégage, est celle-ci : B est un abrégé direct de * J, tout aussi bien que A. Mis ensemble, A et B donnent une reconstruction approximative de ce que fut l'original perdu de Jocundus.

Au Texte B il manque plus d'un tiers des chapitres, à savoir 55 chapitres (1–2, 5, 9–14, 21–24, 28, 36–39, 41, 43, 45, 47–52, 54, 56–65, 69–71, 73–75, 81–82, 85, 89, 91–97, 99–101, 125, 131, 142, 146–149). Les retranchements les plus considérables concernent l'interminable dialogue des saints Servais et Pierre (chapp. 47–52), les interminables adieux de saint Servais à Tongres (chapp. 69–71, 73–75, 81–82), la longue traîne d'oraisons et de sermons de saint Servais mourant

---

pp. 86–88) s'est préoccupé exclusivement de la *Vita* ; aussi sa conclusion est-elle plus nette : le texte du ms. 5 des Bollandistes (notre Texte B) est une copie un peu maladroite, mais directe du ms. 1138/46 de Trèves (notre Texte A).

[15] Au chap. 7 de la *Vita* il est dit que la visite d'Alagrecus a eu lieu avant deux siècles (*ante ducentos annos*). Cette datation peut difficilement être de l'auteur du Texte B. Elle convient mieux au copiste du manuscrit 5 des Bollandistes.

(chapp. 91–97, 99–101) et les actes du synode de Cologne (chap. 146). De son côté, le Texte B donne les chapitres 87 et 108 et quelques fragments de chapitres (122, 145) qui manquent dans A. Des chapitres 54, 81, 102–108 et 138 il offre une rédaction beaucoup plus développée que le Texte A. Le chap. 87 trahit le style personnel de Jocundus. Les développements ne sont aucunement apparentés aux *Gesta*. Ceux qu'ont subis les chapitres 102–108, nous font apparaître dans son intégrité originale un traité dialogué sur la *doctrina Trajectensium* [15]. Vraiment, les Textes A et B sont complémentaires l'un de l'autre à un haut degré.

§ 47. Le Texte C

Moindre est l'importance du fragment de texte C que nous a conservé le ms. 260 (*Catalogue*, no. 242) de la Bibliothèque de l'Université de Liège et qui donne un abrégé des chapitres 16 à 20, 23, 26 et 29 à 31 de la *Vita sci Servatii*, copié et, probablement, composé à l'abbaye de Saint-Trond au XIIᵉ siècle. Cet extrait nous apporte aucun élément de texte nouveau et ses lectures variantes sont peu relevantes. Il est pourtant loin d'être négligeable, mais sa valeur réside ailleurs, dans son importance pour l'histoire et la transmission du texte. C'est qu'il est le troisième témoin qui porte une inscription de l'auteur (en-tête: *Excerptum de libro Jocundi presbyteri, quem edidit de vita et virtutibus sci Servatii*), et qu'il dérive ni de B ni de A. C'est encore qu'il renferme les chapitres dont on faisait des coupures pour l'office de la fête de saint Servais et qu'il est donc un élément de lectionnaire-légendaire. Si donc il ne prouve pas l'existence d'une rédaction C, il garantit au moins l'existence d'une rédaction * C perdue dont il est, peut–être, le vestige unique qui nous reste.

L'extrait est suivi de dessins des parentages de saint Servais avec Jésus-Christ et de saint Jude-Cyriaque avec saint Etienne: le premier conforme aux données du Texte A, le second en contradiction avec elles (voir § 102, à la note 5). Cette dernière constatation pourrait alimenter des suspicions au sujet de l'exactitude du passage de Jocundus sur Jude-Quiriaque tel que le scribe du Texte A nous l'a transmis.

§ 48. Les Gesta sci Servatii

D'après leur éditeur Friedrich Wilhelm (1910), les *Gesta sancti Servatii* auraient été composés vers 1087/88 ou peu après, en tout cas avant

---

[15] Nous laissons en suspens la question de savoir, si, dans A, le traité occupe le même endroit que dans l'original perdu; voir la note 13.

Jocundus. Cependant, la tournure *Servatius....tempora et regnum et loca Henrici imperatoris quarti tot signis clarificat*, employée au chap. 66 (*Recapitulatio*), prouve à l'évidence que les *Gesta* ont été composés sous le règne d'Henri V (1106–1125) qui, depuis son couronnement en 1111, était le quatrième empereur du nom [16]. Rademacher, Levison et Vlekke précisent la date de composition: 1111–1122; d'autres historiens donnent: vers 1120. Vlekke trouve même probable que la composition a eu lieu vers 1126 [17]. Nous préférons la mettre peu *après* 1126, parce que le chanoine Rado qui est commémoré au chap. 65 des *Gesta*, vivait encore en cette année [18].

Avec Wilhelm [19], nous pensons que les *Gesta* furent composés à Maestricht même, au sein du chapitre de Saint-Servais. Nous avons vu, que, au chap. 36, l'auteur des *Gesta* appelle *nostrates* les chanoines de Saint-Servais qui ont informé Jocundus de l'affreux rêve de Godefroid II (voir § 34). Nous avons vu aussi, que, à la période moyenne du XIIe siècle, les *Gesta* étaient considérés comme texte officiel et vulgate de la Vie et des Miracles de saint Servais (voir § 37). On sait, d'ailleurs, que le chapitre de Saint-Servais a de bonne heure réclamé le monopole des vies de son patron, monopole qui serait reconnu par l'empereur Charles V [20]. Les *Gesta* sont-ils l'oeuvre d'Etienne qui apparaît comme chanoine de 1097 à 1131 et comme maître des écoles et écolâtre de Saint-Servais de 1126 à 1131?

L'auteur des *Gesta* a omis le nom de Jocundus et supprimé les mentions indiquant l'origine française de cet auteur. Il reste partisan des empereurs, mais il laisse de côté les digressions déclamatoires consacrées par Jocundus à Henri IV. Il a supprimé les miracles relatifs à des saints d'Italie (chap. 102), quelques récits naïfs (chapp. 21, 25), l'épilogue (chap. 145) et les actes du synode de Cologne (chap. 146). De la *Vita*, il a abrégé encore, réduit même à presque rien, les chapitres

---

[16] B. H. M. Vlekke, *o.c.*, p. 87. Nous ajoutons deux arguments. La châsse de Sainte Gertrude de Nivelles fut exposée à Maestricht en 1096 (P. Doppler, *Verzameling*, no. 26); le chap. 64 des *Gesta* où il est question d'une *portatio* de cette châsse à travers la région, fut donc écrit après 1096. Plus significative est la mention *sanctus Anno*, au chap. 36 des *Gesta*, car Anno, archevêque de Cologne (1056–1075), fut canonisé en 1183 seulement et dans la littérature on ne lui confère pas l'épithète *sanctus* avant 1105; voir: A. Brackmann, *Zur Kanonisation des Erzbischofs Anno von Köln*, dans: Neues Archiv der Gesellschaft für ältere deutsche Geschichte, XXXII (1906) 153–165.

[17] B. H. M. Vlekke, *o.c.*, p. 100. Vers 1126, le chapitre de Saint-Servais de Maestricht fit acquisition des vignobles près de Güls dont il est question au chap. 26 des *Gesta*.

[18] Rado apparaît, dans les chartes, de 1097 à 1126; cf. P. Doppler, *Verzameling*, nos. 27, 31, 33, 34, 35.

[19] Friedr. Wilhelm, *o.c.*, p. XXIV.

[20] P. Doppler, *Verzameling*, no. 706 (1519). Le monopole s'étendait aux Pays d'Outremeuse et au duché de Brabant.

voués par Jocundus aux premiers successeurs de saint Servais. Etant moins apte que Jocundus à édifier et à narrer, il s'est rattrapé sur l'histoire générale et la mythologie classique, car il était savant: voir sa longue introduction sur l'antiquité romaine d'Octavie (Tongres), suivie d'un exposé des quatre âges de l'histoire du salut et couronnée, à la fin (chap. 66), d'une péroraison fulminante contre les Aristotéliens et les syllogismes des philosophes.

La valeur des *Gesta* ne saurait guère être surestimée. Il est manifeste que son auteur a eu devant ses yeux l'original perdu de Jocundus. A plusieurs endroits il donne une meilleure leçon que le Texte A. Aux prévôts Godescalc (chap. 47) et Humbert (chap. 46) il ne donne pas encore la qualification *d'heureuse mémoire* qu'ils ont déjà dans le Texte A. Aussi désireux qu'il fût de faire une oeuvre nouvelle, il n'oubliait pas de conserver l'essentiel. Grâce à lui seul nous savons que la révélation de la patrie et du lieu de naissance de saint Servais est due à Alagrecus.

L'éditeur Wilhelm (1910) a cru pouvoir distinguer deux versions qu'il appelle la version bavaroise et la version néerlandaise. Le texte de la première version qu'il appelle bavaroise parce qu'elle était répandue surtout en Bavière, ne porte pas plus de 55 chapitres (les chapp. 1–54, 66–68): c'est le texte vulgate, texte officiel aussi du chapitre de Saint-Servais. La version appelée néerlandaise porte 65 chapitres (les chapp. 1–37, 40–67) et se distingue par la simplicité de son langage: l'adapteur a éliminé les termes difficiles de son modèle savant.

§ 49. *Eléments erratiques*

Les arrangeurs des Textes A et B et C et même l'auteur des *Gesta* ont eu devant les yeux l'original perdu de Jocundus (ou une copie complète) et les coupures qu'ils en ont faites, présentent des textures assez divergentes. Quelques éléments qu'ils ont tous rejetés, ont été intégrés à d'autres arrangements. Un recensement complet de ces éléments erratiques de Jocundus nécessiterait des recherches intensifiées, portant sur tous les textes servatiens conservés. Nous nous contentons de signaler les quelques exemples qui sont venus à notre connaissance.

Version franco-belge des Gesta sci Servatii.

Le groupement des manuscrits des *Gesta* qu'a fait l'éditeur Wilhelm, n'est pas tout-à-fait satisfaisant. Il y a lieu d'ajouter une troisième version que nous appellerons la version franco-belge. Cette version est représentée par cinq manuscrits qui proviennent de l'abbaye d'Aulne (cod. C), de Douai (cod. D), de l'abbaye de Saint-Ghislain (cod. G), de Reims (cod. R) et de l'abbaye de Grimbergen (le ms. 5 des Bollandistes) [21]. Elle compte 68 chapitres et est donc la plus longue des versions.

Le chap. 68 de cette version est identique au chap. 77 des *Miracula* de Jocundus (*Apologia auctoris*). Les chapp. 38 à 40 donnent trois récits d'un élève de Jocundus qui manquent dans toutes les autres versions des *Miracula* et qui paraissent compléter la série des récits de ce *puer*. Wilhelm présente ces éléments comme des interpolations dans la version vulgate ou bavaroise. La longueur et l'importance de ces éléments soulèvent un problème de détermination : la version envisagée est-elle une version variante de la version vulgate des *Gesta*, comme le veut Wilhelm ? ou bien serait-elle issue d'une contamination du texte original de Jocundus et du texte reçu des *Gesta* ?

Le ms. 1151/1154 de Trèves

Le ms. 1151/1154 de la Bibliothèque de la Ville de Trèves, provenant de l'abbaye de Saint-Maximin de Trèves et écrit après 1260, est identique au codex T de Friedr. Wilhelm (1910). Il nous présente un texte très hétéroclite. Le chap. 112 de la *Vita* (éd. Wilhelm, p. 276) y est reproduit dans la version du Texte A, mais les chapp. 113 et 143–145 (éd. Wilhelm, pp. 276–278) sont copiés sur le Texte B. Pour ce qui est des *Gesta*, le manuscrit en a supprimé 25 chapitres, mais en revanche il ajoute les chapp. 38–40 et 68 de la version franco-belge. Un amalgame bizarre donc des Textes A et B de Jocundus et des versions reçue et franco-belge des *Gesta*. Wilhelm a bien fait de ne pas l'intégrer à son édition des *Gesta*, mais d'en donner quelques échantillons en guise d'appendices. En le caractérisant comme une contamination des *Gesta* et de Jocundus, W. Levison a visé mieux que Vlekke qui l'a pris pour un dérivé des *Gesta*.

Le ms. 507 (466) de Cambrai

Le ms. 507 (466) de la Bibliothèque de la Ville de Cambrai provient de l'église du Saint-Sépulcre et date du XIIIᵉ siècle. Le texte des *Gesta*

---

[21] et, en partie, aussi par le cod. T (le ms. 1151/1154 de Trèves). Voir ci-après.

s'y termine par le chapitre *Rogatu cuiusdam ex vobis carrissimi* (ff. 113ʳ–114ᵛ) qui est identique au chap. 77 des *Miracula* de la version B de Jocundus. Cette particularité fut déjà constatée par Koepke qui en a tiré parti pour son édition des *Miracula* de Jocundus [22].

Le ms. B.P.L. 102 de Leyde

Le ms. B.P.L. 102 de la Bibliothèque de l'Université de Leyde provient de l'abbaye d'Egmond qui en fit acquisition sous l'abbatiat de Gautier (1129–1161) [23]. Il est permis d'en rattacher l'acquisition à l'acquisition d'une relique de saint Servais vers 1148 [24]. Une *Vita Servatii* occupe les ff. 42–53v. Probablement, le texte est venu de Maestricht, avec la relique.

Bien que fortement abrégé, le texte ressemble singulièrement à celui du Texte A de Jocundus. Il y a même identité complète avec les chapp. 16 à 23 (huit leçons!) de notre édition, de même avec les chapp. 25 à 34, et ainsi de suite. Les différents fragments, parallèles au texte A de Jocundus, sont liés par des pièces de rapport, empruntées au texte reçu des *Gesta*. Des *Miracula*, seuls trois miracles sont reproduits, correspondants aux chapp. 54, 56, 57, 58 du texte reçu des *Gesta*.

Le texte mériterait un examen plus approfondi. Cet abrégé, trempé dans la version A de Jocundus et composé probablement vers ou peu avant 1148, prouve que, après la réception du texte de la version dite bavaroise des *Gesta* comme texte officiel de la *Vita* de saint Servais, le texte de Jocundus ne fut pas tout à fait abandonné et qu'on s'en est servi longtemps encore pour étoffer des arrangements et compilations de toute condition.

Pour étayer la légende de la parenté de saint Servais avec Jésus-Christ, l'auteur (au f. 42ʳ) se réclame de: *non modo eiusdem (Servatii) maiorum, verum etiam grecorum scriptis et dictis nostris cum maioribus.* Le nom d'Alagrecus ne lui vient plus sur les lèvres; ce n'est qu'en général qu'il se réclame des auteurs grecs ainsi que des grands auteurs parmi les compatriotes du saint et parmi ceux de lui-même (y compris Jocundus?).

---

[22] MGH. SS., XII, 122, chap. 77: la variante *adibui*. Remarquons que dans ledit manuscrit de Cambrai la vie d'un saint Breton (Ethbinus) fait suite à celle de saint Servais.

[23] Les nos. 185 et 187 du plus ancien catalogue de la librairie de cette abbaye. Voir: Willibrord Lampen, dans: *Tien eeuwen Egmond* (Heemstede 1950), p. 91 (reprise de l'édition parue dans Antonianum, XVII, 1942, pp. 39–72).

[24] MGH. SS., XV, 961. L'abbaye de Stavelot reçut sa relique de saint Servais en 1046 (ibid., p. 965).

§ 50. Le texte reçu de Rouge-Cloître

On se prit d'un goût spécial, dans les milieux de la Dévotion Moderne, pour la confection de recueils où puiser des textes à méditer et des leçons. Les légendaires aussi obtinrent une nouvelle vogue. Ainsi le Texte B connut un regain de popularité avant même la fin du moyen-âge. L'animateur fut Jean Gielemans (mort en 1487), sous-prieur des chanoines réguliers de Rouge-Cloître et auteur du célèbre *Hagiologium Brabantinorum* qu'il composa entre 1476 et 1484, en 2 volumes [25]. Voici une analyse des feuillets qu'il a consacrés à saint Servais:

tome II, f. 25–26:   Prologue; déb.: *Quamvis caritatem vestram.*

     f. 26–32ᵛ: *Vita S. Servatii Traiectensis episcopi.*

     f. 32ᵛ–34:   *Vita S. Domitiani.*

     f. 34ʳ⁻ᵛ: *Vita S. Monulphi.*

     f. 34ᵛ–35ᵛ: *Vita S. Gondulfi.*

En général, le texte répond mot-à-mot au Texte B, connu par le ms. 5 des Bollandistes qui provient de l'abbaye de Grimbergen. Seuls écarts: 1) au prologue et à l'épilogue il manque le nom de Jocundus; 2) les chapp. 102 à 105 (*pars* III: dialogue sur la *doctrina Trajectensium*) ont été supprimés; 3) les chapp. 126 à 143 (vies des premiers successeurs de saint Servais) ont été démembrés du corps de la Vie de saint Servais et y font suite comme trois Vies à part (celles des saints Domitien, Monulphe et Gondulphe); 4) émendations ou corrections de quelques mots, appliquées avec discernement.

Où Jean Gielemans a-t-il pris le Texte B de Jocundus? Tout porte à croire qu'il l'a copié sur le très ancien légendaire (XIIᵉ siècle) de Grimbergen, abbaye située à peu de distance de Rouge-Cloître, mais j'en conviens que seule une étude approfondie de la formation et des sources des recueils de Jean Gielemans pourra apporter la certitude. Il y a, en tout cas, lieu d'admirer le flair sinon la perspicacité avec laquelle le chanoine Jean Gielemans a, vers 1476, sû dénicher un aussi bon texte de Jocundus et d'en faire une nouvelle édition, mieux dite adaptation, qui deviendrait dans la suite une sorte de texte reçu pour les maisons de la congrégation de Groenendaal.

[25] Vienne, Bibliothèque Nationale, cod. ser. nov. 12707 (anc. Fidei 9363). Description dans: *Manuscrits et livres imprimés de la Bibliothèque Nationale d'Autriche concernant l'histoire des Pays-Bas, 1475-1600.* Bruxelles 1962. nos. 125–126, pp. 77–78. Analyse dans: *De codicibus hagiographicis Ioannis Gielemans canonici regularis in Rubea Valle prope Bruxellas adiectis anecdotis.* Bruxellis 1895. spécialement p. 55 (saint Servais). Lire sur l'auteur: *Petri Trudonensis Catalogus scriptorum Windeshemensium,* éd. W. Lourdaux et E. Persoons (Louvain 1968), no. 73, pp. 108–110.

En 1498, le texte de Jean Gielemans fut copié dans le *Legendarium* du prieuré de Korsendonk [26] qui est conservé maintenant à Paris (Bibliothèque Mazarine, ms. 1733 (1329)) [27]. Une collation des photocopies complètes que nous nous sommes procurées, nous a donné la certitude que l'un a été copié sur l'autre. Il est donc à présumer que les autres témoins du Texte B de Jocundus qui ont circulé dans la congrégation de Groenendaal, mais qui sont perdus aujourd'hui, dérivent également de l'adaptation entreprise par le chanoine Gielemans.

Un renseignement très précieux sur la diffusion du texte nous est

Diffusion du Texte B de Jocundus

signature	provenance	date	signalement dans le Catalogue de Rouge-Cloître
Bruxelles, Boll., 5	Grimbergen	XIIe s.	non
Vienne 12707	Rouge-Cloître	1476–1484	oui
Paris, Maz. 1733	Korsendonk	1498	?
?	Collège de Saint-Pierre Louvain		oui
?	Val-Saint-Martin (Louvain)		?
?	Bethlehem [28]		oui
?	Groenendaal		oui

[26] Le copiste s'appelle Antonius Vlamincx, chantre. Il fut né à Bergen-op-Zoom et mourut à Korsendonk en 1504, septuagénaire. Ledit *Legendarium* figure au catalogue de la bibliothèque de Korsendonk, dans: A. Sanderus, *Bibliothecae Belgicae manuscriptae pars secunda* (Insulis 1644), p. 61–62. Il est un peu étrange qu'il ne figure pas au catalogue collectif de Rouge-Cloître; que, au moins, ce catalogue ne donne pas le sigle de Korsendonk au mot (*Vita*) *Servatii*.

[27] Aug. Molinier, *Catalogue des manuscrits de la Bibliothèque Mazarine*, II (Paris 1886) 205. La Vie de saint Servais débute au f. 142 du tome II du Légendaire de Korsendonk.

[28] Avertissement: le Légendaire de Bethlehem, conservé à Bruxelles (Bibl. roy., ms. 2493–98) ne donne pas le Texte B de Jocundus, mais la version des *Gesta*! C'est le codex Wb de l'édition Friedrich Wilhelm. Il lui manque le prologue de la *Vita* et la majeure partie des *Miracula*. Le manuscrit est d'ailleurs sur parchemin et d'un format petit-octavo.

donné par le célèbre catalogue collectif de Rouge-Cloître qui fut achevé vers 1540, mais auquel on a intégré un catalogue plus ancien, achevé au prieuré du Val-Saint-Martin (Louvain) vers 1487 [29]. Sous la rubrique des Anonymes, au fol. XIX^r, on lit la mention: (*Vita*) *Servatii tongrensis episcopi. Quamvis caritatis vestram. C.B.V.* Les mots *Quamvis caritatem vestram* correspondent au début du prologue de la *Vita S. Servatii* de Jocundus. Les sigles C, B et V renvoient respectivement au Collège du chapitre de Saint-Pierre à Louvain (C), à la bibliothèque du prieuré de Bethlehem (B) près de Herent, et à la bibliothèque du prieuré de Groenendaal (V, Viridis Vallis). Pour des raisons qui nous échappent, il manque les sigles des prieurés de Korsendonk et de Val-Saint-Martin (Louvain) [30].

§ 51. Schème de la transmission

Le texte original de Jocundus est perdu (* J). Il est permis, peut-être, de l'identifier à l'hypothétique *Vita fabulosa* dont l'existence est admise par plusieurs historiens [31].

Jocundus, Vita sancti Servatii

* J 〔 abrégés 〔 A: composé entre 1106 et 1112/20, adapté à l'usage d'une communauté monastique.
B: fait à Maestricht, avant 1150 env.; texte plus abrégé, mais meilleur que A.
Devenu texte reçu pour la congrégration de Groenendaal dans la nouvelle présentation, faite par Jean Gielemans à Rouge-Cloître, aux années 1476–1484 [32].
C: fait à Saint-Trond, XIIe siècle.

remaniement voir: *Gesta sci Servatii.*

éléments erratiques

---

[29] Vienne, Bibl. Nationale, cod. ser. nov. 12694 (anc. Fidei 9373).

[30] Le catalogue de la Bibliothèque de Val-Saint-Martin, publié par Ant. Sanderus, *o.c.*, 233, se termine par l'analyse d'un Légendaire où figure une *Vita Servatii episcopi.* Le début n'étant pas reproduit, il est impossible de déterminer l'identité de cette *Vita.*

[31] J. van Dam, *Servatius*, dans: Wolfgang Stammler, *Die deutsche Literatur des Mittelalters. Verfasserlexikon*, II (1936), col. 362, a présenté le Texte A (ms. 1137/46 de Trèves) et les *Gesta sci Servatii* comme des dérivés d'une *Vita fabulosa*. Voir aussi §§ 32, 44.

[32] Dans une rubrique Gielemans annonce le prologue de Jocundus (*Quamvis caritatis vestram*) comme un *sermo*, ce qui suffisamment dévoile ses desseins d'adapter le texte aux besoins de la méditation, de l'office et de la lecture spirituelle.

Jocundus, Miracula sancti Servatii

* J {
    abrégé A
    remaniement voir: *Gesta sci Servatii*
    éléments erratiques
}

Vita et Miracula sancti Servatii

* J
— abrégé: A
— remaniement: voir *Gesta sci Servatii*.
— contamination: le ms. 5 des Bollandistes présente le Texte
B de la *Vita* et les *Miracula* dans la version des *Gesta*.

Gesta sancti Servatii

Composés par un auteur anonyme (* ANONYMUS) à Maestricht peu après 1126. Abrégé remanié, fait directement sur l'original perdu de la *Vita sci Servatii* et des *Miracula* des Jocundus. Texte officiel et reçu (vulgate) de l'oeuvre de Jocundus.

Gesta sci Servatii
— plusieurs versions latines, voir §§ 47–48
— plusieurs adaptations en langue vulgaire [33]

§ 52. Concordance des sigles

	1	2	3	4	5	6	7
Original perdu	–	–	–	–	–	–	*J
Trèves 1138/46	A	c	C	C	–	J	A
Bruxelles Boll. 5	C4	b	D	D	B	A	B
Gesta sci Servatii	–	d	A	A	G	G	–
Trèves 1151/454	–	a	B	T	T	Tw	–
Liège 260	–	–	–	–	–	–	C

1 = R. Koepke (1856).
2 = *BHL* (1898/99).
3 = *BHL., Suppl.* (1911).
4 = Friedr. Wilhelm (1910),
    W. Levison, H. Rademacher.

5 = A. Kempeneers (1913).
6 = B. H. M. Vlekke (1935).
7 = Notre édition.

[33] A quelques exceptions près, le poète Hendrik van Veldeke (vers 1170) a rejeté tous les miracles, postérieurs au règne d'Henri III (mort en 1056), et s'écarte donc considérablement des *Gesta* et de Jocundus. Aussi ne sommes-nous pas si sûrs que pour les miracles il se soit inspiré des *Gesta*. Il a pu consulter encore le *Liber miraculorum* qui avait servi de modèle à Jocundus et qui s'arrêtait au règne d'Henri III.

CHAPITRE VII

LA TRADITION MANUSCRITE

§ 53. Codex A

(le ms. 1138/46 de Trèves)

Description

Le ms. 1138/46 (olim LIX) de la Bibliothèque de la Ville de Trèves est, du début à la fin, écrit sur parchemin et compte 79 feuillets, foliotés de 1 à 78 (1 à 12, 12bis, 13 à 78) et répartis sur 10 cahiers (IV-1, 9 IV). Les feuillets mesurent de 194/201 sur 135/138 mm. Les signatures, les réclames et à peu près toutes les piqûres marginales sont perdues à la suite d'un rognement. Deux feuillets seulement ont gardé leurs piqûres marginales, mais celles-ci ont été épargnées d'extrême justesse, car la nouvelle marge coïncide à peu près avec la ligne des piqûres. A l'origine, les feuillets ont mesuré approximativement de 228 sur 138/40 mm.

Justification (155 × 105/108) et réglure à la pointe sèche. Une colonne, 27 lignes. Indications de pièces: *vacat* ((ff. 12bis^r, 12bis^v, 13^r, 14^v), *finis* (*Fi^s:* ff. 7^v, 28^v, 31^r) et autres. L'indication *vacat* permet de penser, que plusieurs copies à la fois furent faites.[1] La longueur du texte d'une page de l'*exemplar* doit avoir été supérieure d'un huitième à celle du texte d'une page des copies.

Un scribe. Minuscule caroline. Les vers des poèmes sont alternativement rouges et brunes. Initiales rouges; celles des ff. 39^v à 53^v (6e et 7e cahiers, comprenant les chapp. 1 ss. des *Miracula*) sont rehaussées de vert. – Le f. 76^v (liste versifiée des évêques de Tongres et de Maestricht) est encadré de colonnes qui supportent des tympans, à la manière des portiques pour les canons.[2] Dans la marge inférieure du même

---

[1] Lire sur le sens de l'indication *vacat*: Jean Destrez, *La Pecia dans les manuscrits universitaires du XIIIe et du XIVe siècle*. Paris 1935. p. 37.

[2] Le dessin rappelle le style de l'art ottonien, plus spécialement celui de l'école de Cologne.

feuillet, deux grotesques: tête de femme à la crête de coq (un C semble inscrit sur la joue) et tête d'un homme tonsuré, ayant des oreilles d'âne et le nez en compôte.

Le manuscrit date du premier quart du XIIe siècle. Il est forcément postérieur à l'arrangement du Texte A qui eut lieu peu après 1106, en tout cas entre 1106 et 1112/20; voir § 45. Si le copiste est responsable de l'inscription du nom de Faramond au catalogue des évêques de Tongres-Maestricht, la conscription est, peut-être, d'une date un peu plus récente que les *Gesta sci Servatii* qui furent composés probablement vers 1126 ou peu après et qui déjà font figurer Faramond parmi les successeurs de saint Servais.

Reliure: truie blanche sur carton, XVIIe/XVIIIe siècles. Titre du dos: *Vita/S. Serva-/tii/Epi Trajecten-/sium* (encre noire). Dans le milieu des plats supérieur et inférieur un médaillon (diamètre de 27 mm.), représentant trois évêques (la figure centrale est celle de saint Matthie). Anciennes cotes: *304* (cote du dos, encre noire); *12* (sur étiquette du dos); 304 (f. 1r; correction de *300*).

Origine

Inconnue. En 1243, le prieur Otton légua à la bibliothèque de l'abbaye de Saint-Matthie de Trèves un certain nombre de manuscrits, parmi lesquels un Juvencus du IXe siècle (aujourd'hui à Dresde) et une *Vita Servatii*[3]. Les catalogues ultérieurs de ladite bibliothèque ne mentionnent qu'une seule Vie de saint Servais, celle de Jocundus qui nous occupe. Le manuscrit, légué par le prieur Otton en 1243, serait-il donc le même que le ms. 1138/46 actuel?

S'il y a identité, notre manuscrit ne fut certainement pas confectionné à l'abbaye de Saint-Matthie; d'autant moins que la nouvelle éclosion de cette abbaye a été introduite par l'Invention du corps de saint Matthie qui eut lieu en 1127 seulement. Mais il n'est pas issu non plus de l'atelier du chapitre de Saint-Servais à Maestricht, car la version qu'il offre, est adapté aux besoins d'une communauté de religieux ou de religieuses: elle est dépouillée d'une large partie du dialogue sur

On sait que le motif fut copié sur un archétype romain à Reims, au IXe siècle, et que de Reims il a trouvé son chemin à Metz et ensuite à Cologne et à Reichenau. Lire: Carl Nordenfalk, *Die Spätantiken Kanontafeln*. Inaug. Diss. Göteborg 1938. 2 tomes.; spécialement tom. Ier (Göteborg 1938), pp. 195-207.

[3] Josef Montebaur, *Studien zur Geschichte der Bibliothek der Abtei St. Eucharius-Matthias zu Trier.* (= *Römische Quartalschrift für Christliche Altertumskunde und für Kirchengeschichte.* 26. Supplementheft). Freiburg im Breisgau 1931. p. 16.

la *doctrina Trajectensium* et les chapp. 16–23 ont été adaptés à l'office de choeur.

L'hymne de saint Nicolas – patron de l'abbaye de Brauweiler qui fut fondée en 1024 – et l'hymne de sainte Marie-Madeleine qui fut composé par Godescalc, le futur prévôt d'Aix-la-Chapelle et de Saint Servais de Maestricht, font présumer que le manuscrit soit originaire de la région d'Aix-la-Chapelle. Viendrait-il de l'abbaye de Borcette (Burtscheid) qui était aussi placée sous le vocable de saint Nicolas et qui avait été initiée par un moine de Calabre? Les *Miracula sci Servatii* se terminent par une mention de cette abbaye [4]. Jocundus aurait-il entretenu des relations avec elle? [5]

Provenance

De l'abbaye des Saints Eucher-et-Matthie (dite plus tard Saint-Matthie) à Trèves. Au XIIIe siècle, il reposait à la bibliothèque de cette abbaye, peut-être comme legs du prieur Otton (1243). Le f. 1r porte l'indication suivante qui date de ce siècle: *Codex sci Eucharii scique Mathie apli Trev. quem/siquis abstulerit anathema sit Amen.*

Le manuscrit figure au catalogue de cette abbaye qui fut composé vers 1530 et qui nous est conservé seulement dans une copie de la seconde moitié du XVIe siècle. Il y porte la signature *I 106* et le titre est ainsi conçu: *Perg. Vita s. Servatii episcopi tongerensis edita per Jocundum presbiterum* [6].

Après l'annexion de la temporalité de l'archidiocèse de Trèves à la République française, l'abbaye fut supprimée. Plusieurs manuscrits et imprimés arrivèrent entre les mains de simples particuliers. Peter Job Hermes, fils de Trèves, en racheta quelques-uns et en fit don à la Bibliothèque Publique de sa ville natale. Un de ces manuscrits est le manuscrit qui nous occupe et qui, au fol. 1v, porte l'indication: *Bibl. publ. Civ. Trevirensis. Ex dono/I. Hermes/Trever./1827./* (Ajout d'une autre main:) *Cod. saec. XII.*

[4] Jocundus, *Miracula sci Servatii*, chap. 78: *Adest et cum suis intimae caritatis filiis martir gloriosus pontifex Adelbertus, et de monte Pharan veniat anachorita Ioannes letus, et intrantem digno suscepit honore.* Avec la châsse de saint Servais furent donc montrées devant la diète (mai 1087) les reliques de saint Adelbert (patron du chapitre de ce nom) et de saint Jean-Baptiste (patron secondaire de l'abbaye de Borcette).

[5] Les mots *Iohannes letus* (voir à la note qui précède) m'ont dès le début fait penser à Jocundus qui porte un nom aussi joyeux. Je suppose qu'ils contiennent une double allusion: à saint Jean-Baptiste et au moine Jean: vieillard très pieux qui, en 1091, serait élu abbé de Borcette, malgré son incapacité d'administrer. Lire sur ce moine: H. Schnock, *Studien uber die Reihenfolge der Äbte und Äbtissinnen in der ehemaligen Herrlichkeit Burtscheid*, dans: Zeitschrift des Aachener Geschichtsvereins, XLI (1920) 205–253, spéc. à la p. 212.

[6] Josef Montebaur, *o.c.*, p. 105, no. 549.

Analyse du texte

f. 1ʳ: *Vita sci seruacii episcopi Jocundi presbyteri* (XIIIᵉ s.) – Dix médaillons (rangés 3, 3, 3, 1), portant des vers latins. Les vers des nos. 1, 2, 6, 7, et 10 correspondent à Hans Walther, *Proverbia sententiaeque latinitatis medii aevi*, nos. 20078 (= H. Walther, *Initia carminum*, no. 13282), 15210 (+ 33994), 16514, 30320 et 28381.

VITA SCI SERVATII

f. 1ᵛ: Prologue en vers (chap. 1ᵉʳ).
  inc.: *Actus Servatii tenet hic exordia sancti.*
  expl.: *Qui precibus noxis lectorem muniat atris.* 10 vers. Les vers 2, 4, 6, 8 et 10 sont en lettres rouges. cf. Hans Walther, *Initia carminum ac versuum medii aevi posterioris latinorum.* Göttingen 1959. no. 304a.
f. 1ᵛ: Dédicace (chap. 2).
  Sanctę Traiectensis ecclesię fratribus homo alienus, presbiter indignus nomine Iocundus, salutem corporis et anime in Ihesu domino nostro.
ff. 1ᵛ–6ʳ: Pars Iᵃ. DE GENERATIONE SCI SERVATII (chapp. 3–15).
  inc.: *Quamvis caritatem vestram, dilectissimi, non lateat, quam digne, quam magnifice sancta dei ecclesia.....*
  expl.: *....domino auxiliante vobis indicare desideramus.*
ff. 6ʳ–27ᵛ: Pars IIᵃ. DE VITA SCI SERVATII (chapp. 16–101).
  inc.: *Igitur cum hic amantissimus domini Servatius matris sub ubere, genitricis in pectore abundantius iam cepisset foveri.....*
  expl.: *.....non credentes posse salvari nisi per eum et iuxta eum.*
ff. 27ᵛ–30ʳ: Pars IIIᵃ. QUOD VERE HEBREUS FUERIT SCS SERVATIUS (chapp. 102–108).
  inc.: *Adsunt etiam nunc, fratres, qui dominum Ihesum Christum eiusque precursorem sanctum Iohannem et hunc beatissimum SERVATIUM eiusdem germanis ex radice negant descendisse.....*
  expl.: *.....signis et miraculis etiam ad exteras nationes floret et florebit in eternum.*
ff. 30ʳ–33ʳ: Pars IVᵃ. DE TUMULI SCI SERVATII PROTECTIONE CELESTI (chapp. 109–121).
  inc.: *Maximus autem supradictus de terra Gothorum, quam tenebant, reddere tributa coegit Hunos....*
  expl.: *.....fideli testimonio fratrum posuerunt.*

ff. 33ʳ–38ʳ: Pars Vᵃ. DE PRIMIS SUCCESSORIBUS SCI SERVATII (chapp. 122–144).

   inc.: *Tantis ergo dominus cum hunc electum suum beatum Servatium magnificaret virtutibus....*

   expl.: *...episcopus constituitur sanctus Lambertus.*

ff. 38ʳ–38ᵛ: APOLOGIA AUCTORIS (cap. 145).

   inc.: *Quod autem de hoc excellentissimo atque serenissimo confessore Christi....*

   expl.: *......nichil invenire potuimus.*

ff. 38ᵛ–39ᵛ: Pars VIᵃ. DE SINODO COLONIENSI (cap. 146).

   (en-tête rubr.:) *De sinodo Coloniensi.* inc.: *Tempus est nunc expedire, quod supra promisimus, de sinodo Coloniensi....*

   expl.: *....virum magni meriti et gloriosum nomine Severinum, sicut audistis superius.*

ff. 39ᵛ–40ʳ: ADDITAMENTUM (chapp. 147–149).

   inc.: *Hec de synodo Coloniensi dicta sunt; alia pretermisimus....*

   expl.: *.....Quare melius convenit reticere quam de secretis celestibus impudenter agere.*

MIRACULA SCI SERVATII

f. 40ʳ: Prologue.

   inc.: *Revertamur iterum nunc, dilectissimi, ad ipsum et apostolicum virum gloriosum Servatium....*

   expl.: *.....et cotidie operatur mirabilia in terris.*

ff. 40ᵛ–73ᵛ: MIRACULA SCI SERVATII (chapp. 1–76).

   (en-tête rubr.:) *De translatione gloriosi magni servatii.* inc.: *Iacebat autem idem electus Dei in monumento Traiectensium in opido tempore non modico...*

   expl.: *.....qui cum Patre et Spiritu sancto vivis et regnas Deus per infinita seculorum secula amen.*

ff. 73ᵛ–84ʳ: APOLOGIA AUCTORIS (chap. 77).

   inc.: *Rogatu cuiusdam ex vobis, carissimi, curam huius opusculi suscepi.....*

   expl.: *.....eundemque per beatum pontificem confessorem et magnificum venerabilem Servatium.*

ff. 74ʳ–76ʳ: ADDITAMENTUM (chap. 78).

   inc.: *Compellimur iterum nunc, dilectissimi, compellimur et hoc auribus vestris intimare.....*

   expl.: *.....Videns ille, qui nil proficeret nec proficere potuisset,*

cessit et reddidit. Acta sunt autem hęc anno dominicę incarnationis
M^{mo} et LXXX^{mo} VIII. ind. XI., ad laudem et gloriam illius cuius
regni [non] erit finis. Valete, amen.
(XIIIe s.:) *explicit vita sci Servacii.*

VARIA

ff. 76^v–77^r: NOMINA PONTIFICUM TUNGRENSIUM ET TRAIECTENSIUM.
29 hexamètres, alternativement bruns et rouges.
(en-tête rubr.:) *Nomina pontificum Tungrensium.*
   inc.: *Clari pontifices Tungris ius sceptra regentes:*
       Presulis est primus redimitus honore Maternus
       ....   (10 vers)
(en-tête rubr.:) *Pontificum Traiectensium nomina.*
   inc.: *Pontifices almi moderantes iura Traiecti:*
       Servatius primus fuit Agricolusque secundus ....
   expl.: *Ultimus Hubertus post bis denosque secundus.*
                              (19 vers)
f. 77^r: NOMINA PONTIFICUM TUNGRENSIUM ET TRAIECTENSIUM. Listes.
(en-tête rubr.:) *Nomina Tungrensium pontificum.* inc.: *Maternus*
primus.....
(en-tête rubr.:) *Nomina Traiectensium pontificum.* inc.: *Servatius*
primus..... expl.: *Hubertus vicesimus secundus.*
f. 77^v: SÉQUENCE EN L'HONNEUR DE SAINTE MARIE-MADELEINE.
   (en-tête rubr.:) *De sca maria magd.* inc.: *Laus tibi Christe qui es*
   creator ac redemptor idem et salvator..... (21 lignes, avec notation
   neumatique française).
      Attribuée à Godescalc par U. Chevalier, *Repertorium Hymnolo-*
      gicum, no. 10551. – Le culte de la sainte fut propagé par Robert
      d'Arbrissel; voir: J. von Walter, *Die ersten Wanderprediger*
      Frankreichs. tom. I: *Robert von Arbrissel* (= *Studien zur Ge-*
      schichte der Theologie und der Kirche. IX, 3). Leipzig 1903. p. 151.
      En bas de la page quelques lignes on été raturées. Proche de
      la rature, une notice en encre noire (XVIe s.:) *demonus Filippus.*
f. 89^r–v: HYMNE ET PRIÈRES EN L'HONNEUR DE SAINT NICOLAS.
inc. de l'hymne:
   Congaudentes exultemus vocali concordia Ad beati nicholai festiva
   sollemnia....
   27 vers; les vers 1 à 8 avec notation neumatique française.

U. Chevalier, *Repertorium hymnologicum*, no. 3795 (attribué parfois à Adam de Saint-Victor, mais le texte est attesté dès le XIe siècle, donc bien longtemps avant Adam). Hans Walther, *Initia carminum*, no. 3157. Non-mentionné dans: K. Meisen, *Nikolauskult und Nikolausbrauch im Abendland*. Düsseldorf 1931.

Sous l'influence de l'impératrice Théophano Otton III fonda à Aix-la-Chapelle une église en l'honneur de saint Nicolas et la nouvelle abbaye de Borcette (Burtscheid) choisit le même saint comme patron, sur les instances de la même princesse. L'abbaye de Brauweiler, fondée en 1024, fut également placée sous le vocable de saint Nicolas.

Les *Gesta sancti Servatii* (chap. 62) racontent la guérison d'un clerc d'Aix-la-Chapelle, obtenue grâce à l'intervention des saints Servais et Nicolas!

Au XIIIe siècle, l'abbaye de Saint-Nicolas à Arnstein possédait *Vita Sancti Nicolai et vita Sancti Servatii in uno volumine*; cfr. S. Widmann, *Das älteste Bücherverzeichnis des Klosters Arnstein*, dans: Annalen des Vereins für Nassauische Altertumskunde und Geschichtsforschung, XVIII (1883/84) 28–32, spéc. p. 29.

Edition

Voir plus haut, § 2, aux noms de R. Koepke (1856) et de Friedr. Wilhelm (1910). L'édition des *Miracula*, faite par R. Koepke, s'étend aussi aux *Nomina pontificum Tungrensium et Traiectensium* (ff. 76^v–77^r) qui ne sont certainement pas de Jocundus.

Signalements

Le manuscrit fut consulté par les Bollandistes en 1660: voir G. Henschenius, dans: AA. SS. Boll., Maii, III (1680) 222–223, 227. – Mention avec la signature 1138 (LIX) par G. H. Pertz dans: Archiv f. ältere Deutsche Geschichtkunde, VII (1839) 139 et VIII (1843) 599. – Analysé sous la signature LIX et classé *Codex A* par l'éditeur R. Koepke, dans: MGH. SS., XII, 87. – *Beschreibendes Verzeichnis der Handschriften der Stadtbibliothek zu Trier*. fasc. VIII: *Verzeichnis der Handschriften des historischen Archivs*, par † Max Keuffer et Gottfried Kentenich. Trèves 1914. p. 216, no. 409 (1138). La description est en blanc,

parce que le manuscrit était en mains! – Première description par
Maurice Coens, S. J., dans: Analecta Bollandiana, LII (1934) 180. –
Josef Montebaur, *Studien zur Geschichte der Bibliothek der Abtei St.
Eucharius-Matthias zu Trier* (= Römische Quartalschrift für christ-
liche Altertumskunde und für Kirchengeschichte. Supplementheft
26 (1931)), p. 105, no. 549 (catalogue du XVIe siècle). L'ouvrage de
Montebaur fut sévèrement critiqué par P. Lehmann, dans: Historische
Viertel-Jahrschrift, XXVI (1931) 605-610, et par V. Redlich, dans:
Studien und Mittheilungen zur Geschichte des Benediktiner-Ordens,
XLIX (1931) 448-464. Montebaur a oublié, e.a., de donner une con-
cordance des signatures du XVIe siècle et du XXe siècle. Cette concor-
dance nous a enfin été donnée par Petrus Becker, *Notizen zur Bibliotheksgeschichte der Abtei St. Eucharius-St.Matthias,* dans: *Armaria
Trevirensia. Beiträge zur Trierer Bibliotheksgeschichte.* Trèves 1960. pp.
37-56. – BHL. 7626-7632 (groupe C).

§ *54. Codex B*

(le ms. 5 des Bollandistes)

Légendaire sur parchemin. 250 ff. 431 × 284 mm. 2 col. 52 lignes. Un
scribe. Date: période moyenne ou troisième quart du XIIe siècle.
Origine inconnue. Provenance de l'abbaye de Grimbergen (fondée en
1128).

Description et analyse par H. Moretus, S.J., dans: Analecta Bollandiana, XXIV (1905) 426-432.

ff. 226r-233v: *Jocundus, Vita sci Servatii episcopi.*

f. 226r (en-tête rubr.:) *Vita Sancti Servatii Tungrensis Episcopi;*
(inc.:) *Quamvis caritatem vestram dilectissimi non lateat, quam digne, quam magnifice sancta dei ecclesia. . . . . . ;* f. 233v (expl.:) . . . .
*Ista nobis fratres dilectissimi ego homo alienus presbiter indignus
nomine Iocundus, ut sciatis quia a deo donata sunt nobis hec omnia
et revelata per spiritum eius, ipso attestante qui vivit et regnat
omnipotens in secula amen.*

Abrégé du texte original de Jocundus. BHL. 7622-7624
(groupe b dans l'édition de 1898/99, groupe D dans le Supplément de 1911). Les chapp. 102-106 (du Codex A) sont intercalés ici entre les chapp. 35 et 36 (du Codex A). Voir § 46.

ff. 233v-243r: *Translatio et Miracula sci Servatii.*

f. 233v (en-tête rubr.:) *Incipit translatio sancti Servatii episcopi, et*

quedam de miraculis eius; (inc.:) *Karolo magno monarchiam regni gubernante*....; f. 243 (expl.:) ....*Gratias igitur agamus Deo, qui tot et tanta per beatum Servatium facere dignatus est miracula Amen.*
BHL, 7636 (et non pas 7625). Identique aux chapp. 21–67 des *Gesta sancti Servatii,* dans la recension franco-belge, donc avec les chapp. 38–40, mais sans le chap. 68. Voir § 48.

Texte B de A. Kempeneers, *Hendrik van Veldeke en de bron van zijn Servatius.* Anvers et Louvain 1913.

§ 55. Codex B 1

(Vienne, B.N., ser. nov. 12707, olim Fidei 9363)

= tome II de Johannes Gielemans, *Hagiologium Brabantinorum,* copié et arrangé à Rouge-Cloître aux années 1476–1484. Papier. 335 ff. 382 × 270 mm. 2 col. 46 lignes. Un scribe (J. Gielemans). Voir § 49. ff. 25^r–35^v: *Jocundus, Vita sci Servatii.*

 f. 25^r (en-tête rubr.:) *Incipit prologus in vitam sci servatii episcopi qui pontificalem sedem transtulit de lotharingia in brabanciam videlicet de tungri in traiectum superius. Et ponitur hic prologus per modum sermonis, sequente vita eius et successorum.* inc.: *Quamvis caritatem vestram dilectissimi non lateat, quam digne quamque magnifice sancta dei ecclesia.....*

 f. 26^r (en-tête rubr.:) *Sequitur vita sanctissimi servatii traiectensis episcopi.* 1^m c^m. inc.: *Igitur cum hic amantissimus domini servatius sub ubere matris....* f. 32^v (expl.:) .....*de aliis autem preter quod magni meriti apud deum eos esse credimus nil scriptum invenimus* (dessin de la parenté de saint Servais avec Jésus-Christ).

 f. 32^v (en-tête rubr.:) *De sco domitiano decimo traiectensium episcopo. Capitulum XXV^m.* (inc.:) *Beatus domitianus in gallie partibus ex preclaris parentibus oriundus....*

 f. 34^{r-v} (en-tête rubr.:) *De sco monulpho XI^0 traiectensium episcopo. Capitulum XXVI^m.*

 f. 34^v–35^v (en-tête rubr.:) *De sco Gundolpho XII^0 traiectensium episcopo. Capitulum XXVII^m.*

Arrangement, basé et copié apparemment sur le Codex B ou un manuscrit congénère. Voir § 49.

§ 56. Codex B 2

(Paris, Maz. 1733 (1329))

= tome II du légendaire du prieuré de Korsendonk. Papier. 421 ff. 280 × 205 mm. 2 col. 43 lignes. Ecrit en 1498 à Korsendonk par le chantre Antoine de Bergen-op-Zoom.

ff. 142r–149v: *Vita sancti Servatii episcopi.*
ff. 149v–150v: *Vita sancti Domitiani, Traiectensis superioris episcopi.*

Copié sur le texte de Jean Gielemans (B 1) et tout à fait identique à ce texte, à cette exception près que les vies des saints Monulphe et Gondulphe ont été omises. Voir § 49.

§ 57. Codex C

(Liège, Bibl. de l'Univ., ms. 260)

Le ms. 260 de la Bibl. de l'Université de Liège date du XIIe siècle et provient de l'abbaye de Saint-Trond. Aux ff. 53–56r, il donne un extrait de l'ouvrage de Jocundus, portant l'entête: *Excerptum de libro Jocundi presbyteri, quem edidit de vita et virtutibus sci Servatii episcopi.* L'extrait, au fol. 56r, se termine par deux dessins. Le premier de ces dessins représente le parentage de saint Servais avec Jésus-Christ, d'après la relation d'Alagraecus. Le second donne le parentage de saint Jude-Cyriaque avec saint Etienne; voir le chap. 102 du Texte A de Jocundus et la note 4 y relative.

L'extrait correspond aux chapp. 16 à 20, 23, 26, 29 à 31 du Texte A de Jocundus, mais en donne une rédaction plus abrégée que ne le fait le Texte B, et parfois des lectures variantes très hétérogènes. Il est donc à présumer que les Textes B et C dérivent de copies différentes de l'original de Jocundus. L'omission de la fin du chap. 23 prouve que l'abréviateur C était étranger à l'église de Saint-Servais de Maestricht.

L'extrait renferme les chapitres dont les moines de Saint-Matthie de Trèves ont tiré huit leçons pour l'office (voir le § 37). Nous supposons que, à l'abbaye de Saint-Trond, il ait servi aux mêmes fins.

VITA SANCTI SERVATII
AUCTORE
IOCUNDO

Explication de quelques sigles et abréviations

A : Trèves, Bibl. de la Ville, ms. 1138/46.
B : Bruxelles, Bibl. des Bollandistes, ms. 5.
B 1: Vienne, Bibl. Nat., ser. nov. 12707 (anc. Fidei 9363).
B 2: Paris, Bibl. Mazarine, ms. 1733 (1329).
C : Liège, Bibl. de l'Univ., ms. 260 (*Cat.*, no. 242).
* J: ms. original de Jocundus, perdu.

Kempeneers : A. Kempeneers, *Hendrik van Veldeke en de bron van zijn Servatius*. Anvers et Louvain 1913.
Koepke : R. Koepke, édition de *Iocundi Translatio S. Servatii*, dans: MGH. SS., XII (1856) 85–126.
Wilhelm : Friedrich Wilhelm, *Sanct Servatius oder Wie das erste Reis in Deutscher Zunge geimpft wurde*. Munich 1910.

Avertissement

Le Texte A qui sert de texte de base, est donné en haut des pages. Les lectures variantes qu'offrent les Textes B (B 1 et B 2) et C, sont reproduites aux notes en bas des pages.

Les chapp. 87, 108 et 145 (fin) du Texte B qui n'ont pas de pendants dans le Texte A, mais qui répondent certainement au texte original perdu (* J), sont intercalés dans le Texte A, mais imprimés en petit texte.

Pour autant qu'elles sont explicatives, les notes sont imprimées en italique.

Les chapitres qui ne sont pas accompagnés de variantes B ou C, se trouvent uniquement dans le Texte A.

La division en parties et en chapitres est de l'éditeur.

Les signes de ponctuation sont remplacés par les signes actuellement en usage, mais leur position est respectée.

[VITA SANCTI SERVATII
AUCTORE
IOCUNDO PRESBYTERO [1]]

f. 1ᵛ   *[Prologus* [2]*]*

1 Actus Servatii tenet hic exordia sancti,
Presulis eximii [3], meritorum flore politi;
Quod sit cognatus domini probat iste libellus [4].
Qui meritis, moribus, nive virtutum redimitus,
Splenduit in terris, rutilans quasi lucifer ethris.
Celestis preco, pius in terris quoque predo [5],
Ut iubar emicuit, dum vitę tempora duxit,
Dum mundo tenebris residenti mortis et umbris.
Astruit eternę fulgorem premia vitę;
Qui precibus noxis lectorem muniat atris.

2   *[Dedicatio* [1]*]*

Sanctę Traiectensis ecclesię fratribus homo alienus [2], *presbiter indignus*
nomine Iocundus, salutem corporis et anime in Ihesu domino nostro.

---

1   [1] *A: sans titre, sans en-tête. B: porte l'en-tête rubriqué:* Incipit Vita Sancti Servatii Tungrensis Episcopi.

    [2] *A: est seul à donner ce prologue en vers. Les vers 2, 4, 6, 8 et 10 sont en lettres rouges.*

    [3] *cfr. L. Delisle, Rouleaux des morts du IXᵉ au XVᵉ siècle. Paris 1866, p. 98: poème, fait en 1051 par un chanoine de Saint-Servais à Maestricht pour commémorer la mort de Guifred, abbé de Saint-Martin-de-Canigou:*
       Compatimur vobis de vestri morte prioris,
       Clerus Servatii *presulis eximii.*

    [4] *Le mot* libellus *revient dans l'épilogue* (chap. 147) *et s'applique à la* Vita *entière. On pourrait donc difficilement mettre en doute l'authenticité du présent prologue en vers.*

    [5] predo (anime): *le Ravisseur (en parlant du diable); cfr. Alb. Blaise, Dictionnaire latin-français des auteurs chrétiens (Strasbourg 1954), p. 645; et R. E. Latham, Revised medieval latin word-list from British and Irish sources (London 1945), p. 365.* pius predo: *pieux Ravisseur d'âmes.*

2   [1] *A: la dédicace qui suit, a été bâtonnée à l'aide d'une encre rouge. B: la dédicace manque ici, mais le chap. 145* (apologie) *donne une formule très ressemblante, également avec indication du nom de l'auteur.*

    [2] *cf. le chap. 40 de la* Vita (tamquam alienus tamquam non iustus) *et le chap. 78 des* Miracula *du même auteur* (licet omnis sapientie alienus). *Saint Paul oppose l'*alienus *au* civis sanctorum (*Ephes.* 2.19). *Jocundus se sert de cette formule d'humilité pour faire allusion, en même temps, à son état d'étranger (par rapport à Maestricht et à l'Empire).*

[Pars Iᵃ: *De generatione sci Servatii*]

3 Quamvis caritatem vestram, dilectissimi, non lateat, quam digne, quam magnifice sancta dei ecclesia in Christo Jhesu [1] fundata consistat eiusque filiorum in honore quam decenter, quam gloriose mundo in universo [2] nunc floreat, nunc gaudeat, sacre tamen devotionis fratribus nec grave videtur nec onerosum, vitam illorum diligentius intueri [3], attentius edoceri [4], quatenus in oculis omnium deum timentium, omnium deum querentium, hec semper luceat, hec indesinenter maneat, quia – ut vera confiteamur et confidenter dicamus – debet christianus quilibet eorum iure memorari, eos iure venerari, quos celestibus condignos et probat et iudicat, non solum auctoritate maiorum, verum 2ʳ etiam solidę / veritatis ratione. Hoc enim et gratum esse deo et acceptum, nulli fidelium constat ambiguum, nulli incertum, presertim cum inter cetera doctrinę suę celeberrima instituta ille predicator egregius, ille magister gentium precipuus, nostrę per omnia non immemor salutis, edicat, moneat, ut sit discretum, sit *rationabile obsequium nostrum* [5]. Sed [6] cum rationis in dono dissimilis non existat superis homo, si ad eorum consortia, quorum nunc recolit beneficia, quod annuente spiritus sancti clementia querat et diligat, omnis fidelis anima festinare desiderat, perpetuo interesse delectat; cuncta profecto quę agit, maxime in divinis, certa ratione, digna consideratione fieri necessarium est, utile nec etiam iniustum.

4 Huius itaque, fratres, ut arbitramur gratia rei modernorum nonnulli super Traiectensium patrono, illo electo, illo magnifico confessore Christi et antistite venerabili SERVATIO, quia ignotus est et incognitus utpote advena ut [1] peregrinus, patriam nomen et genus sollertissime requirunt et querendo – nec inconvenienter ut videtur – aiunt: *Quanam ratione hunc fidelem domini beate Marie matris Salvatoris nostri, ut multi etiam periti et religiosi asserunt viri, cognatum esse credamus, consanguineum esse dicamus, presertim cum Elizabeth Iohan-* 2ᵛ *nis Baptistę mater necnon Eliud eius frater, avus / videlicet huius beati*

3 [1] ihesu: *om. B.*
  [2] mundo in universo: *om. B.*
  [3] vitam eorum et actus notare diligentius: *B.*
  [4] attentius edoceri: *om. B.*
  [5] *Saint Paul, Rom.* 12.1.
    ut sit discretum: *om. B.*
  [6] *A:* Set.

4 [1] utpote: *B.*
  [2] terre: *om. B.*

SERVATII, ex tribu Levi surrexerint et illa gloriosa celorum regina ex tribu Iuda processerit, nequaquam videmus nec videre valeamus. Digna quidem, karissimi, nec iniusta horum diligentia. Fatemur enim et fateri gaudemus, quia, sicut unguenta nisi commota latius redolere nesciunt, sicut aromata nisi incensa odorem suavitatis suę non expandunt, ita huius reverentissimi viri magnificentia virtutum, quo eius memoria apud cives sanctorum apud domesticos dei minus reticetur, eo magis apud gentes exteras et multiplicatur et augetur. Reticeri enim non decet, immo non debet, cum sit iuxta magnorum auctoritatem virorum eiusdem claritate generis maior omnium terrę [2] nobilium; sit etiam, quemadmodum mira et magnifica que per eum et circa eum frequentius fiunt testantur miracula, dignitate et sanctitate nullo etiam inferior celestium. Tametsi non attendant adtendere et contempnant, quibus nedum humana, ipsa etiam divina eloquia nec sana videntur nec vera.

5   Ipse tamen *quasi aura levi* [1], quasi rore celi, illa intima spiritus sancti aspersione perfusus; illa interna gratię celestis dulcedine imbutus; sicut *rosa in Ihericho* [2], sicut *cedrus in Libano* [3] omnibus diebus seculi multiplicabitur in domo domini gloria et honore; divine hereditatis quoque benedictione. Divinę, inquam, hereditatis benedictione, karissimi, quia, quemadmodum vir ille magnus, vir ille gloriosus qui f. 3ʳ ad tertium raptus est celum, edocet, isti sunt profecto *heredes dei co- | heredes autem Christi* [4], qui fideles in ecclesia habentur et fideles haberi merentur. Ipse est revera pontifex prefatus, ut fiducialiter in Christo agamus, cui dominus inter cetera magnificentię suę dona benedicens inquit: *Benedicam tibi et multiplicabo te* [5]. Et rursum: *Tu es sacerdos in eternum secundum ordinem Melchisedech* [6]. Gloria igitur eterni sacerdotii donatus, dextera quoque altissimi exaltatus, ab ecclesia jure honoratur et, ut dictum est, jure magnificatur. Viri itaque tam illustris, pontificis tam nobilis habere patrocinia, quis non diligat, quis non requirat? Quis eum non veneratur? quis in eo non letatur? *Sicut enim cervus desiderat ad fontes aquarum, ita anima mea ad eum* [7], quoniam ipse est honor meus, gloria mea et desiderium animę meę. Hec autem tua opera, o magne Ihesu, o inclite Ihesu, qui levas de terra quod celi splendet in stella universo mundo et mirabile et venerabile.

5   [1] *Job.* 4.16.
       [2] *Eclus.* 24.18.
       [3] *Eclus.* 24.17.
       [4] *St. Paul, Rom.* 8.17.
       [5] *Is.* 51, 2. tibi (te) = *Abraham.* pontifex prefatus = *le Messie, cfr. Hebr.* 5.5.
       [6] *Psal.* 109.4. *Hebr.* 5, 6. Tu = *le Christ.*
       [7] *Psal.* 41.2.

6 Esset nimirum nec difficile ad suadendum nec indignum credendum, quod illi querunt, quod illi dicunt de prefata horum cognatione sanctorum, si filiam Aminadab sororem Naason, quę fuit ex tribu Iuda, non duxisset uxorem ille summus pontifex Aaron, ortus et ipse de tribu Levi. Esset etiam immo et est facile et videre et credere, cum iuxta scripta geneseos[1] eundem Iudam et Levi ex matre Lia, ex patre Iacob patriarcha, germanos fratres fuisse, ab universa non ignoratur ecclesia. A primis sane diebus licet alię tribus filiorum Israhel ab invicem disiunctę sint, hę tamen duę semper coherebant / sibi, ut dominus Ihesus Christus, qui de stirpe eorum nasciturus erat, esset nobis ex Iuda dux magnus bonus et rex, ex Levi sacerdos sanctus summus et pontifex, quod gratia agente superna iam factum cernimus, veneramur et diligimus, utpote tanti regis tanti pontificis morte a magnis immo et ęternis ęternę noctis magnifice liberati[2] periculis.

7 Est in litteris humanis, fratres, quod si caritas adtendat vestra et fidem astruat, dubietatem quoque hanc removeat. Ante annos quippe aliquot sed non multos[1] quidam hierosolimitanus clericus[2] nomine Alagrecus, homo ille iustus et religiosus, latinę quoque haut ignarus linguę, ad sepulchrum huius excellentissimi confessoris Christi supramemorati quibusdam vitę beatissimę cum famulis[3] Traiectum domino ducente pervenit et dies plurimos apud eum quievit[4]. Comperto autem, quia patronus ille peregrinus est et de Armenia[5] – Armenia illa, inquam, in cuius montibus arca Noe post diluvium remansisse agnoscitur – de qua et se ortum esse aiebat, cognito etiam quia nomen illi[6] Servatius, quisnam sit vehementer mirari cepit. Sed post pusillum, quasi de gravi evigilans somno, audacter prosiliit in medio, ipsum in translatione[7] nominis, quem diu quesivit, quem semper optavit, procul dubio se invenisse exclamavit. Nec amplius moratus, universum convocavit clerum ac populum et unde vel quis quantusve sit pastor amabilis iste, evidentissimis ostendit inditiis. Generationem quoque eius in medio[8] ponens: *Erant*, inquit, *illis in diebus Judeorum in parti-*

---

6 [1] *Gen.* 30; 46, 8–25; 6, 23.
   [2] *A* : liberari. *La correction en* liberati *est de Koepke.*

7 [1] *B*: ante annos quippe ferme ducentos: *lecture variante due au scribe de B qui tenait la plume vers la fin du XIIe siècle.*
   [2] *B*: clericus ut ipse aiebat.
   [3] *B*: cum quatuor boni testimonii fratribus.
   [4] *B*: mansit.
   [5] *La légende de l'origine arménienne de saint Servais était donc connue à Maestricht bien avant la venue d'Alagrecus. Par ses révélations ce dernier y apportera des modifications fondamentales (voir le chap. 103).*
   [6] *B:* est illi.
   [7] *B:* ipsiusque in translatione.
   [8] *B:* quoque eius ab ipsa origine ponens.

bus iuxta legem sanctam mulieres sanctissime: *ANNA videlicet et*
f. 4ʳ *ESMERIA* [9] | *et hę etiam secundum carnem sorores*. De Anna qui
descenderint vel qui exorti fuerint, nemo est apud nos, si fidelis, si
spiritualis – que vero sunt dei homo non percipit animalis – qui nesciat,
quoniam sit eius filia sacratissima virgo *MARIA*. Huius et filius ille
magnus, ille fortis, et admirabilis angelorum dominus: pius redemptor
Ihesus Christus. De Esmeria vero matre beati Iohannis Baptiste Elizabeth et Eliud eius frater; cuius filio scilicet Emiu [10] beata Memelia hunc
gloriosum peperit Servatium. Hęc dixit [11], hęc sine mora coram omnibus
scripsit; quod profecto apud monumentum eius usque in hodiernum
diem repositum esse agnovimus. Profecti quippe fuerant ante hos dies
quidam ex nobis [12] beatę memorię fratres, qui eadem scripta viderunt[13],
legerunt et ad nostram transtulerunt noticiam. Per omnia benedictus
deus, qui et nos longo terrarum spatio remotos tam pii pastoris tam
gloriosi presulis memoria et benedictione dignatus est illustrare.

8   Nec illud etiam silentie tegendum videtur, dilectissimi, quod his
fere diebus factum esse audivimus et ab ipsis qui interfuerunt probabilis vitę episcopis [1] cognovimus. Esse namque apud vos, aiunt,
civitatem quandam magnam, fluvii Rheni in litore sitam, dictam ab
antiquis Magontiam [2]. Ad hanc, quasi in medio regni vestri positam
omniumque rerum affluentia plenam, cunctarum pontifices ecclesiarum principes regionum universarum convenire ille magnus, ille
nobilis imperator Ainricus [3], et ille totius sapientię, totius sanctitatis
homo beatissimus papa Leo [4] quodam tempore [5] iusserunt, ut quicquid
f. 4ᵛ in divinis et humanis institutis | dilapsum esse videretur et deletum
eorum consilio reparatum omnique testimonio probatum maneat
inviolabile per evum. Devotio quidem, fratres, bona et sancta.[6] Ideoque
illo iubente, per quem omnia bona fiunt, ad locum destinatum quasi
vir unus omnes convenerunt, de propositis cura acturi vigilantissima.
Quadam autem die inter alia de memoranda beati Servatii genealogia

---

[9] *B1:* Ismeria.
[10] *sic A. B:* emin. *Koepke:* emui.
[11] *B:* Hec cum alacritate dixit sedensque subscripsit, quod profecto *etc. Remarquer l'alliance des mots* Alagrecus *et* alacritas.
[12] *B porte également:* ex nobis. nobis: *confrères de Jocundus.*
[13] *B:* fratres nuper viderunt.

8   [1] *B:* viris. *Au lieu de* his fere diebus *B donne* nuper.
[2] *Mayence. B omet le nom de la ville et sa localisation* in medio regni vestri; *en revanche, il intercale la datation* in terra nostra regnante ... Heinrico tertio rege secundo.
[3] *Henri III, empereur (1039–1056).*
[4] *Léon IX, pape (1049–1054). L'élévation et translation de son corps eurent lieu en 1087. La fête du saint tombe le 19 avril.*
[5] *En octobre 1049.*
[6] *Cette phrase manque dans B.*

questio orta est eorum in medio [7], quia uterque et apostolicus et imperator textum [8] eiusdem generationis legerat, sed neuter fidem adhibebat. Ex voluntate vero omnipotentis aderant tunc quidam Greci omni sapientia pleni, ipsa etiam qua venerant legatione regia viri dignissimi. Missi quippe fuerunt ab imperatore Constantinopolitano [9]. Adducuntur. Requisiti super hoc dilecto domini SERVATIO quod pater [10] pie recordationis Alagrecus olim scripserat, idem et alia multa mira ac miranda absque mora referebant et in magna constantia nec sine auctoritate magnorum confirmabant. Unde apostolica maiestas, unde regalis dignitas deo altissimo et huic viro sanctissimo condignas agentes gratias, quanto certiores tanto in gloria eius devotiores, quo ibant quo divertebant, eum magnificabant, eum honorificabant utpote virum angelicum et totius imperii solatium. Et nisi eos maturius preveniret vitę presentis exitus, omnis ecclesia etiam [11] Romana celebraret / hodie super mel et favum dulciorem, super ipsius paradisi delicias desiderabiliorem eius natalicii festivitatem. Hoc enim condixerant, hoc se Romę facturos promiserant [12]. Agitur autem hec sollempnitas III idus Maias [13].

9 Quod vero illa tanto cum gaudio tanta cum devotione a populis etiam ignotis adoptatur, desideratur, nec iniustum est nec indignum. Nam sicut hoc tempore mundus variis herbarum floribus aliisque novis vestitus decoratur, ita dum redeunt hec festa, ipsa quę sunt in celo clarius lucere videntur sidera; ipsa si sunt in elementis mundo contraria, quod sepius iam vidimus, transeunt, in aliud mutantur; ipsa quoque civitas Traiectensium, in qua pater hic memorandus est reconditus, multiplicibus signorum virtutibus – uti nobis retulerunt,

---

[7] B: in palatio.

[8] textum: l'écrit d'Alagrecus (voir le chap. 7).

[9] Constantin IX Monomaque, empereur de Constantinople (1042–1054). La relation de Jocundus sur l'ambassade, envoyée par cet empereur à l'empereur Henri III en 1049, est confirmée par l'annaliste Adam de Brême et par le Chronicon SS. Simonis et Judae Goslariense; voir: Werner Ohnsorge. Abendland und Byzanz (Darmstadt 1958), pp. 317–332. Elle trouve une autre confirmation encore dans un passage de la Rhetorimachia d'Anselme de Besate; voir la nouvelle édition publiée par K. Manitius (Weimar 1958), à la page 98.

[10] B: frater.

[11] A et. B. om. et. B 1 donne: etiam (lecture exigée par le contexte: il s'agissait, en effet, de canoniser pour l'église romaine le culte de saint Servais qui était déjà canonisé en Orient).

[12] Projet avorté de canonisation paraît-il. Au dire de Jocundus, le pape avait fait examiner la biographie de saint Servais et l'avait canonisée, c.à.d. qu'il avait permis de la lire dans l'Office publique. Ensuite, il avait promis à l'empereur Henri III d'élever la fête de saint Servais (13 mai) au rang des fêtes universelles. C'étaient précisément les éléments caractéristiques de la procédure papale de canonisation qui était en vigueur alors et qui avait été mise en application pour la première fois par rapport à saint Ulric, évêque d'Augsbourg, en 993.

[13] Cette phrase manque dans B. Elle est vraisemblablement une interpolation.

qui hoc etiam presenti anno [1] illic fuerunt – adornatur, illustratur, omnibus revera illum diligentibus, omnibus eum fide non ficta querentibus, perpetuam in consolationem et benedictionem.

Hanc itaque gratiam, hanc misericordiam universum ut sentiat regnum, isti benigni pastores, isti pii rectores prefati [2] optabant atque cupiebant, miro modo venerantes eum, toto corde diligentes eum, quia iuxta beati Gregorii pape [3] aliorumque orthodoxorum sententiam, ille revera conscribitur civis virtutum in celis, per quem virtutes et miracula frequentius fiunt in terris.

10 Hec profecto novimus, hec profecto notavimus. Ac ne [1] fastidio simus nec oneri simplicioribus – gravat enim quandoque etiam benivolos, cum excedit modum, quod utile videtur et bonum – ad superiora redeamus.

11 Illas igitur [1] generationes Judę et Levi, Aaron et Naason, cum Genesis, Exodus, humana quoque coniungant [2] testimonia nec separet [3]

f. 5ᵛ angelus, ubi beatę Marię / inter alia: *Et ecce Elizabet,* inquit, *cognata tua* [4], eiusdem nimirum beatę et gloriosę semper virginis dei genitricis Marię hunc venerandum, hunc desiderandum omnique honore dignissimum SERVATIUM descendisse prosapia, nemo vestrum nemo nostrum [5] – nisi forte, quod deus avertat, nec fides nec veritas sacris reperiatur in litteris – contradicere poterit aut negare. Eadem namque oriundus est Davitica ex vite [6], immo eiusdem vitis, quemadmodum superius audistis, solida ex radice.

12 Generositatem autem illorum et gloriam quis digne enarrare, quis digne annuntiare sufficiat, sufficere quis valeat?, maxime cum universi eorum progenitores extiterint reges, summi sacerdotes atque pontifices? Utique nec ille, in terra si est, qui novit linguas angelorum hominumque universorum. Et tamen in hominibus est, sed ipsis de celestibus, qui tametsi laudare non sufficit, annuntiare tamen non deficit eorum nomina sanctorum: in ecclesia ille videlicet magnus et inclitus evangelista et apostolus sanctus Matheus, Abraham patriarcham ponens primum, novissimum omnium ipsum dominum Ihesum

---

9 [1] presenti anno: *l'année courante, impossible à préciser.*
　　[2] prefati: *les membres du concile de Mayence, notamment le pape et l'empereur (voir le chap. 8).*
　　[3] *Grégoire le grand, pape* (570–604).
10 [1] *B:* Attamen ne.
11 [1] *B:* igitur, karissimi.
　　[2] *A:* coniungunt. *B:* coniungant (*corr. par transformation de* u *en* a).
　　[3] *A:* separat. *B:* separaret. *B 1:* separet.
　　[4] *Luc.* I.30.
　　[5] *B:* nullus fidelium.
　　[6] *A:* vitę.

Christum redemptorem seculorum [1]. Hinc alius, sed habundantius, beatus scilicet Lucas, in opere consimili desudans, sicut auditur cum liber eius aperitur [2].

13 Tantis ergo ex natalibus, tam gloriosis ex parentibus cum iste electus domini SERVATIUS surrexerit, nec minor nec impar illis nobilitate morum excellentia meritorum, indigne iniuste, ut estimamus, postponitur, iniuste neglegitur. Sublata igitur omni occasione non iusta et indigna – invidia enim nedum inferos, iam dudum perdidit superos – quorum consortia desideramus, quorum vitam adoptamus, omni 6ͬ devotione diligamus, ne forte sentiamus iudices quos in celo / postmodum possimus habere concives. Hec namque est via ęternam quęrentibus vitam. Alioquin errant, qui hoc non observant.

14 Nos vero, aliena qui sumus de terra, idem bonum sentimus in hoc dei famulo glorioso Servatio; idem bonum veneramur in eo, plenissime scientes et indice videntes, quia eius vita ad medium cum deducitur, magnus et incomparabilis iudicabitur.[1]

15 Quia vero tanti viri memoriam agere cepimus et benivolentia piorum semper et desideranter requirit vitam sanctorum, licet minus idonei licet minus edocti simus tantum exsequi opus, eius tamen in benedictionem, omnium fidelium in consolationem, quę vidimus, quę [1] audivimus, prout possumus et valemus, domino auxiliante vobis indicare desideramus [2].

[Pars IIᵃ: *De vita sci Servatii*]

16 Igitur cum hic amantissimus domini [1] Servatius matris sub ubere [2], genitricis in pectore abundantius [3] iam cepisset foveri, liberius iam cepisset et haberi utpote magnorum filius, immo et unicus [4], apparuit in eo quoddam novum et inauditum magnę et admirabilis signum sanctitatis. Fuit enim tantę, sicut relatione fidelium doctorum [5]

12   [1] *Mat.* 1.1–16 (*Liber generationis J. Chr.*).
       [2] *Luc.* 1.1–41; 3, 23–38.
14   [1] *B fait suivre:* Hec de generatione beatissimi confessoris Christi et antistitis venerabilis Servacii.
15   [1] *B:* et audivimus.
       [2] *B:* prout possumus et valemus que audivimus et vidimus annotare desideramus.
16   [1] *C:* cum beatus.
       [2] *C:* sub ubere positus, in sinu matris quasi pullus columbe. *B et B 1:* ubere, in pectore quasi pullus columbe.
       [3] *B, B 1 et C:* liberius.
       [4] *C om.:* utpote…unicus.
       [5] *B et C om.:* doctorum. *Le miracle de la prise de lait a été introduite dans l'hagiographie latine de saint Servais par Jocundus qui l'avait tiré de l'hagiographie de saint Nicolas de Myra*

cognovimus, abstinentię, ut in die vix altera vice querere curaret [6] cibum. Ubi vero constitit in pedes, sacras ecclesiarum frequentabat edes, querens summopere fieri hostia viva et vera atque beneplacita [7] altissimo deo. Et licet puer etate, nil tamen puerile gessit in operatione. Gratia quoque spiritus sancti annuente et docente, sicut Zacharię filio [8], quod non erat a parentibus, nomen inditum est de celo, et quemadmodum relator [9] eiusdem generationis testatur, in nostra lingua SERVATIUS non incongrue notatur. Renatus [10] in Christo, stabat fortis adhleta [11] pro Christo.

f. 6ᵛ **17**   Ab ipsa vero / infantia sacris vacabat [1] litteris. Celesti munere preventus, igne divini amore succensus,[2] et etate proficiebat et sapientia florebat [3], decus patrię, parentum gloria propinquorum et magna in Christo letitia [4]. Vultus eius solis ut radius. Inter coevos quasi angelus[5], moribus et vita artiumque sacrarum disciplina [6]. Non illi pietas, non defuit humilitas. Humanus admodum [7], iustus quoque et bonus. Omne quod dignum est deo, optulit presidenti celo. Nec erat huic similis in universę [8] Armenię provintiis. Ideoque [9] suis parentibus et cunctis Christi placuit fidelibus. Adultus vero abiit Hierosolimam, altissimi [10] magnificare gloriam.

18   At quia vita sanctorum longe lateque resplendet et semper in oculis [1] bonorum floret [2], hic egregius iuvenis, adolescens hic nobilis [3] innotuit multis ibidem positis, quia magnus ille, quia laudabilis ille, utputa quem ipsis a cunabulis, immo a die conceptionis, deus perfuderat

---

où il apparaît pour la première fois dans la vie que le patriarche Méthode a composée aux années 842–846 (G. Anrich, Hagios Nikolaos. tome Iᵉʳ. Leipzig et Berlin 1913. pp. 115–116). La plus ancienne version latine de cette vie est de Jean de Naples (fin du IXᵉ siècle); voir: Boninus Mombritius, Sanctuarium seu Vitae Sanctorum, tome II, Parisiis 1910, p. 297.

[6] *C:* quereret.
[7] *C om.:* atque beneplacita.
[8] *saint Jean Baptiste.*
[9] relator: *Alagrecus.*
[10] *C:* Renatus vero. *C:* va à la ligne.
[11] *sic A pour:* athleta *(B et C).*

17   [1] *B et C:* studebat.
[2] *C om.:* igne...succensus.
[3] *C om.:* florebat.
[4] *C om.:* decus patrie...letitia.
[5] *B et C:* coevos suos ipse quasi angelus.
[6] *C om.:* moribus...disciplina.
[7] *B, B 1 et C:* Humanum supra modum.
[8] *C:* universis.
[9] *B et C:* Ideoque et suis.
[10] *B et C:* Altissimi quoque.

18   [1] *A, B 1, C:* oculis. *B:* oculos.
[2] *C:* floret oculis bonorum.
[3] *C:* is nobilis (is *corr. e* his).

gratia et celorum principis exaltavit dextera [4]. Ut autem sibi in adiutorium et Christi sit in ministerium – erat enim dignus per omnia et idoneus [5] – a maioribus ecclesie mox rapitur atque sacerdos Christi consecratur. Mansit autem [6] apud eos dies perplurimos, exemplum vitę sanctissimę se ipsum omnibus prebens.

19 Ei [1] vero more solito in oratione posito, die quadam astitit angelus dei atque regendam sanctam ecclesiam Tungrensium [2] dedit. Et ne formidaret insidias et minas latronum [3], diversorum [4] quoque populorum pericula – per quos iturus, ad quos et venturus erat [5] –, confortavit in Christo et armavit, ponens in ore eius verba linguę etiam [6] ignotę [7], quibus doceret subditos et mulceret impios. Nec mora: exsurgens ille [8] et universis fratribus ac venerandis patribus [9], ut pius, 7ʳ ut bonus filius, pro acceptis muneribus / gratias agens et in osculo sancto cunctis valefaciens [10], letissimus iter arripuit [11], quia fungi legatione Christi ad gentes etiam ignotas [12] ipse promeruit.

20 Nec multo post, domino ducente, venit ad civitatem sibi celitus et commissam et ostensam universamque multitudinem civium in maiori ecclesia sanctę dei genitricis Marię – erant enim ibi LXXᵗᵃ congregationes et duę [1] – invenit congregatam. Confidenter intravit, terrę se humiliter prostravit, et, ecce, in oculis omnium aderat de celo angelus [2] atque hunc elevans, baculum quo pie sustentaret infirmitates debilium, virgam qua pie tolleret peccatorum crimina, donavit.

21 Huic et illud simile videtur, karissimi, quod apud nos in quodam monachorum cenobio [1] fieri solet. Patre namque monasterii defuncto

---

[4] C om.: quia magnus ille....dextera.
[5] C om.: erat...idoneus.
[6] B et C: Mansit hic.
19 [1] B et B 1: Et. C débute: More solito.
[2] B et C: Tungrensem.
[3] B, B 1 et C: impiorum.
[4] C om.: diversorum.
[5] C om.: per quos...erat.
[6] C om.: etiam.
[7] ignotę: c.à.d. barbarae.
[8] C: consurgens et.
[9] C om.: ac venerandis patribus.....in osculo sancto.
[10] B et C: valedicens.
[11] B et C: cepit.
[12] voir 7). B et B 1: barbaras.

20 [1] D'après une légende qui est connue seulement par des manuscrits postérieurs à Jocundus, saint Materne aurait fondé 72 églises ou paroisses dans le diocèse de Tongres. La réunion des 72 églises dont parle Jocundus, est mentionnée de manière explicite comme un synode électoral dans les Gesta (éd. Wilhelm, p. 15). A en juger par la variante sans pareil Maternus vice apostolatus Petri (f. 4r), les Gesta, consignés dans le ms. lat. 5320 de la Bibliothèque Nationale, font de saint Materne une sorte de vice-pape.
[2] C: angelus, descendit atque hunc elevans.

21 [1] Nous n'avons pu localiser cette abbaye. Nombreux sont les récits de prodiges de cierges et de

nec adhuc fratribus suis apposito, quotquot foris sunt et in cellulis monachi omnes conveniunt. Luminaria nova necdum accensa in manibus tollunt. Aperitur devotio, manifestatur oratio, nunc singularis nunc communis. Itur ad deum multis modis, precipue autem in psalmis, plerumque et extensis in celum palmis. Cuius vero cereus accenditur celitus, ille procul dubio eligitur et abbas constituitur.

22 Magnum quidem, fratres, et hoc divine electionis indicium. Ille vero cuius *sine nutu in terram nec passer decidit* [1], cuius sine ineffabili dispositione *in arbore nec folium* oritur nec *defluit* [2], licet ab ecclesia nominetur antiquus dierum, novus tamen semper et mirabilis videtur, semper in virtutum operatione habetur, omnibus profecto eius fidelibus plenissime scientibus, quia quecumque voluit, quecumque promisit, potens est et facere quolibet in homine, quo placet in loco et tempore.

23 Ad [1] voluntatem itaque regis tam magni, imperatoris tam gloriosi
f. 7ᵛ beato SERVATIO hoc munere prefato / celitus accepto, it clamor ad celum, irruunt omnes in eum; alii manus eius osculantes, alii pedes et hęc quibus indutus erat vestimenta; scientes universi, quia per eum vere visitantur a deo [2].

Ipsam quoque viam, per quam venerat, piis lacrimis rigant; nullus intrat, nullus calcat [3]. Locum autem in quo pes eius aliquando stetit, notant, venerantur quasi vestigia dei [4]. Omnium hinc [5] manibus insede ponitificali elevatur et ab his, qui tunc ex voluntate dei [6] convenerant episcopi, episcopus consecratur.

Erat autem annus iam septimus, quo defunctus est eiusdem civitatis pontifex [7] sanctus Valentinus. Toto itaque hoc tempore cives convenire non poterant, ut ex communi eligeretur et poneretur, qui tam gloriosam tamque deo dignam regeret ecclesiam. [8] Neque hoc, karissimi, sine divino erat consilio. Voluit enim, ut estimamus, celorum altissimus illud admirabile electionis suę donum huius differre temporis

---

lampes qui s'allument d'elles-mêmes, mais nous ne les avons trouvé mentionnés nulle part ailleurs comme un mode d'élection. Ce mode d'élection était la «via sci spiritus«: la réunion électorale, en jeûnant et en priant, attendait pendant trois jours l'apparition d'un ange; exemples: Lyon (Edm. Martène, De antiquis Ecclesiae ritibus. II (Antverpiae 1763) 26) et Tongres (voir plus haut, chap. 20).

22 [1] *Mat.* 10.29.
[2] *Psal.* 1.3.

23 [1] *C débute:* It protinus clamor ad celum.
[2] *C om.:* scientes . . . . . deo.
[3] *C.:* viam . . . . invalidi et imbecilliores venerabantur.
[4] *C om. la phrase:* Locum . . . dei.
[5] *B:* omnium mox votis et manibus. *C.:* Omnium mox manibus.
[6] *C om.:* tunc ex voluntate dei.
[7] *C:* episcopus.
[8] *B et C:* tamque dignam regeret ecclesiam. Unde in illa die maior solito leticia orta est in populo. *B et C omettent le reste de l'alinéa.*

in horam, quatenus agnoscant universo qui sunt in mundo, quantus sit qui ingreditur, quanti et eo tempore Tungrenses apud regnantem in celestibus, cum ipsi soli tanto pontifice donantur et celestibus [9].

24 Iucundare ergo civitas magna [1], iucundare civitas gloriosa in hoc sacerdote claro, in hoc pontifice sacro; suscipe cum gaudio qui tibi eligitur ab angelo, sub quo vivas, cum quo et perpetuo gaudeas in domino. Post ruinam Solimę, post ruinam Babilonię nec in turribus nec in muris confidas, misera, tuis, misere quandoque peritura. Hę
8r nimirum urbes eo magis abiectę sunt hodie, quo tunc a seculo / electę. Ex quo autem fundata est hec civitas, ut aiunt, non erat maior letitia in clero et populo. Nec immerito. Sed tamen ut maneat, iugiter consistat, ille annuat et concedat, eterna qui prestat gaudia.

25 Erat etiam tunc temporis in ecclesia, fratres, mos [1], quemlibet pastorem [2] vitę ad extrema tendentem baculum pastoralem [3] et virgam ponere in altari sub anathemate Christi, ne quis accederet, ne quis tolleret nisi quem manifesto dei iudicio cives elegissent [4].

Quapropter [5] nullus accedere presumebat, quia omnes se indignos iudicabant [6].

26 Accepta autem ille electus domini Servatius [1] pontificali dignitate, non est facile scriptis promere aut dictis, quibus similis [2] fuerit, in mundo dum vixerit [3]. Erat tamen, sicut in *gestis* eius legitur *antiquioribus* [4], mitis, humilis, modestus, bonus, sanctus, innocens, immaculatus et ceteris Christi fidelibus [5] preferendus, quoniam ipse a domino et a sanctis angelis eius in omnibus honoratus esse cognoscitur. Et quamvis linguę esset aliene ,tamen quotiens populo loquebatur coram domino, eius verbum quilibet animadvertit [6] ut proprium; illa nimirum

---

[9] *A. dés.:* celestibus. Finis. *Le mot* Finis *est un ajout de date postérieure. Il est de la même main que les chiffres romains (I à VII) placés en marge des chapp. 16–22 qui précèdent.*

24 [1] civitas magna: *Tongres. Le chapitre est manquant dans B et C aussi bien que dans les* Gesta.

25 [1] *B. om.:* mos.
 [2] *B:* episcopum.
 [3] *B. om.:* pastoralem.
 [4] *B.:* dignum probassent.
 [5] *A: va à la ligne.*
 [6] *Le présent chapitre manque dans C.*

26 [1] *C om.:* ille electus domini.
 [2] *C:* quibus hic electus dei fuerit consimilis.
 [3] *C om:* in mundo dum vixerit.
 [4] gesta antiquiora = *Vita 3ª sci Servatii (déb.:* Ad illuminandum humanum genus), *citée sous ce nom par Hériger de Lobbes déjà. Jocundus ici suit de près le chap. 10 de cette vie qui donne le catalogue des vertus du saint et qu'on trouvera éditée dans: Analecta Bollandiana, I (1882) 100.*
 [5] *C:* et cunctis fidelibus.
 [6] *C:* animadvertebat.

cooperante benignissima spiritus sancti gratia [7], post discipulos [8] Christi nusquam audita, nusquam comperta [9]. Alias autem dum tractaret causas, per interpretem loquebatur ad plebem [10]. Iste etenim quod ad regulam nostrę religionis pertinet, quod nostrę in augmentum salutis prodest, primum fecit, postea docuit [11]. Ideoque cum ab omnibus sit laudandus, ab omnibus predicandus, a vobis, fratres karissimi, precipue, quos dum esset in mundo iubente domino de toto elegit mundo, quosque nunc sacris reliquiis suis super aurum et topazion preciosis adornat, ad sydera levat, ad terrę novissima / dilatat sacrisque orationibus suis [12] defendit atque conservat. Ut autem et in nobis eandem benedictionem observare dignetur, prestat dominus Ihesus Christus.

f. 8ᵛ

27　　Fuit [1] et in hoc amantissimo domini SERVATIO quoddam speciale bonum, quoddam singulare donum, omnibus Christi sacerdotibus et nimis venerandum et nimis amandum. Singulis quippe diebus, nisi forte gravi infirmitate lesus – hac enim sepius laboravit – missam celebravit et in nostrę redemptionis hostia se ipsum hostiam dignam et gratam altissimo immolare numquam cessavit. Post hanc revera spiritualem et sacrosanctam refectionem aliam raro querebat, aliam raro sumere querebat cenam. Proinde quasi spiritus videbatur ab omnibus, ut angelus de celo venerabatur ab universo clero. Nec eum Helia, nec Enoch nec Moise scilicet duce Israhel magno minorem esse iudicabant, quia, ut dictum est, nisi infirmus, nisi a fratribus rogatus, in hac mira abstinentia cotidie manebat. Illi autem solutis ieiunii diebus quid egerint, sacra tacet scriptura. Iste vero a suis civibus ac vicinis omnibus quasi pater amabatur, quasi dominus colebatur, quia non defuit seni, non defuit pius consolator plebi. In elemosinis largus, in oratione sedulus [2].

28　　Ne sit alius quam predicat apostolus [1], laboravit nocte, laboravit die; totis viribus in celum suspensus, cum summo pontifice Aaron videre gestiebat deum deorum in Sion. Nequaquam in eo auctor invidię, magister malicię, quod placet invenit, quod suadet reperit. Erat

---

[7] *C:* spiritus virtute.
[8] *C:* apostolos.
[9] *A et C:* comperta. *B:* reperta.
[10] *A, B 1 et C:* loquebatur. *B:* operabatur. *Le reste de l'alinéa manque dans C.*
[11] *B:* et fecit continuo et docuit.
[12] *B continue:* sine intermissione defendit et sine fine defendere dignetur dominus noster Ihesus Christus qui cum patre et spiritu sancto vivit et regnat in secula seculorum Amen.
27　[1] *B:* Erat. *Le présent chapitre manque dans C.*
　　[2] *B continue:* omni virtute plenus et totius ecclesie decus.
28　[1] apostolus: *saint Paul, passim. Le présent chapitre 28 manque dans B et C.*

enim turris, turris illa David excelsis munita propugnaculis, mille armata clippeis, timor hostium, salus civium, summi habitatio regis et
sedes sapientię dei. Qui siciunt, eius ab ore hauriunt, *que de Lybano
fluunt aquę* dulcissimę cum *impetu* [2]. Qui pedes eius, qui manus eger
tangebat, omni mox fugato dolore sanus fiebat. Digiti eius *mirram
stillabant* / electam [3], cuius ex odore de finibus terrę currunt ad eum
et tuis refici cupientes deliciis, o dulcissime domine, *adolescentulę tuę* [4].
Dum lavit manus, quę decurrebant guttę prestabant salutem. Eius
ciborum reliquias dum sumerent leprosi, dum sumerent demoniaci –
horum eo tempore, prodolor, erant multa milia in populo – eadem sunt
liberati hora. Hec et alia operando bona, omnia profecto omnibus factus Christi fidelibus. Unde amabilis et solus in universo regno erat
notissimus, quia *vir desideriorum* [5] ille nuntiatur ubique populorum, in
Christo Ihesu.

29   Sane in diebus illis erant regere [1] sanctam dei ecclesiam: Bethlehem Hieronymus, Alexandrie Anastasius [2], Ambrosius Mediolani,
Mogontię Martinus [3], Hilarius Pictavis, Auctor Mettis, Maximinus
Treveris, et alii perplures huius dignitatis consortes [4]. Horum in medio
et in Christo quasi stella matutina, quasi sol refulgens in virtute sua,
claruit sacerdos ille magnificus, pontifex ille egregius, nobilis [5] et gloriosus SERVATIUS. Sed hanc [6] immensam Christi eiusque sanctorum
gloriam non ferens diabolus, non [7] passus stare diutius, *tamquam leo
rugiens* [8], *quem devoret querens*, ruit in medium, concussit corda multorum, pacem conturbavit, jurgia excitavit, commovit [9] ecclesias
sacras, deiecit columnas et quas in Gallia *ad illuminandum genus
humanum lucernas* [10] accenderat dominus, extinguere molitus, Tungrenses – paulo ante pios ac devotissimos in Christo [11] – adversus sa-

---

[2] *Cant.* 4.15.
[3] *Cant.* 5.5.
[4] *Cant.* 1.2.
[5] *Daniel.* 92.3.
29 [1] erant regere: sic *A, B, C.* erant regentes: *B 1.*
[2] sic *A, B pour* Athanasius. *Voir le chap. 146 à la note 10. C est seul à donner* Athanasius.
[3] sic *A; saint Martin était évêque de Mayence en 346. B:* Ambrosius Mediolani, Colonie
Severinus et Turonis Martinus. *C:* Mediolani Ambrosius, Pictavis Hylarius, Turonis Martinus,
Colonie Severinus....
[4] *B:* et perplures dignitatis huius et sanctitatis in Gallia consortes. *C:* et perplures huius
dignitatis et sanctitatis in Gallia.
[5] *C:* magnus.
[6] *C:* illam.
[7] *C:* nec.
[8] *1. Petr.* 5.8.
[9] *C:* movit.
[10] *Allusion au début de la* Vita 3ª sci Servatii, *citée dans le chap. 26.*
[11] *C:* paulo ante bonos et devotos.

crum [12] pontificem suum erexit eumque [13] gravissimis affectum iniu-
riis expelli de civitate coegit.

30   Hoc ipso nostrę salutis adversario persistente malicię in proposito,
suadente quoque et [1] sine intermissione agente, sacrę Agrippinę
Colonię pontifex Effrata nomine, cum aliis multis, verum esse deum
negavit [2] Ihesum Christum dominum nostrum. Gentem quoque [3]
Hunorum [4], gentem pessimam et diabolicam, ad [5] delendum populum
f. 9ᵛ christianorum [6], ipsius et nomen domini Ihesu Christi [7] / penitus ad
extirpandum, e latebris [8] suis, quasi *de puteo abissi* [9], *ebullire fecit* [10],
sicut invenitur in libro cuiusdam antistitis Iordanis [11], qui relator
gallicani extitit, ut aiunt, fidelissimus [12] *excidii* [13]. Nec malis his
defuit Arriana heresis, quę mundo fere in universo sanctam commaculavit, sanctam fedavit ecclesiam [14], adeo ut plerique pontifices et sacerdotes clari ac deo digni [15] a fide Christi exorbitaverint et in errore hoc
perierint.

31   Nostris [1] quoque pastoribus hac tempestate laborantibus, hac peste
periclitantibus, noster nobilis patronus quid egerit audiamus [2]. Ipse
namque, ut erat vultu letissimus, mente serenissimus et semper gratia

---

[12] *B et C:* sanctum.

[13] *C:* suum surgere eumque.

30   [1] *C om.:* sine intermissione.

[2] *C:* suadente quoque et agente efrata Coloniensi pontifice cum aliis multis verum deum
esse Christum negaverunt.

[3] *C:* itaque.

[4] *C om.:* gentem pessimam et diabolicam.

[5] *C:*omnipotens deus ad.

[6] *C:* christianum.

[7] *C:* ipsiusque Christi nomen.

[8] *C:* de latibulis.

[9] *Apoc. 9.2–3 ss. L'évocation de cette vision apocalyptique ne se trouve pas encore dans
l'oeuvre de Jordanès. Est-elle un apport personnel de Jocundus? D'après l'auteur des Gesta (éd.
Wilhelm, p. 37) qui développe ce passage de Jocundus, saint Servais, en prédisant l'invasion des
Huns, se serait lui-même réclamé de la vision de saint Jean l'Evangéliste. –*
C. om: abissi.

[10] 2. *Mach.* 1.12.

[11] *Renvoi au livre* De origine actibusque Getarum, *composé vers 551 par Jordanès (Jordanis),
notaire à Ravenne. L'éditeur Th. Mommsen (MGH. AA. V, 1, 1882; Introd., à la p. XIII)
doute du bien-fondé de la qualification d'antistes (évêque).*

[12] *B et C:* certissimus. *C om.:* ut aiunt.

[13] *Le rhéteur Latinius Pacatus à Theodose le Grand, en 389:* lugeo funus Illyrici, specto
excidium Galliarum (*Panegyrici,* II, *11, 4: à la p. 98 de l'éd. W. Baehrens, Berlin 1911). Hériger
de Lobbes (Gesta Epp. Leod., chap. 19):* Novissime autem (Hunni) Gallicanum inpugnare
aggressi sunt orbem.

[14] *C:* sacram Christi turbavit ecclesiam.

[15] *C:* et sacerdotes.clerici.et multi deo digni.

31   [1] *A:* Nnostris; *B:* Nostris.

[2] *C:* quid hic beatus egerit audiamus.

[3] *C om.:* et semper...plenus.

spiritus sancti plenus [3], in his omnibus laudes condignas [4] agens deo, quia hec pati meruit pro eo, cum paucis clericis et monachis deum timentibus urbem egressus est protinus; cunctisque castellis et opidis quę erant in circuitu illustratis atque in fide Christi [5] confortatis, domino agente Traiectum se contulit ibique deinceps in pace quievit, id semper orans, id semper exposcens [6], ut naviculam sanctę [7] Tungrensis ecclesię ab imminentis periculo naufragii, quo eam perire cognoverat [8], salvare dignaretur [9] dominus Ihesus Christus, qui cum patre et spiritu sancto regit magnifice et gubernat quę sunt in celo et in terra.

32 Novimus [1] autem in eodem Traiectensi opido eodem et tempore ecclesiam fuisse constructam non admodum magnam, sed parvam nimisque decoram, habentem pulcrę visionis sata et montana ad meridiem nec minores valles et prata, ut ego ipse oculis probavi meis, ad septentrionem; undique terram incolis omnibusque bonis refertam. Et hec basilica sita erat in quadam altitudine, in via que appellatur regia [2]. Hanc nimirum viam per universum mundum de regno in regnum iubente Augusto imperatore, nascente in terra Christo salvatore, factam esse audivimus; immo et hoc ipsum in *Romana historia* [3] or scriptum vidimus [4]. Ab ortu vero solis habet illa / ecclesia de magnis et nobilioribus terre vestre [5] fluviis [6] flumen Mosam. A latere versus austrum alium, sed parvulum. Illa vero euntibus via de regno Francorum in Saxones aliasque in nationes, hic transitus erat. Unde et hec civitas iure Traiectum appellatur [7]. Hac autem in civitate oratorium, de quo prefati sumus, quis primum fundaverit, audiamus.

33 Ad urbem namque Trium Virorum [1] quę vulgo Treveris nunc dicitur, misit olim princeps apostolorum Petrus tres mirę sanctitatis viros, beatum scilicet Eucharium, Valerium et Maternum, quemadmodum

---

[4] *C:* in omnibus his gratias agens.
[5] *C:* fide digne confortatis.
[6] *C. om:* id semper exposcens.
[7] *C om.:* sancte.
[8] *C om.:* quo eam perire cognoverat.
[9] *C continue:* salvare dignaretur et tueri .Explicit.

32 [1] *B:* Erat autem in eodem oppido.
[2] *via regia:* nom que l'ancienne voie romaine de Cologne-Maestricht-Tongres-Bavai-(Boulogne) portait à Maestricht, au moyen-âge; voir le chap. 33, à la note 4.
[3] *La* Romana historia *de Paul Diacre, d'après S. Balau, o.c., p. 313, mais je n'y ai pas trouvé le passage en question.*
[4] *B:* hoc quoque scriptum novimus.
[5] *Le scribe de B ou son correcteur a barré* vestre.
[6] *A:* fluvius. *Nous adoptons l'émendation de Koepke:* fluviis.
[7] *B:* non incongrue dicitur Traiectum.

33 [1] *Le calembour* Tres Viri/Treveri *était connu déjà de Cicéron* (Fam., VII, 13.2). *Il manque dans B. Interpolation?*

in gestis eius [2] apertissime videtur, ut per equalis numeri ministros maiestas Trinitatis digne agnosceretur illic et via veritatis. Ad gloriam ergo omnipotentis hoc desiderio sollempniter adimpleto et duobus e medio sublatis, beatus Maternus, qui erat tercius, successit in regimen eiusdem sanctę Treverensis ecclesię, in qua alii desudaverant, et domino iubente transit Coloniam, transit Octaviam [3], quę diebus istis nominabatur Tungris. Quibus vero in urbibus cum digne Christum fundasset et super eum omnia, quę sunt vitę salutis et eternę, digne firmasset, Traiectum divertit, omnes quos invenit convertit et in loco ab incolis postea dicto Aggere Publico [4] oratorium, de quo iam diximus, construxit et in honore domini Salvatoris principisque apostolorum consecravit.

34   In hoc beatus SERVATIUS, qui post eum in regimen eiusdem sanctę Tungrensis ecclesię episcopus successit decimus, etiam adhleta Christi fortissimus, tunc residebat, divinum officium frequentabat, totis viribus desudans in gloriam dei, et sine intermissione in edificationem plebis. Recolens autem, quia valde quietę mentis erit qui deo serviet [1], frequentiam populorum fugit et in loco, ubi non erat discursus, non erat occursus, ut putabat, iuxta basilicam paravit sibi cellulam. In

f. 10ᵛ qua remotus a plebe, secure militavit / deo, sed paucis diebus [2]. Ex longinquo enim homines accurrunt, animas suas illi committunt. At ille, ne forte in iudicio quasi servus inutilis, quasi servus inobediens, gravis iudicetur a domino, omnes benigne suscepit, omnes sacris colloquiis devote refecit. Sed cum multitudinem eorum ferre non posset nec quo diverteret locus esset, fudit ad dominum preces. Aderat protinus de celo, qui assumpta hominis forma quibusdam ex senioribus in conclavi residentibus et de salute anime sollicite agentibus – congregatis enim in nomine domini Ihesu se numquam deesse ipsa testatur veritas – apparuit et verbis pacificis eos salutavit, dicens ad omnes: *Quia domino donante pre ceteris hominibus dilectissimi huius sanctissimi viri nunc foveri, nunc beatificari, presentia* [3], *quibus et in alis eius*

---

[2] *Hériger de Lobbes*, Vita Eucharii, Valerii et Materni (*BHL.* 2658), *extrait de ses* Gesta Episcoporum Leodiensium.

[3] *Le nom d'*Octavia (*pour Tongres*) *apparaît pour la première fois dans les* Gesta Episcoporum Leodiensium (*chap.* 7) *de Hériger.*

[4] *voir le chap.* 100 (*textes de Grégoire de Tours sur l'endroit du* monumentum *primitif de saint Servais*). *Par* Agger Publicus *Grégoire semble entendre la voie romaine, appelée plus tard* via regia, *comprise entre le pont sur la Meuse et la* Porta Regia (*Porte-Notre-Dame*). *La translation des reliques à l'emplacement de la Saint-Servais actuelle a eu lieu sous l'évêque Monulphe* (c. 126).

34   [1] *A:* serviat. *B:* serviet.

[2] *B:* multis diebus militavit deo.

[3] *B:* qui lacte qui melle eius usque nunc foveri.

habitandum est perpetuo atque letandum, ipso principe celorum iubente, velocius [4] *surgite, arma sumite, lectulumque Salomonis vestri diligenter custodite, ne quis evigilare faciat dilectum nostrum, quoadusque ipse velit, quia beneplacitum est altissimo habitare in eo et cum eo* [5]. *Ite ocius, currite. Gravat enim populus, gravat eum vehementius.* His dictis pertransiit nec amplius comparuit. Ad verbum illius nullus postea accessit, donec ipse voluit; omnibus revera scientibus quia de superis erat hic nuntius.

35   Ibi vero positus antistes gloriosus, quod mundo futurum erat universo, profecte agnovit. Deinde convocatis fratribus tanquam rex magnus, tanquam rex gloriosus omnibusque desiderabilis gentibus, de thalamo suo rege celorum annuente iterum visitare mundum processit, semper paratus ire in mortem et gladium pro Christi gloria.

Egressus igitur inter alia quę viderat, qualiter, agente Hunorum gente nimirum ferocissima / et impia, civitas Tungrorum, Gallia quoque universa – que in tantum effluxerat scelus, ut ipsa sidera videretur pulsare iniquitas quam patrarat – vastanda sit et delenda, omnibus publica voce predicabat.

36   Auditur hec fama longius in terra. Rogatur venire in Franciam, ad urbem Trecasiam. Venit et obviam ei omnis sacerdotalis ordo qui erat in regno. Exponit ille, quod novit. Fit protinus in omni anima tribulatio et angustia. Quare opus est consilio, accipiunt in medio, ponunt in domino. At qui iuxta vocem psalmistę *mirabilis est in consiliis super filios hominum* [1], mittit eos confestim Romam ad principem apostolorum. Hac legatione nemo dignior iudicatur pontifice civitatis Tolose, beato EXSUPERIO [2]. Eligitur ille, domini consilium adimplere iubetur. Ad hec pius antistes: *Nec hoste,* inquit, *fratres, terreor nec morte. Pro Christo enim mori semper desideravi et hoc desiderii mei summum fuit semper et est nec aliquando eo volente deficiet. Est autem, karissimi, nec minus utile vobis, quod ego iamdudum agnovi. Agnovi sane non alium quam* [3] *pontificem Tungrensem tanta legatione esse dignum, quia haut inparem celestibus celestia testantur obsequia. Angelo enim duce intravit Octaviam. Angelo donante suscepit pontificalem cathedram. Inter milia virtutum insignia Galliam Hunorum gladio feriendam agnovit de*

---

[4] *A:* volocius.

[5] *B:* quia per eum laus honor gloria et benedictio paratur vobis a domino nunc et semper et per infinita secula seculorum.

36   [1] *Psal.* 65.5 (Terribilis *etc.*)

[2] *saint Exupère, évêque de Toulouse, 405–408 env.*

[3] *A: substitution à* atque *par superposition. Par contre, le scribe a maintenu* quam *au chap. 40 (voir la note 5).*

celo. Et quis tam dignus tamque idoneus? Illi vero, si cui hominum, an-
nuntiabitur de celo. Et si tantum nefas peccatis exigentibus nostris non
potest auferri, potest per eum differri, donec quiescat ira dei et repropitietur
Galliarum plebi. Alioquin et nos maiores populi, populo gravius dampnati,
gravius peribimus per evum. Hęc dixerat et facta oratione omnes,
f. 11ᵛ conversi ad eum, ocius ire Romam hisque / super periculis interpellare
apostolorum principem rogabant.

37   Paruit ille; videns autem sibi nihil possibile apud deum, quamdiu
hereticus Effrata vivit et regnat in ecclesia, aliquos ex his, qui sunt
congregati, sumpsit secum episcopos et presbiteros atque ad civitatem
Agripinam cicius profectus est. Convenerant illuc etiam sacerdotes et
pontifices, qui erant in tota regione illa, sicut iusserat, priusquam iret
in Frantiam. In conspectu omnium illum vicit, illum dampnavit et
eiecit aliumque in loco eius virum venerabilem, Severinum nomine,
succedere fecit [1], quod profecto in sequentibus demonstratur expressius [2].

38   His omnibus ad iura ecclesiastica decentissime adimpletis, dominum
iubente iterum Traiectum abiit; deinde Mettis, ubi – cum a beato
Auctore [1] eiusdem civitatis antistite susceptus honorifice fuisset – in
templo prothomartiris Stephani missam celebravit et lapidem altaris,
qui trabe desuper irruente varias dissilierat in partes – erat enim preciosus valde – rogatu fratrum manu tangens consolidavit, ita ut per
iuncturas fragmentorum, per quas direxerat extremum digitorum
nulla penitus lesionis in eo apparent vestigia prioris [2].

Opus quidem, karissimi, et hoc non indignum altissimo. Episcopus
vero, vir magnificus in domino, ut vidit hoc signum, gavisus est nimis
et sui suorumque memoriam agere quo tendit, cum perveniret, suppli-
citer postulavit. Promisit ille. Facta autem pro tempore consolatione,
data invicem et benedictione, urbem exivit, cum universa multitudine
civium prosequente eum lacrimis in multis pio antistite et longius a
muris. Regressi omnes dolebant, omnes lugebant ac si patrem, ac si
filium quisque sepelisset unicum. Tanta et talia ille magnus dominus,
ille laudabilis rex operatur, precipue autem in his quibus est cor unum
et anima una, in Christo Ihesu domino nostro. /

f. 12ʳ 39   Porro beatus SERVATIUS iter accelerans ingreditur Italiam,
intrat opida, intrat castella, sanat infirmos, liberat a diabolo oppressos.

---

37   [1] *saint Séverin, évêque de Cologne, mort vers 403.*
      [2] *voir ci-après, le chap. 146.*
38   [1] *saint Auctor, évêque de Metz, 451.*
      [2] *Jocundus a pris le récit de ce miracle dans Paulus Diaconus,* Gesta episcoporum Metten-
sium (MGH. SS., II, 263), *mais dans ce modèle c'est Auctor qui fait le miracle.*

In omnia via reliquit opera mira, omnipotenti deo in gloria, cuncto populo in benedictionis gloriam. Ubi autem Romam pervenit, cum senioribus occurrit ei non modica turba plebis, in ymnis et confessionibus tanquam angelum dei excipiens eum. Viderat enim maior pars civitatis paulo ante in somnis, hac via per quam ille tunc intravit, quasi stellam surgere lucidissimam, cuius splendor immenso lumine, nimia claritate, urbem Leoninam [1] illustrat et principis apostolorum regiam. Ab illo ergo die hanc non sine magna diligentia observabant viam. Advenienti vero digne occurrunt, intrantem digne suscipiunt et, quidquid honoris impendere possunt, nequaquam differunt, scientes quia deus erat cum eo. Audierant etiam ab incolis terrę, quanto lumine virtutum accenderat terram Italorum [2].

40   Gravis ille accepit animo, quod tam magnifice excipitur a populo; timens illud scripturę sacrę: *quoniam dissipavit deus ossa eorum qui hominibus placent* [1]. Recolens autem spiritus sancti per gratiam et illud: *Vox populi vox Christi* [2], quievit. In urbe ergo sacra residens, omnino et celestibus inherens, toto corde tota mente ad exequendum quod superest vertit se negotium. Unde sine intermissione sacras circuivit ecclesias, querens studiosissime patrocinia sanctorum, quatenus intercessione eorum, cum ascenderet palatium principis apostolorum, animę suę in desiderium digne exaudiri mereretur. Scriptum esse [3] in lege domini, quia *nullus nisi pontifex solus et summus nec sine sanguine*, id est hostia salutari, *intrabit in sancta sanctorum*, traditione didicerat venerabilium virorum et, quamquam se hostiam mundam, se hostiam sanctam non ignorasset et immaculatam, vigiliis 12ᵛ tamen elemosinis et orationibus aliisque bonis operibus tamquam / alienus, tamquam non iustus [4], se mirabiliter preparavit. Insuper et habundantissimis lacrimarum imbribus se sine intermissione lavit, timens ne forte, dum offerret in templo, displiceret altissimo, quia non magis sui atque [5] tocius querebat salutem populi.

41   Erat nec longius hinc illa veneranda dominicę conceptionis, dominicę passionis sollempnitas. Licet enim omni tempore eque benignum, eque

---

39   [1] urbs Leonina: *la Cité Léonine, faubourg de Rome qui renfermait la Saint-Pierre et que le pape Léon IV (847–855) a fait enceindre de murs.*
   [2] *B omet les chapitres 36–39 et fait débuter le chap. 40 par la phrase suivante:* Ut autem sciatis, fratres, quantus fuerit gloriosus iste qui aures apostolicas pulsare venerat, aures benivolentiae vestre attendant. Scriptum est in lege domini: Nullus nisi pontifex....

40   [1] *Psal.* 52.6.
   [2] *adage; cfr. Isai.* 66.6.
   [3] *A: esse dans la marge, avec signe de renvoi à est* raturé. *Cfr. Levit.* 16.17.
   [4] *cfr. chap. 2.*
   [5] *A sic; cfr. 36 note 3. B:* ...quia non sui, sed salutem totius querebat populi.

largum Ihesum redemptorem nostrum esse noverimus, ea tamen die, qua maiora remediorum beneficia contulit mundo, eum misericordia et miseratione amplius habundare credimus. Idcirco et hac festivitate illo [1] intrare differebat. Venit ergo dies, dies salutis eternę, dies gaudii sempiterni, et ille sacerdos sanctissimus, omnibus paratis, eiusdem sacratissimę noctis in silentio – uti decebat, uti vir iustus debebat – principis apostolorum summa cum devotione processit ad palatium. Ut autem sciatis, fratres karissimi, quantus sit gloriosus iste, qui pulsare ingreditur aures apostolicas, aures benivolentię vestrę adtendant et diligenti notate sollertia, quanta nostro debeat anima vestra conditori, qui vos tanto commisit salvatori. Ingreditur ergo sanctuarium, divini nominis habitaculum. Ponit genua, terrę affigit labia, continuas orationum victimas domino offerens et profusissimos lacrimarum imbres sedulo fudens. Et quo [2] nichil est ditius nichil acceptius deo, semetipsum immolat sacrificium regnanti in celo et vobis, o Traiectenses, pre ceteris hominibus hodie in gloriam et honorem, quia quod toto mundo negatur, vestrę saluti destinatur, sicut audietis, cum ipse translatus fuerit supernorum in conventum senatorum.

42 Ubi vero posuit se in oratione pontifex gloriosus, nimio fletu ieiunioque fatigatus, suavissimo corripitur somno. Illa autem sanctissima anima eius, quę semper concupivit angelorum consortia, libere nunc f. 12bis[r] fruitur eorum presentia. Vidit namque et /, ecce, ante altare quasi thronus aureus et super thronum in gloria maiestatis suę residens altissimus [1]. Ad dextris eius sacratissima virgo Maria. Hinc chorus angelorum. In circuitu mille milia sanctorum. Horum in medio principes [2] apostolorum, Petrus scilicet et Paulus, pro universa Gallia supplicantes obnixius. Audit hoc Tungrensius [3] heros et, quia per os, quibus nichil est impossibile apud deum, res sibi commissa agitur, haut minimum letatur. Suis autem pro civibus ut loquatur, iam tempus oportunum esse arbitratus,accedit propius, presidis prostratur sub pedibus, vota votis ingeminatis, preces precibus accumulans, ne forte et in anima pereant quos regendos a domino iam dudum susceperat. Aderat et levita magnificus prothomartir Stephanus, orans et pro sua civitate, quę Metis dicitur, et ecclesia in ea multis ordinata magnę devotionis in Christo canonicis atque monachis. Et licet ante apostolos ipse sit domini Ihesu Christi etiam sanguine suo testis fidelis, testis

---

41 [1] illo: *adverbe,* = illuc *ou* illic.
[2] quo: *sic A.*
42 [1] *cfr. Hériger, Gesta episcoporum Leodiensium,* c. 23 (MGH. SS., VII, 174).
[2] *A:* principes *substitué à* princeps *par superscription.*
[3] Tungrensius: *sic A.*

idoneus, preter oratorium [4] tamen quod eiusdem cruoris benedictione in toto nunc glorificatur regno, illesum nichil remansurum audivit, nichil cognovit. Nec mirum, fratres, si tantus vir non optinuit quod voluit, quia ex culpa inhabitantium sepius fit, ut non exaudiantur vota bonorum; sicut dominus ipse ostendit, cum ad Ezechielem: *Ne adsumas*, inquit, *laudem pro eis, quia non est cor meum ad populum istum* [5]. Et David: *Posuit terram eorum in salsuginem, a malicia inhabitantium in ea* [6]. Quod vero aliis civitatibus earumque sacerdotibus futurum erat et principibus, in hoc conventu manifeste ostenditur.

43 Sed pontifex ille magnus, pontifex gloriosus venerabilis SERVATIUS quia digne intravit, iure dei gratia accepit etiam quod non quesivit, quod non previdit, potestatem scilicet donandi ad se clamantibus non solum vitę presentis, sed et [1] futurę solatia; Tungrensibus vero, quorum nimirum pro salute venerat, / quibus nimirum misereri poscebat, in presenti ut pauca aut fere nulla. Nec iniuste. Eo namque tempore non erant, qui deum magis offenderant; in nullo autem gravius quam in hoc electo eius, cui nunc tanta panduntur misteria. Videns etiam pastor ille bonus, nec sua prece nec episcoporum Gallię, quorum legatione fungebatur, suis se proficere ovibus, ad apostolos se vertit memoratos et accedens propius devotissime postulavit, ne in vacuum cucurrisse videatur aut currere. Instat precibus, instat et fletibus. Nec tristior eo David post mortem Urię. Nec Petrus post negationem Messię. Hic est vere pastor bonus, pastor ille, karissimi, qui suis pro ovibus nec mori timuit nec fugit. Huius viscera vere viscera materna, quia quos peperat spiritu, spiritus sancti gratia docente, in odorem suavitatis domino offerre desiderabat in excelso.

44 Hunc ergo, cum vidisset Petrus mirabiliter fatigari, insuper et nolle cessare, condolens lacrimis eius habundantius effusis: *Consolare*, inquit, *frater mi, consolare, inclite Servati. Noli pulsare ianuam ab ipso altissimo iam dudum clausam. Noli rogare pro quibus* [1] *exaudiri non possis. Sentencia enim hec in celo* [2] *decreta est* [3]; *consilium domini manet in eternum* [4]. *Iniquitate quippe tuorum ipsa turbata sunt sidera polorum. Non est apud homines, qui possit exponere, quanta illis beneficia concesserit divina benivolentia. In tota namque terra Galliarum urbs tua*

---

[4] B, ici, intercale un résumé du miracle de Metz (voir le chap. 38).
[5] Jerem. 7, 16; 11.14.
[6] Psal. 106.34.
43 [1] Wilhelm (p. 278) donne par erreur: etiam.
44 [1] Wilhelm (p. 278) donne par erreur: prophetis.
[2] B: a deo.
[3] Wilhelm (p. 278), par erreur, omet est.
[4] B: Domini consilium, uti melius nosti, carissime, manet immutabile per evum.

erat quasi ortus deliciarum; hec sedes dei, ipsius hec gloria regni. Quicquid desideravit, Christus non denegavit. Ut autem ostenderet, huic nil esse consimile, quendam Iherosolimitanum sacerdotem, virum magnum et gloriosum, ad consolationem perpetuam, ad benedictionem eternam, sicut pater, sicut dominus, illis ante paucos [5] *misit annos. Quem ubi viderunt, tamquam angelum exceperunt* [6]. *Nec immerito, karissimi.* |

f. 13ʳ 45

Quis enim a seculo prophetarum tanta in gloria hanc vel aliquam intravit ecclesiam in universo orbe terrarum? De celo nimirum venit, qui illum elegit. Qui signum dedit pontificale, supra homines erat. Ad hec quid cives egerunt, audiamus. Pastor namque ille eximius, ille egregius, cum cepisset eos docere et monere, ut fidelem Christi oportet dispensatorem – hac enim gratia electus est et missus – sicut Iudei omnes surrexerunt in eum, pronefas, et abiecerunt. Unde ira dei super eos non iniusta. Unde et civitas tua sicut nomine ita et re tunsa [1] *et cesa permanebit in eternum.*

46   Intellegens autem beatus Servatius, his verbis suam specialiter designari personam, addidit dolorem super dolorem, miseriam super miseriam, ceciditque ante pedes apostoli, qui hec sibi demonstrabat, clamans voce magna: huius desolationis, huius perditionis, per omnia se reum esse omnino et auctorem. Et hec dicens, flevit amarissime. *Quod* [1] *reliquit patriam, quod* [2] *intravit Galliam,* queritur; singula et inter verba quasi mortuus milies labitur. Consolantur eum angeli, consolantur eum archangeli. Omnis quoque chorus civium supernorum. Ipse etiam maior seculorum dominus universorum. Annuit et pie pia celorum regina [3].

47   Ille autem animo manet eodem nec recipit [1] consolationem, quia civitas Tungrorum ponitur in sorte dampnatorum. Illa enim eo tempore tum maris ex accessu [2], tum populi terre ex concursu [3], nobilium

---

[5] *A:* pauco (*sur rature*).

[6] *A:* exceperunt eum. *B:* Quem videntes quasi angelum dei susceperunt, quasi angelum sanctum susceperunt.

45   [1] tunsa: *A.* tonsa *B. A rapprocher d'un passage ressemblant du chapitre 140:* Hec sedes magni dei tonsa, cesa permanebit in eternum. *Emprunt à Hériger de Lobbes* (MGH. SS., VII, 174): Tungris enim sicuti nomine ita et opere tunsa et cesa permanebit in finem. – *Le jeu de mots Tungris:* tunsa *représente un essai d'étymologie, mais ni Hériger ni Jocundus ne l'ont avancé en termes exprès. L'auteur des* Gesta (*Wilhelm, p. 6*) *sera le premier a donner l'explication explicite du nom:* ..Tungris, quasi «tunderis» sive «tu ungeris» eo, quod a latere tunderetur oceani undis, vel, quod tamquam regina pigmentosis ungeretur terre pelagique copiis. – *Au sujet des étymologies modernes, on lira:* Jules Vannérus, Le nom de Tongres et ses congénères, *dans: Antiquité classique, XVII (1943) 559–570.*

46   [1-2] quod: *sic A. Wilhelm (p. 279) donne, par erreur:* quid.
      [3] *la Sainte Vierge.*

47   [1] *Wilhelm (p. 279) donne, par erreur:* recepit.
      [2] *Voir aussi le chap. 122 à la note 2. C'est à Jocundus que nous devons la plus ancienne mention de la légende, que l'antique Tongres devait ses richesses à la mer, mais que celle-ci s'en*

Galliarum urbium nobilior et maior. Modo autem peccatis populi exigentibus, prodolor, ad instar oppidi parvissimi, tam plena miseriis quam olim divitiis. Sicut celum stellis, ita prestabat illa turribus ecclesiarum celsis et omnia gloria atque omnium rerum copia. Iure igitur 13ᵛ pro eo pastor pius affligitur, pastor bonus / atteritur, cum pro sua civitate pius Ihesus noster etiam flevisse legatur ⁴. Sed in his omnibus edificiis, ut confidimus, requirit dominus magis pias mentes fidelium quam edificiorum gloriam. Ut autem hę domus dei esse dicantur, immo et existant *habitatio* eius firma, *digna* ⁵ et perpetua, ait David prophetarum precipuus, etiam de exterioribus edificiis suis: *Custodit dominus omnia ossa eorum, unum ex his non conteretur* ⁶. Et apostolus ⁷: *Propter inhabitantem spiritum eius in eis* ⁸.

48 Hoc itaque habitaculum dei, beatus videlicet SERVATIUS, ne tantis dolorum affligi tempestatibus videatur diutius, princeps magnus, princeps apostolorum Petrus, quem ipse pre omnibus querebat, pre omnibus petebat, a quo nec desistere volebat, accessit propius eiusque dextra apprehensa levavit eum et: *Quid me*, ait, *inquietas sanctissime SERVATI? quid me inquietas?* ¹ *Pro fratribus anathema fieri quid vis? pro fratribus mori quid queris? Bonum est, dignum est nec iniustum est, dilectissime, quia docuit hoc coapostolus: «Fecit hoc dominus noster Ihesus Christus. Non est tamen apud eum hec vicissitudo rerum, ut iustus pereat, iniustus maneat. Anima enim quę peccaverit, ipsa morietur. Quare ergo tristaris, quare conturbaris? Nequaquam enim imputatur Loth, viro iusto et sancto, quod Sodoma periit. Nec Moisi nec Aaron, quod terra deglutivit Dathan et operuit congregationem Abiron. Nec etiam Ihesu nostro, soli totius iustitię domino, quod Solima* ², *omnium terrarum domina, destrui meruit atque deleri.*

49 *Quapropter depone merorem depone dolorem. Apud eundem iudicem seculorum, dilectissime frater, sancitum est, ut cuncta Gallia destruatur et tua potissimum civitas. Tu autem, anima o consanctissima, nec*

---

est retirée après la destruction de la ville par les Huns. Lire sur l'évolution de la légende: J.-E. Leunis, De legende «Een zee te Tongeren« en de Duinkerkse zeeinval, dans: Het Oude Land van Loon, XI (1956) 33–46. Le fond historique de la légende n'est pas, que la ville de Tongres aurait été un port maritime, mais que le département (civitas) de ce nom était anciennement limitée par la Mer du Nord, ce qui est vrai pour l'époque romaine.

³ Wilhelm (p. 279), par erreur, donne: ex excessu.

⁴ Luc. 19.41.

⁵ Sap. 13.15.

⁶ Psal. 33.21.

⁷ Après ce mot, le scribe va à la ligne.

⁸ saint Paul, Rom. 8.11.

48 ¹ Cette phrase se trouve déjà dans la Vita 2ª sci Servatii (Analecta Bollandiana, I, 90), dans les Gesta antiquiora (= Vita 3ª; Anal. Boll., I, 95) et dans Hériger de Lobbes.

² Solima = Hierosolima.

longius post hec in sorte sanctorum colligenda, confortare in domino et,
f. 14ʳ *secura de premio, noli conturbari, noli desolari, | quia ipse dominus*
tecum, custodiens te in gloriam, sicut promisit, suam sine macula, sine
periculo, nunc et in evum. Denique Hunos videbis, in eis magnifice
gloriaberis. Videbis sane, sed neque in Gallia neque in civitate tua, quoniam
te vivente nequaquam eos permittet deus terram intrare illam.

50   *De episcoporum vero causis publicis et privatis ne sis sollicitus nec*
queras amplius, quia, sicut vidisti et audisti, ita impleri necesse est.
Quod eisdem et beato Auctori, cum redieris, nuntiare non differas. Iubet
enim hoc altissimi benignitas. De civibus autem tuis ne turbetur, dilectissi-
me, cor tuum, quia omne quod desiderat anima tua illis implebitur, sed
amplius in futuro et habundantius.

51   Hinc ille pius ianitor celorum ex toto [1] in hunc amantissimum domini Servatium conversus, loquebatur ei quasi a latere prius, et hilari
atque serenissimo vultu intuens in illum: *Quid ergo,* inquit, *super te,*
frater dilectissime, quid super te, desiderantissime, tibi dicemus? tibi
aiemus?, cum gratia tui hunc in locum dominus celorum descenderit et
cum tanta multitudine angelorum tibi occurrerit? Quid dicemus, o bene-
dicte, o dilecte, quid dicemus? Tibi revera, sicut optat anima sanctissima
tua, celestis via, celestis porta, cicius erit aperta, quia in te benedicitur
deus, in te glorificatur deus, sicut decet regem angelorum, sicut oportet
principem seculorum. Tu vero decus patrie, tu honor ecclesię, tu vita, tu
salus tuis civibus, tu idem bonum et galliarum principibus, tu omnia
nobis. Ideoque gloriosissime magnificaberis in omnibus, maxime autem
mundi circa finem. Sed quia tua non patitur etas, ut graviora sustineas –
imminent enim tibi iam novissima tua –, ipse qui assidet, quem vides,
dominus Ihesus Christus erit tibi fortitudo, erit consolatio et in secula
f. 14ᵛ 52 *seculorum benedictio .|*

52   *Tibi et locus et sedes ab eo paratur in celo. Tua premia eius gloria. Tui*
cives, quos vides. Tui affectus ei acceptus.

53   *Quodcumque petieris, revera impetrabis. Urbs autem tua scelerata et*
ideo [1] peritura, non erit tibi in sepulcrum, non erit tibi in monumentum.
Nec enim gaudebunt super sepultura tua, qui nolebant recipere doctrinam
tuam. Infelicibus infeliciores, incredulis deteriores.

54   *Et tamen [1] ne sit incertum, karissime, quo hinc abeas, quo hinc divertas,*
ipso precipiente altissimo, eius ineffabili misericordia agente, erit

---

51   [1] *A:* ex toto. *Wilhelm (p. 280) fait la conjecture:* ex toto corde.
53   [1] *Wilhelm (p. 280), à tort, donne:* idciro.
54   [1] *sic A et B. Wilhelm (p. 280), à tort, donne:* Et tam.

Traiectum urbs regia,   *ab eo iam dudum electa* [2],
tibi certa sedes,   *tibi monumentum sempiternum.*
Surge ergo velocius,   *festina redire quantocius* [3].
Manent te ibi,   *qui celum aperiant tibi*
et cum gloria [4] *ducant*   *ad gaudia ęterna.*
Vale itaque, dilectissime, et in Christo Ihesu nostro. Pax tecum.

O veneranda sanctorum colloquia, o memoranda, o ęternis gaudiis inserenda, quę fidelibus semper confortant mentes, quę probos in improbis generant mores, quę ostendunt viam qua secure itur ad vitam.

5 Vir autem domini venerabilis Servatius, divina tunc revelatione, apostolica tum visitacione magnifice consolatus, surrexit citius et, gratias agens deo saciatusque sacro desiderio, letus recessit a Petro [1]. Igitur cum rediret in Italiam, universam hanc terram vastantem [2] repperit gentilium turbam, quę [3] interim venerat illuc cum multis milibus et rege suo Attila peiore [4] omnibus peioribus. Universus [5] mox exercitus irruit in eum. Comprehenditur, in vinculis tenetur. At pius redemptor deus manifesta virtutis suę gloria [6], manifesta miseracionis suę gratia, / suo fidelissimo non defuit captivo.

6 In una etenim noctium, cum esset in medio hostium, qui castra circuibant et qui regem custodiebant videbant, quia lux magna circumfulsit eum; videbant etiam, quoniam quidam angelici aspectus viri in consolationis auxilium aderant illi, et tanto quid agerent super viro, digna ammiratione conferebant ad invicem. Placuit illum diligentius reservari et in crastinum principi suo citius presentari.

7 Aderat dies, aderat antistes. Circa illum et contra illum una cum rege suo principes universi et milites. Stabat ille immobilis, intrepidus et quasi ovis ad occisionem paratus. Unde eodem in loco, eodem in tem-

---

[2] *Au chap. 87, on lira un autre* rythmus *qui débute par un vers très ressemblant.* ab eo: sic A, *pour:* a deo.

[3] *B et B 1, à tort, donnent* citius *pour* quantocius.

[4] *B:* cum pace. *Voici la version du poème que donne B:*

(erit)	
Traiectum urbs regia	a deo electa
tibi monumentum	in sempiternum.
Surge ergo velocius	, festina redire citius.
Manent ibi	qui celum aperiant tibi,
et cum pace ducant	ad eterna gaudia.

5 [1] *B:* . .citius. Signum quoque mirabile claudendi celi et aperiendi, clavem divine fabricationis, in manu gestans, et gratias agens deo, letus recessit a sancto Petro; mestissimus tamen, quia cives sui nondum penitentiam egissent.

[2] *B:* vastatam.

[3] *A:* Que.

[4] *B:* pessimo.

[5] *A:* universus.

[6] *Wilhelm (p. 280) a oublié:* manifesta virtutis suę gloria.

pore celesti consolatione et visitari meruit atque confortari. In conspectu namque astantium in medio acriter sevientium solis ut claritas resplenduit eius facies. Omnium mox oculi in eum. Mirantur illum universi et venerantur et, qui paulo ante eum occidere querebant, liberare desiderant. Accurrunt alii et quod nocte priori factum est super eum conferunt in medium. Super presentia tantorum quasi fideles Christi magnifice delectantur signorum. Hanc quoque gratiam pontifex ipse miratur et, quia secum est etiam hac vice pius redemptor deus, multis modis letatur. Stabant ex adverso nonnulli agmine ex eodem quasi leones, quasi dracones, et, ne hic amantissimus domini Servatius transeat vivus, laborabant, totis viribus repugnabant. Divisi sunt ab invicem. Maior tamen pars in mortem beati pontificis agebat. Sed domino celorum omnia ut semper in misericordia, in miseratione disponente, eadem hora effusi sunt omnes per campestria, sibi querere cibaria. Et quia vescebantur carnibus cuiusvis generis atque crudis, longe lateque dispersi moram faciebant.

58 Ipsi enim demones magis esse quam homines videbantur. Erant f. 15ᵛ namque / statura breves, oculi eorum grandes, scapule late. In omnibus, ut breviter respondeatur, dissimiles hominibus. Nec miremini, fratres, huiusmodi homines aliquando in terra fuisse. Possident quidam, ut aiunt, his diebus Hierosolimam, illam, inquam, Hierosolimam, in qua crucifixus est ille unicus unice virginis filius; qui quorundam lingua Perse, quorundam Turci appellantur[1]. Si quis esurit eorum, de equo cui assidet quantum placet abscidit et crudum commedit. Si sitit, venam inscidit et bibit[2].

Quod superest, si necesse fuerit, mactat et manducat. Monstris ergo et malignis semper mundus erat plenus. Quare autem sit, ille novit qui omnia fecit.

59 Interea ille nobilis captivus venerabilis SERVATIUS uni eorum traditur custodiendus. Extra castra ducitur, remotus somno premitur. Verum tamen domini et gratissimo nec defuit illic custodia celestis. Aquila namque magna venit, ad latus eius sedit, altera alarum solis

---

58   [1] En 1071, le capitaine Turc Atsiz avait enlevé aux Fatimides d'Egypte Jérusalem et toute la Palestine (sauf Ascalon). En 1079, Atsiz accueillit en suzerain le prince seljûqide Tutush qui le fit assassiner cette année encore. En 1098, les Fatimides d'Egypte récupérèrent Jérusalem. cfr. R. Grousset, Histoire des croisades, I (Paris 1934), p. XLV.

[2] A: le scribe, ici, va à la ligne. – Nombreux sont les auteurs anciens qui racontent, que les Massagètes et les Sarmates buvaient le sang de leurs chevaux, mais aucun d'eux n'impute cette cruauté aux Huns. Ils ne racontent pas non plus que les Huns font des découpages à leurs chevaux pour assouvir leur faim, mais seulement qu'ils mangent de la chair crue qu'ils réchauffent quelque temps sur le dos de leur cheval, entre leurs cuisses. Je pense, pour ma part, que Jocundus a étendu aux Huns les cruautés qui, de ses jours, étaient rapportées des Turcs, leurs congénères.

calorem, altera removens et splendorem: magnum quidem et dignum miraculum ad gloriam omnipotentis.

Post hec congregatis omnibus rex super terram discubuit, in circuitu polulus ruit. Ponuntur epulę, sumuntur avide, quia festinant omnes ad spectaculum, in quo occidi iussus est electus dei famulus. Concurrit populus, extrahitur gladius. Invitatur ad penam, qui semetipsum preparavit hostiam deo vivo et veram. Adest dominus angelorum nec deest gloria celorum. It namque puer et redit veniensque, per agmina ruens et per media, nuntiat, pontificem extra castra dormientem eiusque sedentem ad latera mire magnitudinis aquilam, que [1] illum expansis desuper alis tanto studio protegit atque defendat, ut nec celi splendor nec radius adtingat solis, eiusque timore nec sibi accedere propius licere. Quod quidem, dilectissimi, omnipotentis actum esse intelligit, quisquis divina providentia disponi fideliter credit que dominus universorum condidit. Ruunt huc certatim omnes et
6r videntes mirati sunt valde / hoc.

Ex strepitu ille somno excitatur, in medio collocatur. Quem deum colat, omnes querunt. Audito principe celorum esse fatentur hunc iure deum deorum, quia non est secundum opera misericordię eius, non est secundum opera virtutis eius, cum fideles suos etiam dormientes nec deserat nec derelinquat, sed cum omni diligentia custodiat, defendat, nec minus per celestia atque terrena misteria.

50 Impleta obedientia, alta petit aquila. Illi vero versi in admirationem, omnes petunt benedictionem. Qua accepta, mutantur corda ferarum, quasi natura fidelium [1] animarum. Libenter aspiciunt illum, libenter et audiunt. Rex ipse pontifici sacro loquitur secreto et ab eo Christi baptismate, ut aiunt, percepto, fit de grege domini, fit ipsi in salutem antistiti. Libertati namque proxima nocte illum reddidit et cum pace abire permisit, ut verbum apostoli impleretur Petri quod dixit: *Magnifice gloriaberis in eis* [2].

Quo autem ex semine illi procreati sint, qua etiam ex terra advecti orbem occiduum fere universum deleverint, *in libro Tungrensium pontificum* [3] liquido agnoscitur. Nuntio autem domini glorioso SERVATIO discedente ad patriam, quia tempus est nimium festinante, corda suorum intravit satanas et quod sacra lingua plantaverat subvertit et a via salutis eterne omnino avertit.

---

59 [1] *A:* qui.
60 [1] *cfr. Tertullien, Apologeticum,* 17, 6: anima naturaliter christiana.
 [2] *voir le chap. 49.*
 [3] *Hériger de Lobbes, Gesta Episcoporum Leodiensium, cap. 17–19* (MGH. SS., VII, 171–172). *Hériger, ici, reproduit mot-à-mot le chap. 21 de Jordanès.*

61   Illis diebus Romanis prefuit imperator Valens [1], in omnibus se decentissime agens. Videns ille Hunos Italiam nimium vastantes nec cessare volentes, qui eiceret eos de terra magnum misit exercitum. Quo victo, misit alium. Illo etiam superato, omne robur imperii congregavit. Venit, illos eicere voluit, temptavit, sed frustra laboravit. Etenim quasi *locustę* [2] operuerunt universam superficiem terrę. Viso autem imperatore Huni, nichilominus expectantes, ascendunt equos pardis velociores omnemque multitudinem illam circumvolant, nullo generę armorum magis quam vultus horrore – erant enim quasi

f. 16ᵛ spiritus teterrimi ac squalidi – / sternentes Romanorum virtutem. At cum vinci non possent nec expelli, imperator prudenti usus consilio fedus iniit cum eis misitque universos contra Gothos, hostes imperii gravissimos, hanc ponens conditionem, ut, si illos vincerent, si illos dextra sua eicerent, sine tributo terram urbesque eorum legitima successione perpetuo possiderent. Huni vadunt, terram illorum invadunt eiectisque omnibus potentissime regnant eorum in possessionibus.

62   Beatus vero Servatius, non immemor apostolice iussionis, iter accelerat, Alpes transvolat, in Galliam divertit, urbes ingreditur Rheni. Iuxta civitatem Wangionum [1] cum perveniret et in predio cuiusdam principis resideret, sitis ardorem patiebatur graviorem, utpote fessus ex itinere, utpote destitutus et corporis virtute. Erat enim iam senex et grandevus valde. Cum autem pueri eius aquam quererent nec invenirent nec prope esset puteus nec aliquis fluvius, suspiciens in celum, invocat eum de cuius latere aqua redemptionis profluxit atque salutis. Dexteram levavit, in modum crucis terram signavit et confestim ante pedes eius pleno gurgite fons emanavit largissimus. Quo hausto, revixit spiritus continuo.

Forte convenerant illuc pauperes, sicut solent ubi comedunt divites; inter quos multi erant infirmi et debiles. Propter admirationem vero cum biberent fonte de eodem, omnes sanitatis consecuti sunt opem. Fama volat in opidum, concurrit populus, hauriunt, bibunt, domum conferunt. Ergo quicumque accipit, salutem percipit.

Adest inter alios vidua mirabiliter vi febrium afflicta. Ut primum bibit, salus redit vitę. Hec erat dives valde. Accessit ad beatum pontificem et quotquot habebat agros – in eadem possessione habebat enim non paucos – illi donavit.

---

61   [1] Valens: *empereur de Rome 364–378, co-empereur de son frère Valentinien Iᵉʳ.*
[2] locuste: *allusion aux visions de saint Jean l'Evangéliste (Apoc. 9.3.) et de saint Servais (voir plus haut, chap. 30).*
62   [1] Civitas Wangionum: *Worms.*

Accessit et alius et ipsum in quo residebat predium offerebat. Plurima a plurimis ea die donata sunt munera. His autem aquis fons ille
7ʳ salutis eterne dominus Ihesus Christus tantam infudit benedictionem /,
ut si pecudes infirmi perciperent, otius etiam consequerentur salutem.
Qui latex usque hodie, ut aiunt, manet generans cuminum pro feno
suavissimum atque saluberrimum ².

63 Post hec ille sanctorum nuntius fidelis surrexit et Wormatiam,
provintię eiusdem civitatem nobilissimam, intravit. Ad portam ruit ei
obviam cum innumera multitudine civium beatus Amandus ¹, urbis
eiusdem episcopus. Cum eo beatus Auctor, Metensis ecclesię pastor ²,
qui iam dudum egressus fuerat, hunc dilectum domini SERVATIUM
videre atque salutare, quem magis hac vita suaque dilexit anima.
Cognitis vero quę ventura sunt malis, ut sui presentia visitare dignaretur civitatem suam, postulavit. Annuit ipse. Beatus vero Auctor, redit
ad suos, preparans in occursu eius quotquot habere poterat in episcopatu suo magnos et parvos, ut saltem hoc modo suis iram placare mereretur altissimi. At gloriosus domini sacerdos venerabilis Servatius,
sicut iussum fuerat, ad sacram descendit usque Coloniam. Ab omnibus
ergo honestissime susceptus, extra civitatem versus aquilonem hospicio colligitur. Adest beatus Severinus, sicut patri in omni devotione
ministrans ei, quia per illum pius celorum arbiter deus Effratam, catholicę ³ et apostolicę fidei subversorem pervertissimum, deiecerat
atque urbem hanc eius a viperea doctrina, eius a mortifera potestate
liberaverat ⁴.

64 Porro huic fratri suo beato scilicet Severino, sicut beato Auctori,
quecumque viderat peregrinus ille fidelis ex ordine pandebat. Eius vero
sacro colloquio ad desiderium saciatus, circa solis occasum recessit ab
eo, volens et illa nocte in oratione per ecclesias sanctorum laborare,
sicut solebat, ut aiunt, ex quo pontificalem suscepit cathedram. Ve-
7ᵛ rum quoniam in Christo se amantium / nichil est medium, nichil est
impium, etsi corpore aliquando, numquam tamen dividuntur animo,
iterum pontifex ad suum regressus est hospitium. Elevansque oculos
cum accederet nec iam longius deesset, vidit supra cellam, in qua

² cuminum: *cumin.* cuminum dulce (suave): *anis. La localité dont parle l'auteur ici, est le village de Güls-sur-Moselle, tout près de Confluence. Au Xᵉ siècle déjà, le chapitre de Saint-Servais à Maëstricht possédait des biens étendus dans cette région, mais c'est en 1126 seulement qu'il fit acquisition de l'église de Güls et de ses dépendances; voir: P. Doppler, Verzameling van charters en bescheiden, no. 34 (1126).*

63 ¹ *saint Amand, évêque de Worms 626-650.*
² *saint Auctor, évêque de Metz 451, mort en ?*
³ A: cotholice. Effrata = Euphrates.
⁴ *voir au chap.* 146 (De sinodo Coloniensi).

electus domini erat, ignis quasi columpnam ad celi fastigia usque erectam. Vidit ille, stetit, genua flexit, altissimo gratias egit, quia et hec beneficia dei videre meruit per eum. Intravit, ut patrem amantissimum salutavit et sacra conferendo alloquia, quod superest noctis usque in auroram summa cum diligentia, sicut oportet in Christo, uterque protraxit. Eodem, ut audivimus, in loco idem Coloniensis pontifex vestri [1] in honore patroni construxit ecclesiam et ob id, quod vidit ibidem et audivit, Portam Celi [2] appellavit. Clara autem die Tungrensium antistes, data omnibus benedictione et pio pontifice in illa civitate solide firmato, elegit iter Treverorum quod ducit ad urbem.

65 Quo cum perveniret et beato Maximino [1], que ventura erant, annuntiaret, Metis pertransiit. Erant enim ibi prestolantes eius adventum omnis nobilitas, omnis dignitas regni Francorum. A quibus decentissime susceptus sacrisque altaribus presentatus, ante omnia stolam sanctam induit, missam celebravit. Venerandum valde est, fratres, et memorandum, quod inter sacra misteria omnes, qui aderant, velut flammam ignis eius viderunt faciem nimio fulgore rutilantem. Venerandum quidem erat et altissimo condignum, ut qui ampliori labore desudaverat pro Christo, excellentiori munere etiam in presenti donaretur ab eo. Unde et Moyses de monte cum descendit, quasi

f. 18ʳ cornutus et flammans apparuit [2]. /

Quantus sit ergo deus in se ipso, videtur in sanctis eius, hec et maiora hiis faciendo. Videntes autem sacrum pontificem in tanta gloria altari adstantem, omnes magnificabant deum, qui suis fidelibus tantam gratiam prestat et meritum. Impleto sacro misterio, universi accurrunt, in oculis eius assistunt et, quid afferat quidve dicat, inhianter prestolantur. At ille post longa silentia, post crebra suspiria, inter multas lacrimas, quod viderat tandem indicat. Vertitur mox in stuporem omnis qui audit rumorem. Nullus de plebe mansit in pede. Nullus de senibus in suis sedibus. Omnis sacerdotalis gradus ante eum humiliatur. Ordo leviticus sternitur eius pedibus. Masculus et femina pereunt gravi miseria. Quos tandem elevatos et in Christo confortatos, data benedictione, ad propria quemque coegit redire, multis modis deprecans eos et exhortans, ut digne se preparent in adventu redemptoris seculorum.

---

64   [1] vestri: *les chanoines de Saint-Servais à Maestricht.*
   [2] *la chapelle Saint-Servais, près de la Porte du Rhin* (Rheinpforte), *dépendant du chapitre de Saint-Cunibert. D'après une autre légende elle aurait été fondée par saint Materne et dédiée plus tard à saint Servais dont le patronage est attesté pour la première fois en 1150.*

65   [1] *saint Maximin, archevêque de Trèves 332–349.*
   [2] *cfr. Exod. 34, 30 et 35.*

6 Interea Tungrenses, suum pontificem advenisse audientes et que sibi imminent mala non ignorantes, magno timore deficiunt et merore; initoque consilio omnes maiores natu, omnes maiores et gradu, ne forte alium divertat in locum, ibidem [1] occurrere ei disponunt, si quomodo flectere valeant ad misericordiam [2], quem se mirabiliter ostendisse noverant; quod ipse pius pater magis fieri querebat, magis et desiderabat. Ab omnibus itur velocius. Ut primum viderunt eum, a longe steterunt et flentes nimiumque dolentes proni in terra adoraverunt. Transit hora nec aperiunt ora. Mordet animum eorum memoria 3ᵛ preteritorum. /

Gravat et futuri timor iudicii. Stabant immobiles nec fari audientes. Nec levant oculos, imbribus adhuc lacrimarum plenos. Ubi autem de celo respicitur in eos, respiciunt et in suum angelici aspectus episcopum propriusque accedentes aiunt ad eum:

7 *Recordati tuę ineffabilis benivolentię, recordati tuę incomparabilis miserationis, domine, qua [1] inter ceteros doctores Christi tamquam angelus de celo semper apparebas: humili prece, summa cum devotione ut ad tuos, tuos o pastor egregie, tuos o presul inclite, descendere digneris famulos [2], olim tuos filios unicos et amantissimos, rogamus et obsecramus; et quam aliis, etiam ignotis, ultro impendis gratiam, nobis saltem pro deo, cuius de manu per angelum, uti sepius referre solebas, suscepisti regendos, conferre ne descipias. Rogat te, domine, omnis dignitas Tungrorum, omnis nobilitas eorum. Invitat te, pater, omnis chorus canonicorum; Vocat te et quem tu fundasti, domine, venerabilis senatus monachorum. Ruit nunc in publicum, qui numquam exivit sanctuarium. Moritur doloribus, sine intermissione affligitur laboribus. Clamant post te cuncte sanctimoniales feminę [3].*

Omnes et vidue flentes et vehementer merentes, ostendentes etiam tunicas et vestes, quas illis, bonę Tabitę [4] exemplo, pater optime, faciebas et facere singulis annis consueveras. Qui erant cor tuum, sordibus nunc putrescunt, infirmi scilicet et debiles, quos mundasti, domine, milies in die, milies in nocte. Quibus totus non sufficit mundus, te videre nunc sufficit. Ideoque nec modus est in lacrimis nec modus in miseriis, quia non est qui

66   [1] *B:* Metis.
   [2] *B:* veniam.
67   [1] *B:* quia.....apparuisti.
   [2] *B:* famulos, quasi in supremo iam positos iudicio, quia non est qui adiuvet, non est qui consoletur nos et liberet.
   [3] *A: le scribe, ici, va à la ligne.*
   [4] *Tabithe, chrétienne de Joppé, confectionnait des vêtements pour les veuves. L'apôtre Pierre lui rendit la vie. cfr. Act. 9. 36–42.*

adiuvet, non est qui consoletur nos et liberet. Ipsa ex toto [5] *civitas te videre nunc ruit in plateas.*

f. 19ʳ   *Respice ergo, domine, | respice, et ad te reversos, ad te confugientes suscipe, oramus, ut in hoc sancto nomine tuo, quo pater appellaris, quo pastor vocaris, quo SERVATIUS notaris, quod etiam magne saluti congruit, salvari mereamur, qui* [6] *tui laboris retributio, retributionis tuę benedictio ante tribunal Christi esse optamus atque desideramus. Subveni, quesimus, dominę; subveni, pater, quesimus, sanctissime; subveni et quod unquam egimus, dimitte ac dele. Alioquin, et in tuo discrimine peribimus, domine.*

68   Hoc audito cor pontificis expavit et diutissime siluit. Concessa tandem indulgentia, benedictione et data, cum eis ad civitatem usque processit, lugens nimiumque dolens, quia tam gravis sentencię nuntius suis erat civibus.

Ad sedem igitur suam cum magno honore regressus et gloria, a minimo usque ad maximum cives universos convocavit et de visione quantum commodum erat aperuit atque ut exemplo Ninivitarum placarent dominum [1], hortabatur eos. Omnibus vero astantibus, omnibus a se invicem querentibus, quidnam sit quod pontifex sacer [2] referat quidve dicat, auditur [3], quia universa destruetur Gallia et radicitus civitas sua [4]. Quid ergo? Factus est repente planctus undique et fletus magnus. A voce eorum resonat celum. A clamore lugentium intonant menia regum.

69   Turrium altitudo humiliatur ad humum. Claves portarum abiciuntur, portę aperiuntur. Ut veniant hostes, precantur cives. Ne sit mora, universi orant. Sternitur ante eum nobilis clerus, abiectis stolis divini honoris; quasi exanimes iacent Christi sacerdotes, sacco induti pulvere caput conspersi. Procumbunt levite, cuncti rite. Omnis ordo commori-

f. 19ᵛ   tur, omnis etas morte ipsa deletur [1]. Sub ubere matris nec / parvulus manet sanus. Pre timore enim et angustia lac ipsum vanescit. Quicquid videtur, quicquid auditur miseria incomparabilis esse probatur.

70   Venit cum parentibus nobilis iuventus et sacri pontificis in oculis

---

[5] *B:* quoque universa.

[6] *B:* qui tui causa nisi citius subvenias nostraque facinora citius dimittas, in eternum peribimus.

68   [1] *Jon.*, 3.5.
   [2] *B:* suus.
   [3] *B:* dictum est.
   [4] *A:* radicitus sua. *B et B 1:* maxime civitas sua.

69   [1] *B:* omnis etas affligitur, et stat acclivis omnis civis. Eius sub pedibus queque dignitas labitur, queque nobilitas, tota civitas rugit et lacrimis fluit. Omnes enim timor occupaverat et meror; quicquid videtur, quicquid auditur, miseria esse probatur.

ponit se in his quoque verbis: *Ex quo nati sumus pater, tua benignitas,*
tua sanctitas non aliter atque de tua carne creatos lacte et melle divinę
religionis, divini et amoris, omni tempore nos fovit, custodivit. Et cui
servasti nos, domine? Quid profuit hec didicisse, in his desudasse? cum
tradendi sumus Hunorum in manibus, quorum in adventu terra trepidat,
celum latitat et omnis creatura totaque mundi tristatur machina? Ve
nobis miseris, ve nobis, qui nati sumus his diebus! Attamen, quid fecimus,
quid egimus, peribimus, quia tempore tui nati sumus? Hec autem iniuria
ne magis pueris quam beato pontifici noceat, offendit etiam animam dei et
vulnerat, qui animam iusti exasperat, cum scriptum sit: Anima iusti
sedes dei [1].

Levant [2] se parentes – erant enim prostrati pontificis ante pedes –
et, eos amovere volentes et consolari, inter singula verba milies la-
buntur in terra. Assunt in omni miseria matronę earum et filię, paulo
ante quasi stellę celi splendidę. Adest quelibet dignitas nec deest urbis
nobilitas. Postremo omnium venerabilis ordo monachorum. Omnes se
invicem respiciunt, ad instar celestium Cherubin, socia vultus sui luce
concordantium, sed neque in gloriam dei, proh dolor, neque in gaudium
sui. Oppositorum quippe colla constringunt brachiis, humectant lacrimis. Futurum quasi hodiernum timent iudicium. Alter alteri suam
commendat animam. Pia piis imprimunt labia labiis, ut pacis in osculo
transeant ex hoc seculo et simul dormiant, qui simul vivere non /
poterant. Stupor enim et timor mirabiliter concusserat corda universorum.

71   In perturbationibus ergo huiusmodi, fratres, quę sententia pio
pontifici? qui animus? quę ratio? qui sensus? cum omne quod timent
malum, quod imminet, in eum unanimiter proiciunt? Illius autem
animum a via veritatis, a via iusticię, nichil horum movere poterat;
fundata enim erat supra firmam petram [1]. Solvitur tamen in fletum,
moritur in deum. Ideoque quasi aurum Arabię digne resplendet in
corona regis eternę glorię. Iure ergo computatur inter martires, quia,
etsi deest gladius, manet animus, in morte semper paratus, eiusdem
pro fratribus. Quo nimirum genere martirii nullum magis probat
ecclesia Christi. In afflictione tandem eius aliquantulum sedatur mens
illorum. Estimabant enim, secum illum mansurum. Ubi vero quo
tendat, quo dominus mittat, aperte intelligunt, manifeste cognoscunt,
in terra quasi mortui iterum ruunt. Fit dolor, fit meror, sed magnus,

70   [1] *cfr. Psal.* 44.7: Sedes tua deus...
        [2] *A:* levant.

71   [1] *Luc.,* 6.48.

sed irrecuperabilis, tantus profecto, ut nec vox nec quicquam vitę
sentiatur in illis. Suspiria tamen licet rara prodere vix queunt adesse
vitę spiritum. Timens ille ne forte priventur hoc etiam dono quod
nimio labore iam optinuit a deo in salutem animarum eorum, internum
animi dolorem blande curavit lenire. Et respiciens in eos:

72   *Surgite*, inquit, *fratres: surgite. Nequaquam enim, ut putatis, vos*
relinquo nec relinquere volo, pro quibus cotidie mori desidero. Sed sicut
iussit dominus, sicut placet altissimo, vobis parare locum vado. Si vestra
modo deletur, karissimi, civitas – quod utique celestis imperat maiestas –,
alia, sed maior, sed nobilior in celo dabitur vobis habitatio. Nolite diffi-
dere, nolite desperare. In filios enim diffidentię, quemadmodum apostolus
docet, venit ira dei [1]*. Constantes autem corde et animo estote in domino*
f. 20ᵛ *et gaudete, nichil hesitantes, | nichil dolentes, sed in omni veritate agentes*
et credentes.

73   *Scitote* [1]*, quoniam hec omnia que vobis annuntio, vobis promitto, ipso*
principe apostolorum narrante atque ostendente, mihi Romę concessa sunt
a deo. Ut autem, karissimi, in verbis eius amplius credatis, firmius et
permaneatis, quoddam ipsius rei indicium, quo nichil verius sub celo,
ostendam vobis. Hec dicens extendit manum et preciosi artificii quasi
clavem argenteam et alia non minus preciosa ad comprobandam omnium horum veritatem sibi a Petro apostolo esse collata, ostendit [2].
Sic Moyses in testimonium et illorum quę viderat in monte, digito dei
conscriptas detulit in castra tabulas[3]. Alii alia, sed non pauca, quemadmodum patrum in litteris reperitur plurimorum. Illis autem visis,
quę pater pius ostendit, fluctuans et turbida mens Tungrensium quievit.

74   Videns ille omnes iam in dei agentes: *Unam*, inquit, *fratres, petitio-*
nem a vobis exposco, pro qua ne me confundatis, obsecro. At illi: *Pete,*
inquiunt, *pater, quod vis, et faciemus, quia gratissimum habemus.* Ad
hec pontifex: *Cum certum est*, ait, *nichil horum mutari, quę vobis annun-*
tiavi, placeat caritati vestrę, dilectissimi, ne forte hoc pereant excidio,
transferre hinc sanctorum corpora, quorum hic haberi iam novimus mille
milia. Illi vero tacuerunt. Scientes autem quia consumenda sunt

---

72   [1] *Eph.*, 5.6.
73   [1] *A:* scitote.
   [2] *D'après H. Leopold (Der Maestrichter Confessio-Schlüssel, dans: Römische Quartalschrift,*
XXIV, 1910, pp. 131–154), la clef qui est toujours conservée en la Saint-Servais, ne pourrait
pas être antérieure à la fin du XIIᵉ siècle. J. J. Timmers, cependant (dans: Limburg's Verleden,
tome Iᵉʳ, Maestricht 1960, pp. 394–395) pense, qu'elle peut bien dater du Xᵉ siècle, mais qu'elle
a été restaurée ou transformć. au cours du XIIᵉ siècle. La clef porte encore des traces de dorure
primitive.
   [3] *Deut.* 9.10.

omnia nec restat spes alicuius consolationis in civitate sua, post hec planxerunt valde et post lacrimas omnes uno ore respondebant:

75 *Ecce nos et nostra in oculis tuis, in manibus tuis, domine. Sed quia contra insensatos orbis universus pugnat, hoc enim, pater gloriosissime, dum eramus filii, dum eramus et karissimi, sepius in ecclesia predicasti,* 21ʳ *et nos miseri | nunc pre omnibus hominibus hoc aspero, hoc gravi notamur verbo, in omnibus tibi paremus, in omnibus cedimus, in omnibus tibi paremus, et toto cordis affectu rogamus, ut saltem nunc inter sensatos reputari mereamur. Quare, quod placet, quod desiderat anima tua, pater amantissime, quod optat mens tua, pastor desiderantissime, tollat manus tua, nobis quoque, ut dicis, in consolationem quandoque et benedictionem.*

76 Mox ille, sumptis secum probabilis vitę sacerdotibus et levitis, sanctum Valentinum episcopum et confessorem Christi magnificum una cum beato Navito, Marcello, Metropolo, Severino, Florentino, Martino, Maximino, eiusdem civitatis episcopis [1], cum aliis multis quorum nomina describere et actus onerosum videtur, quia ad alia festinamus, levat [2] de terra et que in celis meliora et quę sepulturę sue erant necessaria, tulit universa. Surgensque velocius urbem miro modo iam conturbatam egressus est et ecce universa multitudo plebis cum magno eiulatu, immenso cum strepito irruens in eum, amarissime flevit tenensque aiebat:

77 *Cur, pater venerande, cur, pater memorande, hac tempestate [1] nos oves tuas deseris? et deserendo nobis quasi alienis te subtrahis? Cui nos deso-latos relinquis [2]? Quid agis, domine? quo tendis? Nos pusilli, nos miseri, nos tantilli quid fecimus tibi? [3] In quo paternę pietatis tuę affectum aliquando lesimus? Quę iniquitas in manibus nostris adversum te, pater sanctissime? Quid ergo erit de nobis? qui sine te vivere, non possumus sed in* 21ᵛ *pessima morte tradendi sumus? Quid ergo erit? ve nobis? At si | principes nostri iugo Christi subdi nolebant, si maiores nostri te audire renuebant, nos tamen, domine, semper tibi eramus devoti in omnibus ut domino, in omnibus ut patri obtemperavimus tibi. Quod voluisti, voluimus [4].*

---

76 [1] *La liste que donne Jocundus des dix premiers évêques de Tongres, est conforme à celle qu'il avait trouvée dans les* Gesta episcoporum Leodiensium *de Hériger de Lobbes* (MGH. SS., VII, 171).

[2] *A:* levant. *B et B 1:* levat.

77 [1] *Allusion à la* Vie de saint Servais *de Hériger de Lobbes* (Gesta Epp. Leod.,) *qui débute par les mots* Ea tempestate.

[2] Cur, pater, . .nos deseris? ...Cui relinquis?: *paraphrase de Sulpice Sévère, Epistolae,* 3.10 *(éd. Halm, p. 148, 8 ss.). Se trouve aussi dans la* Vita Kaddroae abbatis, c. 14 *(Mabillon, Acta Sanctorum o.s.B., saec. V, p. 497).*

[3] *A:* fecimus. *B:* fecimus tibi.

[4] *A: le scribe, ici, va à la ligne.*

78   *Quod tibi placuit, nequaquam nobis displicuit. In misterio* [1] *Christi,
quod nos frequentare pre omnibus et per omnia docuisti, raro defecimus.
Doctrinam tuam bono animo suscepimus et super hec omnia parati
semper eramus tecum ire in mortem et gladium. Sumus et hodie, erimus
et dum hec membra regit spiritus. Respiciat nos, quesimus, domine,
misericordia tua, ut secure tibi servire mereamur. Mens nostra, o pater,
tibi nimis devota. Respice ergo, domine; respice nos servos tuos* [2]*, consolare desolatos; in cinere et cilicio positos eleva, in terra misere prostratos
erige, per eum qui te elegit et in hanc presulatus gloriam erexit. Quid ergo
vicini nostri, quidve illi quos nomen glorię tuę a finibus terrę videre et
audire, quę per te deus operatus est in nobis, mira et magna opera adduxit?*

79   *Obsecramus te, domine, obsecramus, ut in civitatem tuam redeas, in
sede tua maneas. Si autem manere non licet nec placet, et instat, ut refers,
tuę resolutionis dies, saltem uno mense aut una ebdomada aut etiam hac
nocte nobiscum maneas, rogamus. Sin autem, educ nos tecum* [1]*, ut
commoriamur tibi, quibus post te relinqui, post te vivere summa est
infelicitas et perdicio perpetua.* At quoniam dilectus domini Iohannes:
In multis, *inquit,* offendimus omnes [2]*, et alius:* Nemo, *inquit,* vivit
sine peccato, nec infans unius diei, si est vita eius super terram,
fatemur et nos, quia peccavimus, sed non in te, domine. Peccavimus, sed
Christum non negavimus. Unde quod iustum est ferre sumus parati.

80   Idipsum aiebant et qui in excelsis domorum stabant et murorum.
Ille vero avertit se quasi indignans et transire noluit. Qui erant in
f. 22ʳ terra annuentibus et illis qui erant/turribus, circumvallabant eum
undique et ne transeat retinebant, dicentes: *A nobis filiis tuis, domine,
olim karissimis, faciem tuam avertere debes? Quid domine quod facere
voluisti? Ubi est ergo ille qui nobis milies promisit, dicens*: Etiam si
oportuerit me mori, neque derelinquam neque deseram vos, filii
karissimi? *Placet autem ut innocentes pereant et nocentes sal ventur?
Ecce nos peccatores, ecce nos impii, ecce nocentes. Esto. Sed quid dicit
scriptura?* Gaudium est in celo super uno peccatore penitentiam agente [1]. *Convertere ergo, domine, et letare in anima populi tui. Nonne
penitencia Ninivitis obtinuit gratiam omnipotentis? Principi apostolorum
numquid lacrime veniam peccatorum? Quid mortuo quatriduano lacrimę
alienę?* [2].

---

78   [1] *B: ministerio.*
    [2] *B: miseros famulos tuos.*
79   [1] *B: tecum, quia nudi sumus orphani et vidue ut commoriamur tibi....*
    [2] *Jac.* 3.2.
80   [1] *Luc.* 15.7 *et* 10.
    [2] *Joan.* 11.39.

Numquid ut funderet lacrimas, qui ignorabat maculas, et vitam redderet ademptam? Hec sane beneficia divinę miserationis a principio mundi habere meruit ecclesia Christi. Huius filii nos sumus, huius fidem integram adhuc servamus [3]. *Quare nos soli excludendi sumus a gratia illius? Utique nec demones, ut audivimus, si forte peniterent. Ergo illius, domine, exemplo in nobis age; illius, domine, qui pro suis ovibus est mortuus in cruce. Et nos, oves eius et tuas, pastor bone, defende et adiuva per ipsum Ihesum redemptorem universorum.*

81 Inter hec paululum progressus pontifex clementissimus – voluit enim declinare eos, nimio affectus tedio –, incidit in claudos, leprosos et alios variis languoribus afflictos. Et extensis manibus, illi ad se traxerunt eum tenentesque dixerunt: *Aut nobiscum morieris, domine, aut tecum ibimus, quia hic nuditate, fame et siti peribimus, si te discedente remanserimus. Omnium oculi in te, domine; omnium ad te manus, pater sanctissime. Post te non est qui nos respiciat, qui necessariis nostris providat. | Tua* [1] *exultatio, tua delectatio nos soli semper eramus in Christo.* Talia dicentes edunt gemitus cum voce in celum et cum eis omnis populus [2].

82 In medio eorum, quasi radius solis, stabat nobilis heros et resolutus in lacrimas – commota quippe sunt viscera eius – fundebat amarissimas. Tandem resumptis viribus, prout potuit et valuit, consolatus est eos. Singulisque manus imponens, exceptis paucis quos postea curavit, omnes sanitati reddidit. Retinere autem illum volentibus: *Sinite,* inquit, *fratres, sinite, quia ego iturus sum viam universę terrę, et ab hodierna die non videbitis faciem meam super terram* [1]. *Mandat enim hoc altissimus, mandat hoc ianitor celestium Petrus.* In hac itaque voce tanta facta est afflictio spiritus, ut ne unus quidem remaneret in pedibus. Ipse etiam pius pater tamquam mortuus videbatur ab omnibus.

Non est auditum a seculo, aliquem tam gravi martirio istam exisse vitam.

---

[3] *B fait suivre:* Quid ergo erit nobis ? Quis consolator noster erit ? Invadent nos, pater, lupi rapaces, dispergent gregem eius qui animam suam posuit pro ovibus suis in cruce. Huius exemplo nos oves tuas defende; libera, domine, ut tecum gaudere mereamur in secula seculorum.

81 [1] *A: le scribe, ici, va à la ligne.*

[2] *B donne du chap. 81 un texte tout différent:* Inter hec que erat in turribus et que in edificiis remotioribus omnis nobilitas, omnis etas ruit ad eum in plateas et ante oculos eius ponit se in terram omnis clerus et populus. Et qui paulo ante erant induti regalibus accurrunt principes scissis vestibus et mulieres solutis crinibus; suspensi ad ubera matrum parvuli defluunt inestimabili gemitu. Irruerat enim in omnes timor domini vehementissimus, quia se et civitatem suam in proximo perire noverant certissime. Erat autem videre hec miseria gravissima.

82 [1] *Act.* 20.25.

In momento enim milies et milies in terra labitur, immo et milies moritur. Ubi convaluit et in pedes constitit, elevatis manibus in celum cum oculis dixit:

83   *Domine Ihesu Christe, pastor bone, pastor eterne, certantium palma, vincentium corona, beatitudo iustorum, gloria sanctorum, salus et vita omnium in te sperantium, tibi oves tuas commendo hodie, quas mihi tradidisti, domine, ut eas ipse defendas, ipse custodias, qui cum patre et spiritu sancto vivis et regnas deus per infinita secula seculorum.*

Et cum omnes respondissent: *Amen*, benedixit eos et ad locum sepulturę sibi celitus ostensę transiit, horum certissimus, quę promisit deus diligentibus se.

84   Tota vero civitas continuo ruit in lacrimas, clamat in celum, misere peritura per evum. *Non est dolor, sicut* eorum *dolor* [1]; intus et foris, o Traiectenses, in gloriam vobis.

85   Nec deerat in via, fratres, presentia supernorum, quod indicat, qui gaudet in celis chorus angelorum. A porta namque Tungrensium usque

f. 23ʳ in portam / Traiectensium, qui comitabantur eum, audiebant voces in celo psallentium. Dignum quippe fuit, fratres, ut haberet testes de celo, qui nuntius erat regnantis in celo.

Illis vero abeuntibus apparuit locus spaciosus herbisque terrę, ut in maio mense, delectabilis valde. Huc contulit se antistes propter infirmos et debiles et resedit. Omnis multitudo illa cum eo. Gaudet terra, se in altum levat, ut habeat ubi reponat convenienter caput omnis qui ingreditur, parvus et magnus, quemadmodum ibi videtur usque in hodiernum diem [1].

Illius agri in herbis refecit eos sacris verbis. In herbis ostendit flores, ut esse mereantur et ipsi flores in regno celorum. Ait enim: *Sicut post hiemem oritur veris temperies, ita post mortem eterna requies.* Hec dicens, congrua comparatione probavit illis generalem resurrectionem. Erant enim diebus in illis heretici catholicę veritatis inimicissimi, qui terram fere universalem huius docmatis veneno interfecerant [2]. Hoc ab errore, cum amovisset eos, surrexit et ad civitatem Traiectensium cum omni gloria processit.

---

84   [1] *Thren.* 1.12.
85   [1] *Le site, décrit ici, doit être cherché dans le village de Millen (Limbourg Belge) et s'appelle* de Dries. *La première mention explicite des noms du site et du village où la légende est localisée, se trouve dans la* Vita sci Servatii, *versifiée en 1461 par Barthélemy de Tongres; voir: P. C. Boeren, Twee Maaslandse dichters in dienst van Karel de Stoute (La Haye 1968), pp. 58–63, 140 (les vers 1169–1178).*
   [2] *le dogme de la résurrection générale des corps, combattu alors par les gnostiques hétérodoxes, les Manichéens et les Priscillianistes.*

86 Ingreditur itaque urbem regiam ille nobilis heros, ille inclitus presul, venerabilis Servatius (ortus est et ipse, ut audistis superius [1], ex stirpe regia atque divina). Ingreditur sane ut angelus, suscipitur ut angelus ymnisque honoratur celestibus; sanctitatis suę virtutibus illustrans eam, sicut lumine vultus sui urbem Leoninam, cum intravit eam [2]. Coronatur civitas, ruunt in plateas omnis sexus et etas. Replentur gaudio, animę suę saciantur desiderio, quia iam vident, iam habent, quod semper habere optabant, indesinenter querebant. Ingreditur quoque templum divini nominis habitaculum et facta oratione designavit locum in medio ecclesię, in qua criptam fieri iussit citissime. 23ᵛ Qua / peracta, omnem thesaurum ecclesiarum Tungrensium ipsaque sanctorum que attulit corpora recondit digna cum veneratione eorumque in medio suum erexit monumentum, de quo postea beatus Monulfus, qui post eum XII. successit in regimen eiusdem sancte Traiectensis ecclesie episcopus, transtulit eius sacratissimum corpus, sicut *in libro miraculorum eius* invenitur [3].

87

Letare [1] Traiectum	a deo electum,
Civitas magni regis	et regia summe legis [2];
Cum ramis palmarum	cum ramis olivarum
Occurre christo domini	occurre pio presuli,
Sic: pater mi, ave!,	et suscipe in pace;
Suscipe ut deum	cum quo salveris in evum.
Meret Octavia	se amisisse presidia.
Tuo letare deposito,	hunc fove et perpetuo.
Illius in gloriam,	ipsius in gratiam,
Qui vivit omnipotens,	qui regnat cunctipotens.
Tibi ad salutem,	tuis ad virtutem;
Vivis [3] in auxilium,	mortuis in subsidium,
Et tuo Servatio	nostroque solacio [4]

86 [1] *voir les chapp. 3 à 15.*
[2] *voir le chap. 39.*
[3] liber miraculorum (sci Servatii): *Jocundus réfère cinq fois à cette source: dans les chapp. 86 et 126 de la présente Vita, et trois fois dans la* Translatio et Miracula *(éd. Koepke, pp. 93, 97, 112). Il déclare même avoir vu et lu cet ouvrage à Maestricht (Koepke, p. 93). Il n'est donc pas permis de négliger cette source comme une source fictive comme l'a fait Wilhelm dans son édition des* Gesta *(pp. 79, 41 et 88, 6). Le* liber miraculorum *en question me paraît être la suite perdue des* Gesta antiquiora *auxquels Jocundus se réfère ailleurs. Voir aussi le chap. 126 à la note 1.*

87 [1] *Le rythmus qui suit, manque dans le ms A. J'en donne le texte d'après les manuscrits B et B 1. Je ne crains pas de l'intégrer dans le texte de Jocundus qui, au chap. 54, présente un rythmus d'un style pareil (déb.:* Traiectum urbs regia ab eo iam dudum electa). – *L'un et l'autre rythmus semblent être inconnus; on n'en trouve pas les débuts dans le* Repertorium hymnologicum *d'Ulysse Chevalier.*
[2] *B:* regia summi dei. *B 1:* regia summe legis.
[3] *B:* tuis. *B 1:* Vivis.
[4] *B:* nostro quoque solacio. *B 1:* nostroque solacio.

88   Illa autem die, qua venerandus domini sacerdos beatus SERVATIUS egressus est urbem memoratam, universis illis civibus peccatis suis agentibus, orta est gravis desolatio, magna afflictio, cuius nec meminisse sine lacrimis videtur etiam infidelium aliquis. Nam frater a fratre, filius a patre, singuli a singulis separati [1] cognatis et amicis, pium doctorem, modestum, rationabilem, cum ingenti gaudio ad oppidum usque comitabantur Traiectensium. Alii, sed perpauci, in civitatem suam regressi sunt. Cum vero adpropinquarent et monasteria sanctorum [2], turres, propugnacula ceteraque edificia urbis ubique inaperta [3], ubique iam vacua cernerent, pre miseria nec intrabant nec intrare volebant, sed ante portam in platea manebant. Et quę facta sunt, cum ad invicem referrent, quod desunt sanctorum corpora [4], quod desunt thesauri ecclesiarum, pacienter ferebant. Quod autem carent et perpetuo carebunt benignissimi pastoris sui presentia, nullo modo ferre poterant [5]. Unde in medio eorum fletus et luctus continuus. Inter hec que mortalibus prestat requiem nox venit, et quod erat timoris, erat et doloris, nequaquam minuit, nequaquam ademit, quia res agitur omnino pro anima. Orto iam sole urbem ingredientes, preter claudos, preter debiles atque de plebe rarissimos, neminem invenerunt. Ideoque omnibus quę possidebant postpositis, discedebant velocius venien-
f. 24^r tesque / Traiectum ad pontificem sacrum postulabant, ut cum eo quod superest huius misere vite mererentur agere. Quos ille benigne suscipiens, quamdiu vixit semper monuit, semper instruxit exemplis bonorum virorum et sanctorum [6].

89   Imminente autem huius beatissimi antistitis die novissimo, princeps ille magnus, rex ille laudabilis et gloriosus; ille, inquam, dilectissimi, cuius providentia in sui dispositione non fallitur, cuius natura misericordia est nec aliquando in aliud flectitur, hunc electum suum multis virtutibus, multarum virtutum insignibus mirabiliter exaltavit et magnificavit. Audito namque eius transitus die, illa benignissima celesti inspirante clementia, quasi vir unus Traiectum venit universa provintia, ut de hac petra sancta et solida lac desiderabile sugerent, oleum benedictionis eterne perciperent, sanguinemque uve biberent meracissimum atque dulcissimum.

90   Quibus profecto bonis cum sufficeret eis, pastor hic bonus ascendit

---

88   [1] *B:* divisi.
    [2] *B:* adpropinquarent et ecclesias sacras turres...
    [3] *B:* undique iam desolata, undique...
    [4] *B:* sanctorum patrocinia.
    [5] *B:* ..presentia, miro modo queruntur.
    [6] *B fait suivre:* ut in adventu iusti iudicii dei omni tempore essent parati.

ad altare, missam celebravit. Inter sacra ergo misteria ad dextris altaris quidam vultus [1] splendidissimi astitit iuvenis, perpetuę felicitatis gaudia promisit et diem eandem diem esse transmigrationis eius ad regna celorum nunciavit. Peracto itaque ad gloriam dei quod inceperat officio celesti, vertit se ad populum et ait: *Ex quo, dilectissimi fratres, hanc terram intravi, ex quo sanctam Tungrensium [2] ecclesiam deo auctore suscepi regendam, quam sollicite, quam studiose in salutem omnium semper vigilaverim, desudaverim, vestra nisi fallor non ignorat diligentia. Nunc vero, quia ista dies dies est illa, fratres, eternę quę me reddet patrię,* 4ᵛ *nec surget alius post me, mundo enim | in maligno posito surgere non peterit, qui vos precedat, qui vos custodiat. In vicem confortamini, sed in Christo Ihesu domino nostro. Hoc enim gratum est ei, hoc quoque acceptabile.*

91   Alia etiam exhortationis verba pius pater intulit et plura, non metuens tardare, non metuens in illis laborare, tametsi ad regnum invitatur, ad gloriam vocatur. Verum amplius consolatus, amplius confortatus, gaudebat animo, sicut oportet, in domino certissime sciens, de membris illius magni regis se non esse alienum, se non esse separandum, qui ante passionem suam de se constanter et confidenter aiebat: *Venit enim princeps mundi huius et in me non habet quicquam* [1]. Metuebat enim de Traiectensibus ibi nuper commissis. Ideoque recolens, quę in responsis acceperat Romę; recolens etiam, quia ipse custos celi et terrę omnium, quę in eis sunt, matrem suam iuniori [2] de cruce commisit, pro templo, pro urbe et populo hunc modum continentem fudit orationem.

92   ORATIO PRO TEMPLO

Dominator domine deus, creator omnium rerum, qui es solus rex bonus, solus prestans, solus omnipotens et ęternus; qui cum sis altior celo, splendidior sole, in manu factis tamen edificiis habitare non dedignaris: hanc, in qua corpusculum meum recondi iussum est, domine, benedictionis tuę gratia, virtutis tuę potentia – illa, inquam, rex gloriose, qua universa que sunt visibilia et invisibilia gubernas et conservas – respice, visita domum, prestans propicius, ut quisquis eam beneficia petiturus ingreditur, quod prosit et universo mundo in sempiternum obtinere meretur [1].

90   [1] *A*: vultu. *B.* vultus.
      [2] *B:* Tungrensem.
91   [1] *Joan.* 14.30.
      [2] *saint Jean l'Evangéliste; cfr. Joan.* 19.26–27.
92   [1] *Les* orationes *qui suivent, paraissent inspirées des* orationes solemnes *dites* oratio fidelium *de la liturgie du Vendredi Saint. Bien à propos, car, d'après la tradition, saint Servais mourut un Vendredi Saint.*

93   [ORATIO PRO URBE]

Urbis et huius munimina, quia hoc tempore necessaria, fortissime deus
f. 25ʳ *Israhel, custodi hodie. Assit et nobis angelus tuus bonus. | Angelus et*
ille fortis iugiter nostris presideat portis, qui eiecto Adam custodivit
paradisi ianuam. Assit uterque celerius, terque, domine, velocius, et
cum eis omnis milicia celestis regis. Illud semen Satane repellant, hoc
semen Abrahe defendant. Est enim illorum per nos iter, sed sit, domine,
terra caligine refertum. Ne noceant plebi, placeat tibi, sanctissime deus;
fac in eis, petimus, ostende in eis, quesumus, ut cognoscant posteri, te
nobiscum regnare perpetim.

94   ORATIO PRO POPULO

Hic quoque populus, rex venerande, tuus populus. Eius habitatio tua in
Syon. Eius pontifex tuus Aaron. Princeps eorum qui es princeps omnium
seculorum. In Christo maneant, in Christo valeant. Vivant angeli,
translati archangeli.
95   *Ante* [1] *vero hec omnia, sit in pace tua, rex serenissime, anima mea.*
Semper tuo assistat throno. Numquam desit angelorum choro, domine,
tuorum. Sicut promisistis Romẹ, hoc perfice in nobis. Nec differas hodie,
quod petimus, domine, per Ihesum redemptorem nostrum.
Gaudeant et tecum, domine, qui dormiunt mecum. Idipsum sibi conse-
quantur vivi. Et levans mox in celum manus ad deum:
Hos, ait, *hos omnes benedic per secula semper.*
Inclite rex regum, plasmator et obtime [2] *rerum.*
Hec dixerat et populus, non ignorans transitum eius, se invicem
hortatur, ne quo divertant, ne quo discedant, donec videant quod
promiserat. Hoc desiderio ẹstuabat Eliseus, cum Helias translatus est
ad cẹlum. Hoc et apostoli, cum Christus transivit ab eis. *Esse autem*
beatum, ait psalmista David, *cuius desiderium implevit dominus* [3].
96   Tante ergo beatidudinis ne sint expertes isti prestolantes, quod
f. 25ᵛ voluerint videre / meruerunt. Aderat namque hora eiusdem diei nona,
et ipse pastor bonus, pastor egregius, non immemor quam legitime
certaverit in domino, ideoque nec incertus de premio, coram omni
multitudine hilari vultu et serenissimo se ipsum commendans altissi-

95   [1] *A:* In te *,corrigé postérieurement en* Ante *par le rubricateur.*
        [2] obtime: *sic A.*
        [3] *Psal.* 126.5.

mo: *Tuas*, inquit, *in manus, magne Ihesu, inclite Ihesu, commendo spiritum meum.* Et his dictis ad orientem se convertit, respiciensque in celum, utpote qui erat spiritu sancto plenus, cum silentio oravit nec multo post caput inclinavit. Laboraverat enim febre iam triduo et, ecce, super eum splendor nimius de cęlo. Astantibus vero et iugiter in eum respicientibus multis, ut aiunt, milibus inter manus suorum emisit spiritum.

97 Tanti ergo in gloriam patris, tanti in honorem pastoris, oritur continuo luctus et clamor, nullo in dolore maior. Huis similem ab ipsa origine mundi nulla domus genuit, nulla terra edidit, nec ipsa Egyptus nec etiam abyssus, cum hic transivit angelus illic angelorum dominus. Erat revera clamor, erat inquam sed gravior, omnique gladio penetrabilior, quod racio doloris sui manifeste ostendit cuique etiam iuniorum et puerorum. Per prata quippe genarum decurrunt flumina lacrimarum cum impetu et florida astantium rigant ora. Illi benignissimę animę his remediis purgatas suas committunt et animas. Illic vero completum erat, quod in evangelio sacro scriptum est: *Ubi duo vel tres*, ait dominus, *congregati fuerint in nomine meo, ibi sum in medio eorum* [1]. Huic autem dominice promissionis non immemores, levant oculos ad celum 6ʳ et clamant ad eum in forti- / tudine, dicentes: *Audi, presul egregie, confessor splendidissime; audi, sacerdos maxime, sanctorum nobilissime. Audi precantis agminis voces ob actus criminis. Servati sanctę pontifex. Nam mitis adque* [2] *dulcis es. Tu scis, quod ante gessimus. Tu scis, quod ecce poscimus. Arce sagittas demonum, confer medelam vulnerum. Vim, quam tenes in nomine, imple potenti numine. Serva gregalem copiam, presta salutis gratiam. Servando iam qui municeps cęlestis aulę factus es, et nos fideles vernaculos servando numquam deseras. Sic te per illum quesumus a quo redempti sumus. Quem laus et omnis gloria per cuncta decet secula.* His non sine magna devotione completis, vertentes se ad corpus: *Ecce virum*, inquiunt, *qui in lege dei iugiter meditatus, fertile ceu lignum dedit hic in tempore fructum.*

98 Hic sacer antistes populum quo sorde piaret, iusticię domino libamina sacrificavit. Unde porta poli patuit, quam miles hic hodie calcata morte petivit. Nec mora: cum cęlum ingreditur, ymnizant sancti iubilantes vocibus altis: *Vitam, quam peciit, huic, Christe deus, tribuisti; propterea gloria, Christe, tibi, qui sanctos iure coronas.*

At quanta felicitas, quanta gloria illam beatissimam animam comi-

---

97   [1] *Matt.* 18.20.
     [2] adque: *sic A*, *pour* atque.

tetur euntem in cęlestia, aperto videtur in eius sacro corpore, manifeste agnoscitur celorum in arce [1]. Angelos namque psallentes et in occursum eius venientes omnes, qui aderant, se audisse, se vidisse fatebantur. Super lac candidam, super rosam floridam faciem eius post mortem f. 26ᵛ aiebant [2]. Per spacium horarum / trium sicut fulgur aderat splendor nimius, totam replens basilicam tanto lumine, ut lumen ęternum illum intrasse nemo dubitaret, qui dum vixit splendor glorie dei erat in homine. Nec defuit odor balsamitica nequaquam ignobilior [3].

99   Corpus illius quasi paradysus. Sicut enim ex paradyso, que universam terram inrigant flumina manant, ita ex hoc sacratissimo corpore diversarum munera sanitatum. Ceci namque illuminantur, leprosi mundantur, liberati a demonio letantur in domino. Claudi ambulant, muti iubilant. Surdi audiunt, egri veniunt et sanantur. Tungrenses etiam curantur, qui aliis curatis ante portam civitatis remanserant infirmi et debiles. In nullo huius beatissimi viri membrorum videtur signum mortuorum. Omnia florent, omnia frondent, ut eo tempore prata, herbe et arbusta. Que cuncta racione sibi congrua se respiciunt, quia ita disposuerat pius celorum dominus. Hinc, karissimi, fidelibus Christi manifeste datur intellegi, eos veraciter vivere tunc, cum anime eorum transierint ad regna cęlorum. Hec considerantes et diligenter notantes, illi ęlecti dei, quorum in manibus hec sanctissima anima carne soluta est gaudebant [1]. Quis enim mortalium, immo quis cęlestium, valet rimari magnalia sapientię et scientię dei? Mira enim et ineffabilia operatur cottidie illa cęlestis sapientia, illa divina prudentia.

100   Igitur tam gloriosum pontificem ad sepeliendum multa milia homif. 27ʳ num, qui convenerant, VII dies condignas / celebrantes exequias, octava tradunt sepulturę in magna gloria apostolorum principis in basilica, a beato Materno, ut supra [1] relatum est, in Publico Aggere

---

98   [1] *B:* aperte auditur et in aere.
   [2] *B et B 1:* eius faciem qui viderant post mortem patribus nostris sacris intimabant litteris.
   [3] *B:* Nec defuit odor omni suavitate nobilior; in nullo membrorum videtur signum mortuorum.

99   [1] *B:* . .soluta est; licet non immerito letentur, egro tamen animo accipientes quasi mortui tenentur. Mox clamor et luctus undique et concursus; omnibus vero flentibus atque merentibus, soli Traiectenses exultant, per omnia et pre omnibus felices hominibus, quia tantus eis de celo donatur patronus.

100   [1] *voir le chap. 33. cfr. Gregorius Magnus, Historia Francorum, II, 5 (MGH. SS. rer. merov., ed. 2ª, I, p. 47):* iuxta ipsum aggerem publicum est sepultus; *le même auteur, Liber in gloria confessorum, c. 71 (ibid., ed. 1ª, p. 790):* iuxta ipsam pontem ageris publici. – *Saint Servais fut donc inhumé près du pont sur la Meuse; d'après Grégoire de Tours encore, les fidèles construisirent sur sa tombe une chapelle en bois. L'endroit, indiqué par Grégoire, doit être cherché près de l'église Notre-Dame, là où des fouilles récentes ont mis à jour des vestiges de la chapelle en bois. – Le magnum templum de Monulphe, par contre, où les reliques furent transférées plus tard, était situé à l'endroit de l'église Saint-Servais.*

constructa; in monumento, quod ipse dum viveret fieri iussit, ubi prestantur beneficia eius usque in diem hodiernam magna et innumerabilia.

Transivit autem hic amantissimus domini SERVATIUS plenus dierum, plenus operum bonorum III idus Maias celestis regni ad patriam; ubi nobis datus a deo patronus iugiter intercedat pro hac sua plebe et universis fidelibus, prestante ipso Ihesu Christo domino nostro.

01 Nec deerant illic, fratres, supernorum veneranda ministeria angelorum. Quoddam enim quasi sericum [1] afferunt cunctisque videntibus corpus beatissimi viri cooperiunt. Oritur astantibus miraculum, oritur diverse narrationis colloquium. Quibus autem mens sanior, quibus virtus animi nobilior, divine pietatis esse indicium, divine benignitatis esse et donum quod cernitur, universi aiunt, universi asserunt. Idem maiores nostri fatentur et fateri non verentur, quippe cum non magis fidem excedat, cum non magis a Christi gloria discedat.

Adque [2] etiam illud, quod ad sepulchrum beate Agathę virginis sacratissime videntibus siderum milibus angeli venerunt et ad capud [3] eius in monumento tabulam marmoream, sicut *in libro passionis eius* [4] videtur, posuerunt. Sanctorum, karissimi, vitam angelicis semper plenam beneficiis nemo est sane, qui non abnegat, nisi forte qui scripturas ignorat.

Qui vero ad sepulcrum viri memorandi, beatissimi videlicet SERVATII, stabant, quod factum est, vehementer magnificabant, ad cęlum usque levabant, nec solum hoc cęleste donum, verum etiam quod 7ᵛ quasi in / momento milia milibus prestari vident remedia debilibus.

Sepulto igitur amantissimo domini venerabili SERVATIO omnes qui aderant in Gallia, relictis que habetant. fugerunt ad sepulcrum eius, non credentes posse salvari nisi per eum et iuxta eum.

---

01   [1] *C'est probablement en juin 1128, que saint Norbert (qui avait été chanoine de Saint-Servais avant 1117) vint à Maestricht pour vénérer les reliques de saint Servais. Sur ses instances réitérées on ouvrit la châsse devant lui: la soie* (sericum) *monta en l'air et forma quelques volutes autour de la basilique! Ainsi raconte l'auteur de la* Vita Norberti (MGH. SS., XII, 705).

[2] adque: *sic A pour* atque.

[3] capud: *sic A pour* caput.

[4] *Passio Sanctae Agathae:* hic (iuvenis = angelus) ergo veniens intravit ad locum, ubi condebatur corpus eius, et posuit ad capud eius tabulam brevem inter sarcophagum ex marmore, in qua est scriptum: Mentem sanctam; spontaneum honorem deo, et patrie liberationem; *cfr. Boninus Mombritius, Sanctuarium seu Vitae Sanctorum, I (Parisiis 1910), p. 40. Cette Vita (BHL. 133) date de la seconde moitié du Vᵉ siècle. Sainte Agathe fut martyrisée à Catanie le 5 février 254.*

[Pars III^a: *Quod vere Hebreus fuerit scs Servatius*]

102 Adsunt etiam nunc, fratres, qui dominum Ihesum Christum eiusque precursorem sanctum Iohannem et hunc beatissimum SERVATIUM eiusdem germanis ex radice negant descendisse [1], scilicet quia diverso tempore vitam agebant hoc in presenti seculo, quod est revera magnum et invalidum. Sacra namque testante scriptura habere videtur hoc generis humani natura, ut aliquando per multos in multa tempora generatio una transeat, quemadmodum ab Abbraham in Christum; aliquando per paucos et tamen in spaciosa annorum tempora, ut illud quod est a passione prothomartiris Stephani quoadusque Iudas [2], qui fratris eius [3] Symonis [4] filius erat, invenit sanctam crucem.

---

102 [1] *B poursuit:* scilicet quoniam diverso tempore manebant in mundo. In hoc nonnulli ex simplicioribus lapsi, turbantur et vehementer mirantur. Super hoc etiam altioris scientie, fratres, quid sentiant quidve discernant, sollerti industria querunt, quia contra naturam videtur humanam, aliquem centenos aut eo amplius posse implere annos, presertim cum diebus istis natus quis vix appareat in terris; non attendentes quia ipse mundus nunc ruens in occasum trahit omnia secum. Non autem sic erat a principio. De hiis vero, que dominus dederit, liquidius post aperiemus.

Placeat interim, fratres, placeat, quoniam non admodum parvipendenda videtur huius diligentia inquisitionis, tametsi (*superscr.*: id est quamvis) doctrina hec Traiectensium, quibus ipse presidet, in quibus ut dominus ut pater gratia dei gloriosissime regnat hodie, nequaquam fuerit. Illi autem discreta et probabili, ut credimus, ratione iudicantes, hec omnia dicunt.

Est pace, inquam, dilectissimi, vestra nullius prudentie nullius scientie, ut audeat quis dicere, diverso qui sunt in tempore impossibile esse una descendere de cognatione: quod est utique invalidum nimis et infirmum.

Ut enim testatur sacra scriptura......

[2] *Jude-Quiriaque ou Jude-Cyriaque (Judas Cyriacus) qui joua un rôle dans l'invention de la Sainte Croix par sainte Hélène et devint évêque à Jérusalem où il obtint les palmes du martyre sous Julien l'Apostat (361–363). Ainsi racontent les Actes apocryphes qui étaient connus déjà de Sozomène et de Grégoire de Tours.*

[3] eius: *i.e.* Stephani. – *Le Martyre de Jude-Quiriaque qui représente la fin de ladite Invention de la Croix et qui est né dans un milieu grec de l'Asie Mineure ou de la Palestine, fait du saint un parent de saint Etienne. Les versions de l'original grec donnent des différents grades de parenté. Les versions orientales ont l'indication vague, que Jude était de la famille d'Etienne ou qu'il avait part avec lui. Cfr. N. Pigoulewsky, Martyre de saint Cyriaque, de Jérusalem, dans: Revue de l'Orient chrétien, XXVI (1927–1928) 305–356; voir encore la même revue, IX (1904) 83, 310; XI (1906) 377.*

Dans la plus ancienne version latine du Martyre (BHL. 4169), publiée par Bon. Mombritius (Sanctuarium, I, Paris 1910, p. 376–379), Jude se dit lui-même petit-fils de Zachée, fils de Simon et frère d'Etienne (....frater meus Stephanus qui scribitur in actibus apostolorum). Il en est de même de la version que les Bollandistes (AA. SS. Maii I, 445–451) ont publiée d'après quatre manuscrits (dont deux proviennent de Saint-Martin et de Saint-Maximin à Trèves).

En faisant de saint Etienne un patruus de Jude-Cyriaque, Jocundus s'écarte de la leçon reçue de la version latine de la légende, ce qui a déjà suscité l'étonnement des premiers Bollandistes (AA. SS. Maii I, 442). Nous ne pouvons pas lui imputer cet écart, car il a copié sur Hériger (MGH. SS., VII, 172) tout ce qu'il raconte sur Jude-Cyriaque.

[4] *B:* Iuda qui fratris eius filius erat.

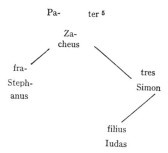

Ducentos namque et eo plures annos transisse dicunt [6] ac eundem Iudam usque in Iulianum Apostatam, a quo ipse cum matre sua [7] pro fide catholica Hierosolimis interfectus est, vixisse constanter affirmant.

Nostris quoque diebus et ante nos fuerunt, sunt etiam usque hodie, qui ad tempora ferme CC^{orum} perveniunt annorum [8]. Sunt et iuxta quosdam doctores [9] sub torrida zona et frigida quedam regiones, in quibus sine lesione, sine dolore ad annos subsistit homo ferme quadringentos ,quia ad naturam elementorum, que nunquam in aliud declinant, durabiliores sunt illi, qui nascuntur / in eis et qui in eis habitare videntur. Nec absque divina dispositione fieri hoc credibile est, dilectissimi. Hec mirantur, qui scripta nulla rimantur.

Nos vero secundum quod audivimus quandoque et vidimus – salva, inquam, pace et gratia omnium vestrum – fatemur et testamur. Quapropter nec incongruum videtur, si a tempore domini Salvatoris nostri usque in dies Athanarici regis Gothorum [10] et Valentis Roma-

---

[5] *Dessin de la main du copiste, apposé à la marge latérale et exécuté d'après une instruction qui se trouve dans la marge inférieure. Un dessin semblable se trouve à la fin du Texte C, mais ici Jude est représenté comme frère de saint Etienne conformément à la plus ancienne tradition.*

[6] *Beaucoup de versions grecques et latines portent pour la centaine de l'Invention de la Croix 200, mais les versions syriaques parlent d'une période de 200 à 300 ans pendant laquelle la Croix était enterrée; voir l'article précité de N. Pigoulewsky.*

[7] matre *sua: Anne qui fut martyrisée avec son fils.*

[8] *Anselme de Liège, continuateur des* Gesta Episcoporum Tungrensium *d'Hériger de Lobbes, était d'un avis contraire. Dans la dédicace que, vers 1056, il adressa à Annon, archevêque de Cologne, il affirma:* a tempore diluvii nemo 200 annis vixisse *(MGH. SS., VII, 161).*

[9] B: doctores sacros. – *Pline* (Naturalis Historiae lib. VII, 2) *raconte que dans l'Inde orientale les* Pandae *vivent à 200 ans, les* Cyrni *à 140 ans, et que les habitants de l'île* Taprobane *jouissent d'une longévité* sine ullo corporis languore. *Plus loin (ibid., VII, 48), il parle d'hommes arrivés autrefois à l'âge de 152, 300, 600 et même 800 ans. Dans la Bible l'âge des patriarches postdiluviens varie de 205 à 600 ans.*

[10] *Athanaric, roi des Wisigoths, mort en 381.*

norum imperatoris [11] cum patre suo Emiu et avo suo Eliud [12] beatus SERVATIUS vixisse videtur. Vixit utique et eis regnantibus – ut maiorum, constat [13], etiam nostrorum, sollerti industria conscriptum [14] – sanctam Tungrensem ecclesiam regebat [15].

Divina autem, karissimi, et mirari oportet nos et venerari, precipue cum aperte sciamus, quia omnipotens et mirabilis conditor noster, sicut voluit, omnia disposuit, alteri largiora, alteri minora concedens tempora. Ipsi namque pio Ihesu unico filio suo paucissimos in mundo contulit annos. Enoch [16] vero et Elię quis novit numerum? Horum similia operatur cottidie idem rex bonus mille milia [17].

Ab illa igitur generatione prefata, generatione profecto regia quia Davitica, beatum SERVATIUM descendisse negare non poterit quisquis antecedentia diligenter attenderit.

103 Sunt preterea, fratres, qui nimis curiose singula, que de hoc beato viro dicuntur et leguntur, perscrutantes, quasi minus sit potens in eo quam in ceteris ęlectis suis, qui est potens et omnipotens: dicunt [1] enim: *Nec locus nativitatis nec consonantia nominis convenit, quia ex Hebreis surrexerit* [2].

Erat autem nomen oppidi Pestia [3], regionis Persida; nomen terre Armenia; nomen illius, qui in ea natus est, SERVATIUS. Si Persida,

---

[11] *Valens, empereur romain, 364–378.*

[12] *B:* cum suis etiam patribus Servatius....

[13] *B:* constat et nostrorum diligenti inquisitione investigatum et conscriptum, Tungrensem.....

[14] *Jocundus fait appel, ici, à ses principales sources, Hériger et Flodoard, qui également font vivre saint Servais du temps de Valens encore.*

[15] *B:* regebat ecclesiam, inter alios doctores et pastores nobilitate et sanctitate precipuus et clarissimus.

[16] *A:* Enohc.

[17] *B:* ..mille milia. Hec nimirum doctrina Traiectensium; hanc predicant, hanc quoque multiplicant. Illud autem mirantur et mirando iure dedignantur, quia super tanto viro, que non esse necesse potest, volat opinio, scilicet tempore Christi eum aut vixisse in terris aut eadem de generatione nequaquam descendisse: quod profecto nulla auctoritate probatur, nulla ratione solidatur, quia argumentis in talibus non operatur veritas, sed emulatio inimicissima.

103   [1] *A:* Dicunt. *B:* ista quoque supponunt.

[2] *B continue:* Econtra quid simplicitas parvulorum, audiamus. Certe, inquit, quo id probare nituntur, non laborioso eget argumento. Nam locus nativitatis Christi olym Effrata.....

[3] *Les Gesta donnent les variantes:* Phestia *et* Pnestia; *chez* Gilles d'Orval (MGH. SS. XXV, 20) *on trouve* Penestia. – *La phrase qui est corrompue à plusieurs endroits, manque dans B, mais on la retrouve dans les* Gesta (*éd.* Wilhelm, p. 20–21), *dans une leçon apparemment plus correcte:* Addidit quoque Alagrecus de loco nativitatis eius, quod nomen oppidi Phestia (*var.:* Pestia, Pnestia), nomen terre Hebrea, nomen regionis esset Persia, ut scilicet intelligatur Phestia oppidum in confinio Persidis et coniuncte Persidi ad austrum Armenie situm utriusque gentis confovere in se populos et legitima, ut ibidem caștrum Susis et alia multa. Nec incongrue Persidis vel Armenie pars illa dicitur terra Hebrea, ubi decem tribus filiorum Israel inreduci capitivitate inhabitabant, quos in Persidem profecto transtulit rex Assyriorum Salmanassar.

28ᵛ de qua exortus / asseritur iste amantissimus dei genitricis cognatus, non quod tunc forsan habet vocabulum nunc, sicut locus nativitatis Christi: olim [4] quippe Effrata, nunc Bethlehem dicitur, et locus passionis eius dudum Salem, dehinc Heliam, hodie Ierusalem [5]. Eodem modo et provintię multę, quia quotiens habitatores mutantur terrarum, tociens mutantur et genera linguarum, quod frequentius in illa terra fieri audivimus [6].

De hac eadem Persida ortus fuerat, ut legitur [7], martyr gloriosus monachus Anastasius, Marius et Martha, etc. [8]

Nominis quoque consonantia [9]. *Quoniam* [10] *homo hic ex Hebreis natus sit, nequaquam consentit,* dicunt, *cum hoc nomen SERVATIUS non sit ex illis, verum ex Latinis, et omnino ab eorum et elementis adque* [11] *voce existat alienum.* Bene quidem, fratres, bene. Sed Christi apostoli, cum ex tribu Zabulon et Neptalim fuerint exorti, nomina eorum qui sunt sortiti, an de generatione illorum separandi sunt, quia nichil horum est in eis? Quid dicemus? Illorum forsitan de genere descendunt, quorum nominibus appellantur. Ergo, quicumque alterius nomine censetur [12], eius de semine non erit alienus.

04   O insensate, o insipiens, tu, quod seminas non vivificatur, quia *omnis plantatio, quam pater meus celestis non plantavit, eradicabitur* [1].

---

⁴ *A:* Olim.

⁵ *B:* hodie Ierusalem. Hoc sane detrimentum urbes millene sentiunt totidemque provintie, quia quotiens habitatores..... *Voir pour l'étymologie saint Jérôme,* Liber de nominibus hebraicis (*Migne, Patr. lat., XXIII, c. 829*).

⁶ *B:* ...audivimus fieri. Contendunt enim semper hanc habere terram per se Arabite, nationes alie et diverse, quia lacte et melle fluens, videtur regio hec omnibus populis longe lateque positis. Quapropter et hec Persida regio, quia vicina est, de qua natus asseritur et iste amantissimus dei genitricis cognatus, non idem quod tunc forsitan habet vocabulum nunc, licet ex hac eadem Persida ortus fuerit martyr gloriosus monachus Anastasius, Marius et Martha, Audifax et Abacuc aliique numerosi, quos nominatim ponere hic, ne forte generaret fastidium, videtur onerosum.

Il s'agit des saints Maris, Marthe, Audiface et Abacuc, famille de martyrs persans, martyrisés à Rome en 270, et de saint Anastase Persan, martyrisé en Assyrie en 628.

⁷ *Renvoi à la Vie d'Anastase Persan (BHL. 408–411) et à la Vie des saints Maris, Marthe, Audiface et Abacuc (BHL. 5543).*

⁸ *Phrase abrégée. Pour un texte plus complet, voir la note 6.*

⁹ *B:* Sequitur. Nec nominis consonantia. Nominis vero consonantia non mutat hominis substantiam. Translata quippe nomina haud ignota loquimur, fratres: aut idem sonant aut significant quod prius, quemadmodum hoc nomen Ihesus. Quod nomen quidem gloriosum et omni laude dignissimum in Hebrea lingua et Latina idem sonat et tamen in nostra salvator dicitur sive salutaris, non aliam designans substantiam. Non minus et alia, sed plura et innumerabilia. Unde et hic desiderantissimus Traiectensium dominus in Hebreo quod significat, in Latino, ut audistis, vocabulo sonat.

Item. Nominis consonantia. Quoniam homo hic ex Hebreis natus sit....

¹⁰ *A:* quoniam.

¹¹ *A:* adque, *pour* atque.

¹² *A:* censentur. B, B 1 et B 2: censetur.

04   ¹ *Matt.* 15.13.

Hoc autem semen, hoc granum frumenti, beatus videlicet SERVA-
TIUS, de manu cęlesti, de dextera altissimi *in bonam cecidit terram* [2].
De bono bonus surrexit [3]. In bonam, in pulcram arborem excrevit et
altissimam.

Hec nimirum *arbor secus* salutarium *plantata decursus aquarum* [4],
certis temporibus sacerdotii sui *redidit fructum centesimum et sexage-
simum* [5]. Hec est profecto *vinea illa, que expandit palmites suos usque
ad mare et usque ad flumen propagines eius* [6].

f. 29ʳ   Tantus ergo cum sit homo / hic, diligendus est, venerandus, et revera dicere possumus, omnia illum habuisse que Christo capiti nostro
adherent membrorum officia. Nam cum vir iste mitissimus ad preces
pauperum aures devotissime inclinaret, nonne per eum dominus
audiebat? Cum vero necessitates singulorum inspiceret, nonne per
eum dominus videre dignabatur? Gustum atque odoratum eius
dominus regebat, gressus et opera eius dirigebat. Per has sane portas
contra hostes pugnaturus, ut miles exivit fortissimus. Ante has portas
fideliter erogavit domini sui pecuniam. Per has vero regressus ad
dominum suum pro labore meruit audire: *Intra in gaudium domini
tui* [7].

Milia non timuit populi [8] patriam populantis,
Nam dominus hunc preveniens in pace recepit.

Itaque inter illa felicissima supernorum civium agmina iure sanctorum contuberniis fruitur, quorum vestigia secutus fuisse probatur.
O virum ineffabilem, o pontificem incomparabilem, cuius et tumulum
tanta protexit celestis gratia, ut neque nix aliquando tangeret neque
pluvia aliquando perfunderet [9], etiam cum ex vetustate tectum videretur et tempestate abiectum [10].

Ad confirmandum ergo, quia beatus SERVATIUS ex Hebreis
fuerit natus nec locus nativitatis nec consonantia nominis contradicere
poterit [11].

[2] *Marc.* 4.8; *Luc.* 8.5–8.
[3] *B:* De terra surrexit bona.
[4] *Psal.* 1.3; *Jer.* 17.8.
[5] *Matt.* 13.8.
[6] *Psal.* 79.12.
  B: . . .propagines eius. Super eam revera habitabunt volucres celi, ipsius ad gloriam et
honorem potentissimi regis celorum. Nunc ista nobis; cetera requirat diligentia lectoris. –
Joignant le geste à la parole, le scribe de B, ici, saute l'alinéa qui suit.
[7] *Matt.* 25.21 *et* 23.
[8] *cfr. Psal.* 3.7.
[9] *voir au chap. 118.*
[10] *voir au chap. 119. – La phrase est une anticipation sur la partie qui suit* (Pars IVᵃ: De
tumuli sci Servatii protectione celesti).
[11] *B:* Ad confirmandam ergo rationem veritatis, quia desiderantissimus vir iste de quo

5 Pretereundum nec illud videtur, dilectissimi, quod huic sententie subinfertur. Aiunt itaque, a Coloniensi synodo, in qua [1] – vestro patrono presente et Anastasio [2] Alexandrino episcopo, quem Constantius [3] imperator ad urbem Treverorum miserat exilio – Effrata eiusdem Agripine civitatis pontifex dampnatus est adque [4] depositus, centesimo et 9ᵛ sexto [5] anno, / temporibus Martiani [6] et Valentiniani [7] imperatorum contra Etium [8] patricium Attila rex Hunorum gessit bellum. Mira res [9], fratres, et stupenda nimis, sed utinam in deo et absque invidie dolo.

Nam [10] Valentis [11] imperatoris supramemorati [12] diebus partes Romanorum impugnabant Gothi vehementerque vastabant. Contra illos ab eodem Valente [13] quibus imperabat prefatus Attila missi sunt Huni [14]. Porro Gothis ultra Danubium repulsis terram eorum sine vectigalibus habere perpetuo [15] concessum est a Romanis principibus, sicut iam dudum audivimus [16].

loquimur, ex hebreis ortus fuerit, nec locus nativitatis ut credimus nec consonantia contradicit nominis. – *La phrase contient la conclusion de la dispute qui précède, mais avant de passer à la partie suivante (IV) l'auteur va discuter encore une objection d'ordre secondaire (voir le chap. 105).*

05 [1] *A:* quo. *B:* qua.

[2] Anastasio: *sic A et B, pour* Athanasio (*Athanase le Grand, patriarche d'Alexandrie, 328–373*); *par confusion, sans doute, avec Anastase Persan. Voir aussi les chapitres 29 et 103.*

[3] *Constance II, empereur, 337–361.*

[4] adque: *sic A, pour* atque.

[5] *c.à.d. 106 ans après le synode de Cologne qui avait eu lieu en 346 (Mansi, Concilia, II, 1371). L'addition donne 451: année précise de l'invasion et de la défaite des Huns. L'auteur des* Gesta sci Servatii (*Wilhelm, p. 67) parvient au même résultat, mais au moyen d'un autre calcul, c.à.d. en plaçant ces événements 70 ans environ après la mort de saint Servais.*

[6] *Marcien, empereur, 450–457.*

[7] *Valentinien III, empereur, 424/5–455.*

[8] *A:* Fiche, *ce que Wilhelm (p. 281), à tort, rend par:* tiche. *Evidemment, le scribe de A n'y a rien compris. Il s'agit tout simplement du patrice Aèce* (Aetius, *mort en 454), vainqueur d'Attila. Le scribe de B, mieux avisé, donne:* etium.

[9] *B:* Mira quidem, fratres, sententia. – *D'après la légende, saint Servais aurait rencontré et baptisé Attila, du temps de Valens qui mourut en 378. A l'exemple de ses sources: Hériger* (MGH. SS., VII, 176) *et Flodoard* (MGH. SS., XIII, 417–418), *Jocundus aussi fait rentrer en scène Valens pour l'année 451. – Jocundus trouve étonnante, voire stupéfiante, cette datation (451) qui semble présupposer que saint Servais et l'empereur Valens étaient toujours parmi les vivants en 451. Il ne la désapprouve pas en soi, mais seulement comme une nouvelle objection contre son argumentation relative à la généalogie de saint Servais et l'âge de ses ascendants. Au chap. 108, il reviendra sur cette objection qui le gênait fort.*

[10] Nam: *formule qui introduit la réponse à ladite objection.*

[11] *B:* Valentiniani.

[12] *voir au chap. 61.*

[13] *B:* Valentiniano. – *Tout comme ses sources (Hériger et Flodoard), l'auteur fait rentrer en scène l'empereur Valens (mort depuis 378), avec l'invasion d'Attila! Le scribe de B (ou son modèle) a remplacé le nom de Valens par celui de Valentinien. Il a en vue, sans doute, Valentinien II (383–392), car saint Servais est mort sous le règne de cet empereur.*

[14] *B:* Huni, gens ferox et valida nimis, sed monstruosa et aspectu horribilis.

[15] *B:* perpetuo, sicut in sequentibus videtur liquidius, concessum...

[16] *voir au chap. 61.*

106 Horum scilicet Hunorum adventum, qui convenerant Traiectum in beati pontificis transitu, etiam formidabant. Sed quia post eius abscessum continuo non est impletum quod predixerat verbum, abierunt multi in domum suam. Et quia non habebant rectorem, ad ritus paganorum conversi in omne malum extendebant manum. Et *facta sunt novissima eorum*, pro dolor, *peiora priorum* [1]. Sed divina pacientia ulterius non ferens hec mala, quia multiplicata sunt nimis, sicut in diebus Noe [2], terram universam delere disposuit [3].

107 Et ecce: dux quidam venit ex Romanis nomine Maximus [1], qui Gracianum imperatorem dolis circumventum occidit apud civitatem Lugdunum eiusque fratrem Valentinianum de Italia expulit [2]. Et solus factus est princeps magnus in universo regno. Galliam ille pre ceteris terrarum provinciis diligebat et in ea sedem suam ponebat [3], quia munita erat valde, urbibus multis repleta, opibus forcium et nobilium fecundissima militum. Illis confisus eorumque virtute, potentissime se agebat in omnibus dux ille Maximus cunctaque legitima terrę ab antiquis Romanis instituta, ne minor aut ęqualis videretur antecessoribus suis, omnino tolli/iussit et de terra Gothorum, quam tenebant, reddere tributa Hunos coegit.

f. 30ʳ

108 Ut autem sciatis et ordinem rei et veritatem dei ereptique de laqueo dubietatis, in quam se incidisse perplures conquesti sunt, cum ceteris Christi fidelibus in pace gaudeatis, tempora illa per reges terrarum et principes distincta notate et scitote, quia, nisi fallimur, ideo descripta sunt supra [1] per imperatores Marcia-

---

Le ch. 105 termine la troisième partie de l'ouvrage. Le scribe de B, ici (f. 228ᵛ), passe au récit du pèlerinage de saint Servais à Rome et à la vision de saint Pierre. Dans les manuscrits B 1 et B 2 aussi qui omettent toute la troisième partie, c'est ici le passage à la quatrième partie.

106 [1] *Matt.* 12.45.
[2] *Gen.* 6–8.
[3] *B (f. 230ᵛ) donne de ce chapitre un texte quelquepeu varié:* Tunc omnes, qui erant in Gallia, relictis universis que habebant, fugerunt ad sepulchrum eius, credentes non posse salvari nisi per eum et iuxta eum. In diebus illis sane Romani videntes quia Huni prevalent in terra sua et devastant universa, pacto inito, miserunt eos contra Gothos, ut supra relatum est. Gallia quoque ad ritus paganorum conversa, quod est iustum quod sanctum deserens, horum in oppositis desudabat vehementissime. Sed divina pacientia ulterius non ferens hec mala, quia multiplicata sunt nimis, nec est qui doleat nec est qui redeat, sicut in diebus Noe universam terram delere placuit, ut rerum probat nunc eventus.

107 [1] Maximus (Magnus), *usurpateur, puis empereur (383–388), après avoir fait tuer, à Lyon, l'empereur Gratien (367–383), frère de Valentinien II.*
[2] *B, ici, omet le reste du chapitre et intercale un chapitre qui manque dans le cod. de Trèves, mais dont l'authenticité ne me fait pas l'ombre d'un doute. Aussi, je rends à ce chapitre sa place dans le texte de Jocundus, en lui conférant le numéro d'ordre 108.*
[3] *Maxime résidait à Trèves.*

108 [1] *supra: renvoi au chap. 105. L'auteur observe que c'est en vain qu'on veut offusquer ou diminuer la gloire de saint Servais en faisant dater de 451 la défaite d'Attila. Il en est, poursuit-il, comme de la garde discrète du tombeau du saint et de ses trésors: on est dur à la montrance; la visite est même interdite aux Juifs, afin que ceux-ci demeurent ignorants du fait, que le grand saint veille sur le monde. Mais tout cela – conclut l'auteur –, n'a pu diminuer en rien la gloire du saint parmi les nations.*

num [2] et Valentinianum [3] in tanta gloria ne regnare videatur in hominibus hic beatus Servatius, cuius meritis et precibus totus nunc exultat mundus [4].

Ad monumentum quoque huius magni et nobilis Israhelite idcirco, ut estimamus, et custodes ponunt [5], ne Iudeorum perfida corda scindi ad credendum lapidibus duriora eum mundo in gloriam evigilasse cognoscant. Sed ille, cuius oculis nuda et aperta sunt omnia, fecit et illis nimirum ad ignominiam, quod magnifica nominis eius gloria [6] et tangit sydera, sanctitas quoque eius et sanctitatis virtus signis et miraculis etiam ad exteras nationes floret et florebit in eternum.

Pars IV[a]: *De tumuli sci Servatii protectione celesti*

9 Maximus autem supradictus de terra Gothorum, quam tenebant, reddere tributa coegit Hunos [1]. Unde illi nimis irati et fame, quę eo tempore in universa terra erat gravissima compulsi, exierunt uno animo in Galliam [2]; in solium glorie sue ille erexerat, divertentes et omnes in morte eius agentes. Audivit ille [3], Romam festinavit redire. Occurrebant ei nec longius ab urbe Aquilea Valentinianus, quem expulerat ab Italia, cuius fratrem Gracianum occiderat, et Theodosius [4] rex orientis et occiderunt eum.

Huni vero, in proposito manentes et iuxta verbum viri dei agentes, civitatem Tungrorum obsederunt et, licet multum temporis ibidem adimplevissent nec longius urbs Traiectensium deesset, domino cooperante, beato SERVATIO defendente, nullus accessit, nullus vidit, etiam cum ibidem Mosam fluvium transissent. Octavia vero tandem destructa et ad radicem usque deleta, omne masculum in ore gladii percusserunt. Mulieres captivas abduxerunt. Parvulorum alios comedebant, alios in opus simile sibi reservabant, quia animalia non habebant, quibus vesci solebant.

---

[2] B: Marcicianum. – *Marcien, empereur d'Orient, 450–457.*

[3] *Valentinien III, empereur d'Occident, 424/5–455.*

[4] B 1 et B 2: ....descripta sunt in tanta gloria ne supra per imperatores Marcianum et Valentinianum regnare videatur hic beatus Servatius, cuius meritis et precibus totus nunc exultat mundus.

[5] ponunt: *entendez:* cives ponunt, *et non pas:* fratres ponunt, *car le texte de Joconde est adressé aux* fratres. *Le tombeau de saint Servais était confié aux soins du* custos (*coûtre et trésorier*) *du chapitre. Les paroissiens-bourgeois avaient-ils adjoint à ce dignitaire un nombre de gardiens* (custodes) *pour surveiller le sanctuaire et repousser les visiteurs indésirables* (*voleurs, Juifs, etc.*)?

[6] B 1 et B 2: magnifica gloria eius.

9 [1] *Dans A, le chap. 107 se termine par cette phrase. Dans B, la phrase introduit un nouveau chapitre qui fait suite au chap. 108.*

[2] *Les Huns n'ont franchi ni le Rhin ni les Alpes en 388, comme le veulent Jocundus, Flodoard et Hériger, induits en erreur par Eginhard; cfr. Vlekke, pp. 10–11.*

[3] ille: *i.e.* Maximus.

[4] *L'usurpateur Magnus Maximus fut vaincu par Valentinien II et Théodose Ier le Grand et mis à mort à Aquilée, le 28 juillet 388.*

110   Hoc modo Galliam longe lateque vastabant pervenientesque ad urbem Mettensium in vigilia Pasch̨e, circumdederunt eam. Cum ergo fatigati longa obsidione fuissent et recedere vellent, muri civitatis ultro corruerunt aditumque eis patefecerunt. Tunc ingressi, quemadmodum apud Tongros, omnes interfecerunt in ore gladii, ipsam urbem tradentes igni. Beati Stephani prothomartiris oratorio, sicut promissum est, manente illeso, quod videbatur omnibus a quodam splendidissimo viro super illud stante in armis bellicis defendi et liberari.

111   Hinc ad urbem Remensium, cuius in portis ipse diabolus ostendit se,
f. 30ᵛ quia dux est eorum et signifer. Illa destructa eiusque episcopo/sanctissimo viro Nicasio [1] una cum sorore sua Eutropia virgine sacratissima omnibusque interemptis civibus, iter agebant Trecas, civitatem quoque Galliarum magnam et gloriosam.

112   Quos cum videret eius pontifex beatus Lupus [1], stans super portam miratus eos, aiebat: *Quis nam iste tam violenter qui nostram ingreditur terram, urbes destruit nostras nosque disperdit, filios nostros abducit captivos? Quis ergo iste est?* Aderat tunc forte ad portam princeps Hunorum et continuo in hec verba prorumpens: *Ego sum*, inquit, *Attila, flagellum dei.* Cui antistes: *Et ego sum*, ait, *Lupus, servus dei.* Et reversus in se pusillum adiunxit: *Servum autem dei oportet cedere flagello dei. Ergo cedamus et nos.* Et eadem hora iussit aperiri portam. Ille cum omni exercitu suo transivit a porta in portam, ex utraque parte habens quasi murum tenebras adeo densas, ut neminem videret nec cuiquam noceret. Tantum enim beati pontificis valuit oratio et fidei devotio.

113   Plures sacerdotes adque pontifices, quorum sanguine tanquam rivulis aquarum sacre redundabant ecclesie, ab ipsis percussi interierunt [1]. Bisuntium quidam sanctissimus episcopus [*i.e.* Antidius] [2] cum omnibus qui erant in Burgundia, in ore gladii transivit Christi in gloriam.

114   Hunis autem, ad fines terr̨e volentibus usque procedere, cum innu-

---

111   [1] *D'après la tradition rémoise, représentée par Flodoard (MGH. SS., XIII, 417–420), saint Nicaise aurait été martyrisé en 407 par les Vandales. Des commentaires ultérieurs, comme celui de Jocundus, l'ont fait contemporain de saint Aignan d'Orléans et de saint Loup de Troyes qui vécurent en 451 à l'époque des Huns, mais aussi de saint Servais qui mourut au IVᵉ siècle. Dans* Bibliotheca Sanctorum, IX (1967) 853, *Henri Platelle prouve l'évidence de la version de Flodoard.*

112   [1] *Pour écrire ce chapitre, Jocundus a pillé la* Vita IIᵃ sci Geminiani *qui fut composée à Modène au Xᵉ siècle (BHL. 3297). Voir plus haut, Introduction, § 32.*

113   [1] *Saint Mémoire, diacre de saint Loup de Troyes, et ses compagnons. Voir § 37.*
  [2] *saint Antide, évêque de Besançon, mort vers 411. Sa translation eut lieu le 24 janv. 1044. Le nom manque dans A, mais il est exprimé dans B.*
  B: Sanctus etiam Antidius presul Bisoncensium fere cum omnibus qui erant in Burgundia, in ore gladii transivit Christi in gloriam. Nulla vero civitas, nulla ecclesia excepto prothomartyris oratorio quod est in Metensi, ut dictum est superius, oppido, necnon Traiecto quod servant ossa beati Servatii; hac quoque sancti Lupi civitate: intacta legitur remansisse.

mera multitudine populorum occurrerunt principes Francorum [1] eosque vehementer cesos in Meotidas [2] paludes eiciunt. Ubi, postmodum a Karolo Magno eiusque filio Pipino inventi [3], etiam nomine perierunt. Per onmia benedictus deus, qui liberavit terram ab his quoque demonibus.

115
31r Illis sane diebus, peccatis populi exigentibus, factum est in/universa Gallia, quod narretur nec sine gravi merore in omnes generationes seculorum. Nam castella eorum sunt eversa, ecclesię sanctorum concremate, monasteria virorum et feminarum destructa. Ab omni cultore destituta, quasi solitudo vacat terra. Occupant bestię loca, quę multitudo hominum tenebat antea. Ubi prius laus dei, nunc resonent volucres celi.

Omnis [1] via tabescit putredine occisorum. Iacet terra omni seditate referta. Mirabile visu, mirabile dictu [2].

116 Post hec, fratres, annuente illa ineffabili redemptoris nostri clementia, illa incomparabili conditoris nostri gratia, quievit ira dei, cessavit indignatio altissimi populisque Galliarum iamiamque stillabant misericordiae celi et, ecce, urbes, ecclesie ą Christi fidelibus, qui nuper venerant, nuper intraverant, ubique edificari ceperunt; illa olim gloriosa, illa olim inclyta civitate Tungrensium numquam a ruina sua levanda prodolor, numquam reparanda. Traiectensium autem oppidum, sicut promiserat dominus, adhuc illesum, adhuc inviolatum [1] in Christo

114 [1] *en 451, à la bataille du* Campus Mauriacus (*à une vingtaine de kilomètres à l'Ouest de Troyes*).
[2] Meotidas: *sic A, pour:* Meoticas. *Par* Meotis *ou* Meotica palus *Pline l'Ancien, Mélas et Lucain désignaient la Mer d'Azow* (*dite Mer de Zabache, au moyen-âge*). *Hériger – à qui Jocundus a emprunté le présent alinéa – précise:* ad Meotidas paludes vel in Pannoniam (MGH. SS., VII, 176), *c.à.d. en Hongrie. – Jocundus a emprunté à Hériger non seulement l'orthographe erronée* Meotidas, *mais aussi la localisation des Huns en Pannonie (Hongrie). Pour la localisation, Hériger, à son tour, a puisé dans Einhard* (Vita Karoli Magni, *cap.* 13: ....contra Avaros sive Hunnos ... in Pannoniam .... expeditionem fecit). *– Einhard, Hérigar et Jocundus sont unanimes à localiser en Hongrie les Huns défaits, mais, en réalité, ceux-ci se sont retirés en Bulgarie (Moesia, Mésie) et aux environs de la Mer d'Azow.*
[3] inventi: *sic A, mais manque dans B. Wilhelm* (Gesta, *p.* 282 *ligne* 15) *donne la leçon curieuse:* in Venetiam nomine perierunt. *– W. Levison (Westdeutsche Zeitschrift für Geschichte und Kunst, XXX, 1911, p. 516) a eu raison de proposer l'émendation* penitus etiam nomine perierunt, *car Hériger, source de Jocundus, donne* penitus etiam nomine disperiere. (MGH. SS., VII, 176).

115 [1] *A: le scribe, ici, va à la ligne.*
[2] *Au lieu de ce petit alinéa – abrégé maladroit – B donne un paragraphe plus développé et plus cohérent:* Omnis via tabescit putredine defuncti. Ipsum celum, ipse stelle tantam ne videant cladem, suam festinant abscondere faciem. De quibus malis flere convenit; quam plura dicere? Incomparabilis enim ubique, ubique videtur miseria. Tantorum ergo ruina, quid humana mereatur malitia, apertissime indicat. Unde summopere cavendum est homini, ne perdat quod manus divina plantavit.

116 [1] *B:* inviolatum omni gloria, omni honore habundans, utpote quo omnes maiores regn imminente bello Hunorum confugerant, cuncteque divitie terre confluxerant, in Christo digne letatur....

digne letatur atque sepulti sui venerabilis Servatii, qui radiis virtutum multorumque signorum universam tamquam Lucifer illustrat provintiam, nobilitate et sanctitate cunctis supereminens urbibus habetur.

Venit ad aures pontificum, ad aures procerum [2], quoniam antiqua brachii divini miracula per hunc electum dei innovantur in terra vestra [3]. Hec magnalia omnipotentis videre cum muneribus ruunt [4] ad eum omnis nobilitas, omnis dignitas, omne quoque vulgus terrę. Qui veniunt egri, redeunt sani. [5] Magna quidem res, karissimi, fides si est in granum synapis, quod altissimum ponit in abyssum. Illius in benedictionem, qui omnia prestat possibilia credenti: Ihesus Christus dominus noster.

117 Hoc circa tempus supra basilicam, in qua beatus Servatius erat/
f. 31ᵛ reconditus, quasi ignis columnam ipsius in festivitate a vespera usque in auroram manere ac lucere [1] ipsumque oppidum ex ea irradiatum tota nocte resplendere et qui ex longinquis venerant populi videbant. Hanc sane noctem tam advenę quam indigenę ducunt insomnem, in ymnis et confessionibus benedicentes dominum eiusque [2] sanctissimum famulum, cuius sibi nunc aperiuntur celestia.[3] Orto mane omnes agunt de hoc miraculo. In bonum converti optant universi. *Non esse periculum quia divinum,* sacerdotes aiunt et cuncti seniores. *Ut autem sit timor eius in populo, honor in domino, flamma ostendit in celo.* Hec dicentes, non incongrua ratione probant, quod factum est, cum dominus Moyisi, spiritus sanctus apostolis in igne apparuit. Nullus profecto rediit ingratus, qui ea die venerat insanus.

His igitur et huiusmodi benedictionibus peregrini ad desiderium animę suę saciati, cum gaudio redeunt in sua, que [4] sub oculis erant multiplicantes opera videlicet magni dei. Unde usque in fines Hispanię[5] pervenit huius beatissimi viri magnificentia sanctitatis et letati sunt universi.

118 Dehinc aliud oritur miraculum non minus memorandum atque venerandum. Nam die quadam a deserti regione vento [1] vehementius

---

[2] *B:* ad aures qui tunc palatio preerant procerum.
[3] *B:* nostra.
[4] *B:* ruit.
[5] *B:* sani. Omne quod queritur bonum, optinetur per illum. Magna quidem res....

117 [1] *B:* a vespera et per totam noctem lucere et usque in solis ortum manere, et qui ex longinquis venerant videbant populi magnum quidem et ammirabile donum et post adventum spiritus sancti super apostolos inusitatum.
[2] *B:* atque magnificantes laudibus eius sanctissimum....
[3] *B: omet:* cuius sibi nunc aperiuntur celestia.
[4] *B:* et que sub oculis noverant ubique dilatabant, magna videlicet opera dei. Unde et in fines Equitanie usque pervenit magnificentia eius glorie.
[5] *A:* Hispanie; *B:* Equitanie.

118 [1] *le siroco ou siroc!*

irruente, tectum basilicę eiusdem contigit cecidisse. Conveniunt statim
devotissimi cives sacras operire edes. Set ² ad effectum nullius pervenit
affectus. Ostendere enim populo placuit altissimo, quam preciosa
gemma hac latebat in terra. Aderat enim tempus, quid sit in voluntate
dei idoneum declarare ³, hiemps videlicet iuxta naturę suę proprieta-
tem diversarum habundantius tunc affluens tempestatum. Nocte
₂ʳ etenim in una nix gravior solito cecidit, ad pedes / ferme duos et tres
cooperiens terram. In circuitu vero cum omnia replesset, amplius et
accresceret, in tantum ut ad sacrum locum accedere volentibus nec
via pateret, sepulcrum tamen beati Servatii nequaquam tetigit ⁴. Pluvia quoque licet sepius densissima, ut in hoc tempore et gravissima
dum ruit fugit, nec ulterius accessit nec proprius. O miranda, o veneranda benignitas Salvatoris dei, qui in electis suis semper est mirabilis,
semper laudabilis et gloriosus ⁵! Hoc cognito miraculo omnis terra huius beati viri patrocinio letatur in domino. Quamdiu ergo basilica, de
qua prefati sumus, tectum non habebat, nec tegi poterat – facile enim
non reponitur, quod magnum destruitur –, tamdiu ab omni potestate
illesum mansit eiusdem monumentum ad laudem illius qui omnia ponit
in misericordia et miseratione.

19   Aliud quoque opus divinum nec longius hinc circa eundem locum
factum caritati vestrę nunc pandere, videtur non incongruum. Nocte
etenim quadam, cum matutinas celebraturi intrarent basilicam eandem canonici ¹, quasi novo pallio coopertum beati Servatii tumulum invenerunt. Quidnam sit quisve tam preciosum munus attulerit, mirati
sunt et secreto conferebant ad omnes etiam ⟨qui⟩ ² intrabant. Clara
vero die diligentius illud intuentes nec ab aliquo esse allatum relatione
custodis agnoscentes, angelicum esse quod cernebant universi clama-
bant. Quidam eorum, qui maioris scientię videbantur esse, mirabiliter

---

² Set: *sic A, pour* Sed.

³ *B:* tempus quo sit in voluntate dei ydoneum satis id probare de celis, videlicet hiemps...

⁴ *Le miracle de la neige est déjà mentionné par saint Grégoire de Tours dans son* Liber in
gloria confessorum, *c .71* (MGH .SS. rer. merov., I, 790). *Cet auteur le compare à la traversée de
la Mer Rouge par les Juifs et en conclut, que saint Servais avait été un vrai Israelite* (verus
Israelita).

⁵ *B:* ..qui in sanctis, qui in electis suis solus est mirabilis, solus omnipotens, ut in hoc
dilecto eius videtur hodie. En! cinis et pulvis et visitatur de celis et frequentatur ab angelis.
Omnis quoque terra meritis eius letatur et intercessione consolatur, unde et vos, ut confidenter dicamus, fratres, vere beati et nimium beati, qui in alis eius hanc ducitis vitam, qui in
sinu eius quiescitis, quia tanto sub pastore, tanto sub duce securi pervenitis ad regna, que
promisit diligentibus se ille nimirum, ille qui vivit et regnat deus in secula seculorum. Eum
interpellate et pro nobis, karissimi, rogamus et obsecramus, ut in sorte hereditatis vestre et
nos digne numerari mereamur. Quamdiu ergo basilica huius beatissimi patris....

19   ¹ *B:* fratres ecclesie quorum eo tempore multi erant.

² *A:* etiam intrabant. *Le passage manque dans B.*

contradicebant, hec subiungendo verba: *In celo, fratres, cum nichil horum fiat, maxime cum sit apud superos summa quies, summa beatitudo – contemplari scilicet presentiam vultus dei eiusque gloria perpetuo gaudere, ipsos etiam ad invicem, ut sol et luna, resplendere: hinc venisse credendum non est* [3]. *Ibi artifices operari in auro, alio et in metallo, diversi*

f. 32ᵛ *quoque generis in vestibus, quis fidelium vel prodere lingua/debet in ecclesia?* Ad hec iuniores: *Verum esse*, inquiunt, *quod dicitis, karissimi, et nos fatemur. Ad confirmandam tamen fidem nostram, ad confortandas in Christo simplicium mentes, qui carnem et ossa non habent, in utroque frequentius apparent, hominibus* [4] *ministrant mortalibus collocuntur, conversantur, sicut auditur, cum Moyses, Tobias aliique patres sancti in ecclesia leguntur* [5]. *Quid enim impossibile deo? cum Samson de melle commedit quod in leone repperit,* [6] *de fonte bibit qui de mandibulo asini prosilivit?* [7]. *Exceptis vero his, quę ante legem et in lege fecit benificia* [8] *manus excelsa dei.*

120   *Abbas noster sanctus Benedictus, ut pie recordationis papa Gregorius* [1] *refert, ducentos modios farinę, cum fames Campaniam vehementer attereret, die quadam repperit ante cellam suam.*

Panem reddidit clibanus, quem posuit nullus [2].

Beata Agnes, a prefecto urbis Rome nuda eiecta in lupanar [3], *stolam candidam accepit de manu angeli. Post mortem vero in vestitu deaurato mille cum virginibus circa sepulchrum suum vigilantibus apparuit suis parentibus, dicens constanter ad omnes:* Congaudete mecum et congratulamini, *etcetera* [4,5].

---

[3] *B: ..credendum non est.* Ad hec verba alii subiungunt: *Verum esse quod dicitis, karissimi, et nos fatemur. Attamen ad confirmandam fidem nostram.....*

[4] *B: ..ad confortandas in Christo mentes fidelium ipsi de celo angeli apparent....*

[5] *B: ...leguntur, excepto vero hiis que et per eos ante legem et in lege facta sunt beneficia dei.*

[6] *Judic.* 14.9.

[7] *Judic.* 15.19.

[8] sic *A* pour beneficia.

120   [1] *B: ...* Gregorius in suo refert dyalogo ducentos... *Cfr. Gregorii Magni Dialogi, liber II, cap. 21 (Migne, Patr. lat., tome LXVI, 1859, col. 172; éd. Umberto Moricca, Rome 1924, pp. 110–111). Manque dans Flodoard, De Christi triumphis apud Italiam, XIII, c. 8 (Migne, Patr. lat., CXXXV, col. 838–844: De sco Benedicto).*

[2] *B ne donne pas cette phrase qui est donc, peut-être, une interpolation. A paraît avoir oublié le nom du saint qui a fait le miracle et qui peut difficilement être saint Benoît dont aucun miracle de ce genre n'est connu.*

[3] *B:* cum a prefecto urbis Rome ob invidiam christiani nominis sicut sepius audistis nuda eiceretur in lupanar....

[4] *Flodoard, De Christi triumphis apud Italiam, lib. VIII, cc. 19 et 21 (Migne, Patr. lat., tome CXXXV, col. 743–748).*

[5] *B. fait suivre:* Sancta Cecilia virgo prudentissima cum sponso suo beato Valeriano floribu rose et lilii insertam ab angelo suscepit coronam. *Cfr. Flodoard, De Christi triumphis apus Italiam, lib. IV, c. 10 (Migne, Patr. lat., tome CXXXV, col. 661–664).*

Romano pontifici beato Clementi altera die passionis suę in mari constructum repertum est habitaculum [6].

In basilica, quam Archangelus in Monte Gargano elegit, consecravit, ut aiunt Sepontini [7]: *cum primum intrabant, invenerunt altare rubeo coopertum pallio* [8].

Cecilia virgo prudentissima roseam coronam suscepit ab angelo [9].

121 *Quis enim dinumerare potest, quanta fecit manus divina? Erat inter hęc, fratres, non indignum pio redemptori nostro, hunc etiam dilectum suum in terra aliena mirabilius honorare, diligentius glorificare, ut qui genus et patriam ignorant, quam nobilis, quam magnus aput eum sit in celestibus, et donorum novitate probent et signorum ammiratione.*

Quare cessatis [1], *patres, cessate; a domino factum est istud et est memoriale in generationes seculorum.*

33ʳ His dictis, quod inventum est [2] summa cum reverentia/tollentes, quo in loco digne servetur, fideli testimonio [3] fratrum posuerunt.

Pars Vᵃ: *De primis successoribus sci Servatii*

122 Tantis ergo dominus cum hunc electum suum beatum Servatium magnificaret virtutibus, glorificaret honoribus, Aurelię [1] cum episcopis, cum sacerdotibus, omnis principatus Gallię consedit, ecclesiarum instituta renovare, et inter alia Jhesu Christi mirabiliter agebant uni-

---

[6] *B:* ...altera die passionis sue in modum templi marmorei constructum in mari repertum ....*Cfr. Flodoard, De Christi triumphis apud Italiam, lib. II cc. 1 et 14 (Migne, Patr. lat., tome CXXXV, col. 614 et 629). Voici la légende: L'empereur Trajan fit envoyer saint Clément en exil à Cherson, puis il le fit jeter à la mer..., mais la mer se retira à une distance de trois milles et les chrétiens trouvèrent, à l'endroit où Clément avait péri, un temple de marbre, à l'intérieur duquel était un sarcophage qui contenait le corps du saint. Chaque année la mer retire de la sorte pendant sept jours. En 861, les reliques furent découvertes et transportées à Rome.*

[7] Sepontini: *les habitants de Seponto.*

[8] *Cfr. Flodoard, De Christi triumphis apud Italiam, lib. XIV, c. 1 (Migne, Patr. Lat., tome CXXXV, col. 853). Voir aussi:* Apparitio sci Michaelis in Monte Gargano (*BHL. 5948*), pub. dans: MGH. SS. rer. Langob. et Ital., 543, 7. – La légende date des VIIIᵉ/IXᵉ siècles. En voici la teneur: trois évêques se rendirent au Mont-Gargan pour consacrer le sanctuaire de l'Archange saint Michel, mais dès leur entrée ils constatèrent que le sanctuaire avait déja été consacré de manière miraculeuse. Près du Mont-Gargan, les Saracènes furent battus en 663.*

[9] *B range la légende de sainte Cécile entre celles d'Agnès et de Clément; voir à la note 5.*

121 [1] *B continue: ... karissimi, cessate, que sunt profundiora abyssis querere operta altissimi atque ut unici et devotissimi filii, illi, qui nostro amantissimo patrono, nostro desiderantissimo domino pre ceteris tanta munera contulit sanctis, gracias pro modulo nostro referamus dignas, quia in diebus nostris hoc magnum, hoc venerabile donum datum est de celis. Oportet autem nos et veraciter scire et credere, quoniam qui facit angelos suos spiritus et ministros suos flammam ignis, horum maiora potens est et in terra.*

[2] *B:* ..dictis, hoc pallium tulerunt...

[3] *B:* ...testimonio omnium fratrum....

122 [1] *Pas plus de cinq conciles furent tenus à Orléans: en 511, 533, 538, 541 et 549. Hériger de Lobbes, principale source de Jocundus, mentionne seulement celui de 549. Saint Agricole, premier successeur de saint Servais, mourut vers 420. Avait-il été élu à Orléans, comme le veut Jocundus?*

versi de civitate Tungrensi. Huic autem, que magno dei perierat iudicio, manum misericordię – quod omnes querebant, omnes desiderabant – nullus presumebat addere. Gemebant cuncti, flebant universi, quia non erat maior, non erat nobilior illa in universo regno. Aiebant etiam ex relatione fidelium magnum miraculum, scilicet urbis post eversionem mare nec semel redisse ad eam [2].

Inter hec et alia multa hoc precipuum in oculis omnium ponebant, dicentes: *Cum notum sit, fratres, omnibus nobis, illum amantissimum domini Servatium in mundo nulli esse secundum, quis mortalium immo quis celestium mutare audeat, alio transferre presumat* [3], *quę ei Solime, que Rome, quę Tungris manus divina concessit? Quicumque ergo contra hec nimirum angelica, nimirum divina et apostolica instituta opere aut voluntate egerit, anathema sit* [4].

123 Omnibus itaque domino sollempniter adimpletis, quidam vitę probabilis nomine Agricolus eligitur, episcopus consecratur atque Traiectum regia sub manu dirigitur. Hoc verbum cives agnoscunt. Omnes illi in magna gloria occurrunt et in basilica apostolorum principis et sui patroni venerabilis Servatii, sicut statutum fuerat, decentissime ponunt. Vixit ille annos plurimos, digne regens se et populum dei. Quod autem minus erat in edificiis ecclesie, devotus adimplevit, quia nullus ante eum quod vi ventorum fuerat abiectum reposuit tectum. Devicto autem mundo hosteque maligno feliciter ille transivit ad patriam, dilectoribus Christi ab origine mundi repromissam.

124 Pontificalis igitur dignitatis heredes in eodem oratorio beati Servatii

[2] *Cette phrase qui contient une allusion à la légende de la régression de la mer de Tongres (voir aussi le chap. 47), manque dans B.*

[3] *B continue: Certe ante adventum Hunorum in hanc terram, cum gravissima patres nostri essent in angustia, ut plerosque etiam tederet vivere, super malis imminentibus, quibus Gallia vastanda erat, Romam mitti nostre fidei ad auctorem, nostre salutis ad pastorem, scilicet Petrum apostolum, qui Metis, qui Aurelie congregati erant, precipue beatus Auctor, Germanus et Nichasius et, ut dicunt, Martinus et Hylarius apostolica legatione illum esse dignissimum iudicabant. Nec immerito. Nam dudum pie super gregem domini solus et semper vigilaret, ipse cuncta que Galliis eventura erant solus scire meruit et predicere. Hic etiam in Coloniensi synodo omnium qui convocati fuerant episcoporum iudicio Effratam eiusdem civitatis pontificem, quoniam hereticus est, vicit, dampnavit atque deposuit, et in loco eius beatum Severinum posuit, episcopum eum posuit et consecravit. In omni revera conventu sanctorum hanc postquam intravit terram, sanctitate, prudentia atque consilio, quasi angelus de celo, supereminebat aliis omnibus et episcopis et sacerdotibus. Hic Rome positus in oratione, in maiestate sua vidit Ihesum nostrum redemptorem eiusque gloriosam genitricem necnon et agmina angelorum mille et de medio eorum sibi occurrere principem apostolorum, qui sibi oranti et obnixius instanti inter cetera ait: Quid me inquietas, sanctissime Servati? Et paulo post: Tua sanctissima anima iamiamque transferenda est ad fratres tuos. Notate ergo, fratres, notate apostolica verba et que in eo patres nostri diligebant, honorificabant, summa nos quoque veneremur cum devotione, summa cum exultatione, et quod manus plantavit divina, quod dextera altissimi donavit, per nos utique servos suos fideles et devotos non eradicabitur nec in eternum commutabitur.*

[4] *B (voir la note qui précède) situe à Metz et Orléans les assemblées par lesquelles saint Servais fut délégué à Rome, mais A (cap. 36) fait avoir lieu cette délégation à Troyes.*

hii succedunt, quorum nomina subscribta [1] videntur: Ursicinus;
Designatus [2]; Resignatus [3]; Supplicius [4]; Quirillus; Eucherius; Falco[5];
33ᵛ Eucharius [6]; Domitianus, qui iam ubique florente/christiana religione
sub Hildeberto rege glorioso [7] Aurelianensi legitur sinodo [8] interfuisse,
et, episcoporum qui convenerant et principum universorum ipsius
etiam regis iudicio, predia et castella omnia, etiam quę Tungrensis
ecclesię et civitatis erant, ad sedem suam iterum concessum est
transferre [9]. Regressus vero ad patriam ad civitatem suam universa
beatissimo optulit Servatio; illi quoque ad laudem et honorem, qui
vobis posuit tantum rectorem.

125 Post obitum igitur sancti Domiciani et apud quoddam oppidum, quod
vulgo dicitur Hoium – olim autem Benefacta [1] –, in basilica gloriosę
Virginis Marię sepulti [2], in regimine eiusdem sancte Traiectensis ecclesię successit vir magnificus nomine Monulfus, cui eo tempore, uti relatione venerabilium virorum agnovimus, nobilitate morum, excellentia
meritorum non erat similis. Descenderat autem hic ex magnis natalibus
regum Francorum et divinę atque humanę scientię litteras accepit in
aula eorum. Ubi vero transcendit annos adolescentię, pervenit et in
robur virile, contulit se Traiectum beati Servatii in palatium. Ibi quicquid desiderabat vitę perpetuę in benedictionem, vite presentis in edificationem, accepit habundantius, illud semper cordis ponens in oculis,

124 [1] subscribta: *sic A.*
[2] *A:* Besignatus; *B:* Designatus. *Hériger de Lobbes* (MGH. SS., VII, 176) *dont la liste est suivie par Jocundus, donne:* Designatus.
[3] *B* omet Resignatus.
[4] *B:* Sulpicius (*lecture conforme à celle de Hériger de Lobbes*).
[5] *B:* Flacco.
[6] *B:* Eucherius; Eucharius; Flacco.
[7] *Childebert Iᵉʳ, roi de Paris 511, d'Orléans 526, de Bourgogne 534, mort à Paris 558.*
[8] *Domitien, prédécesseur immédiat de Monulphe, assista, en 549, au concile d'Orléans. Voir:* MGH. Legum sectio III tom. I: *Concilia aevi merovingici, éd.* F. Maassen (*1893*), *p. 109; et Concilia Galliae A. 511–695, éd.* C. De Clercq (*CCSL. 148A*; Turnhout 1963), *p. 158:* Domiti-anus episcopus ecclesiae Tungrinsis subscripsi. *Il avait déjà assisté au concile de Clermont,en 535:* Domicianus in Christi nomine episcopus ecclesiae Tongrorum, quod et Traiecto, sub-scripsi (*o.c., éd. De Clercq, p. 111*).
[9] *B:* et que Tungrensis ecclesie et civitatis erant beneficia, Traiectum ad sedem suam concessum est transferre.

125 [1] *D'après une tradition locale, consignée par écrit vers 1250 par Maurice de Neufmoustier et insérée dans l'oeuvre de Gilles d'Orval* (MGH. SS., XXV, 18), *la ville de Huy aurait été fortifiée par l'empereur Antonin le Pieux qui aurait donné à l'ensemble le nom de* Civitas Benefacta. *Voir:* A. Joris, *La ville de Huy au Moyen-Âge* (Paris 1959), *pp. 69–73.*
Notre texte contient la plus ancienne allusion à cette légende. Hériger, son modèle, effleure bien l'antiquité romaine de la ville (MGH. SS., VII, 177), *mais ne donne pas les noms de* Benefacta *et d'Antonin le Pieux. Avons-nous affaire à une interpolation? Voir ci-après, à la note 2.*
[2] *B:* Illo autem humanis rebus exempto et apud Traiectum in ecclesia beate Marie matris domini sepulto. beatus Monulfus... *Lire* Hoium *au lieu de* Traiectum. *Hériger, modèle de Jocundus, rapporte:* Sancto Domiciano humanis exempto et apud Hoium in ecclesia maiore sanctae theoticos Mariae sepulto (MGH. SS., VII, 176).

quia vita sine doctrina facit inutilem, doctrina sine moribus arrogantem. Eruditus vero ad desiderium omni scientia litterali, amplius autem sacra precipue prophetali, sub hoc venerando viro honorabili Servatio militavit in Christo, sine dolo, sine crimine, nec parvo tempore; habens et hoc semper in animo, semper in voto, *ut inhabitaret in domo domini*, hoc et in templo, *omnibus diebus vite sue* [3], quod quidem domino auxiliante devotissime adimplevit. Unde omnes fratres, omnes cives diligebant eum ut patrem, ut dominum.

126   Cum autem placuit altissimo ,ne sidus hoc aureum, ne signum hoc splendidum in abscondito lateret diutius, sed erectum in alto, sed° positum in candelabro viam ostenderet euntibus ad vitam, beatus Do-

f. 34ʳ micianus, cuius mentionem/iam fecimus transivit ad dominum et, consilio regis, principum quoque universorum et civium, quasi lapis preciosus eligitur atque episcopus hic beatus Monulfus, ut dictum est, constituitur. Sed quia nobilitas sanctorum nescit degenerari in sublimitate dignitatis, sed semper ascendit ,semper ascendere festinat de virtute in virtutem, totis viribus fieri cupiebat quod dicebatur et dici oportebat. Sane inter innumera virtutum insignia in honore beati Servatii, quia minus erat ad gloriam tanti viri, aliud templum erexit, magnum composuit, ornavit, corpusque ipsius in eo digna cum reverentia, quemadmodum *in libro miraculorum eius* [1] videtur, transtulit et clericos deum timentes atque in amore superno ferventes, qui sub eo digne et iugiter militarent deo[2] , addidit non paucos.

Erat ille doctor bonus, homo iustus, pater orphanorum, viduarum et peregrinorum. Et quia Moysi dominus suo reservari iudicio precepit, quo eos obprimerent, qui eos affligerent, ante reges et presides pro illis pugnabat, pro illis moriebatur. Si quando prevaluit, ac si infernum fregisset, ac si de ipso eius principe triumphasset, tanto letabatur in domino, omni tempore, omni in loco, eripiens inopem de manu fortiorum eius, egenum et pauperem a diripientibus eum.

127   In hoc totus erat corde et ore. Illos alebat, illos fovebat, infirmos visitabat eisque ut servus devotissime ministrabat. Cum vero domi manebat, vigiliis, ieiuniis et orationibus sine intermissione vacabat.

---

[3] *Psal.* 26.4.

126   [1] *liber miraculorum (sci Servatii): ouvrage perdu du même auteur que les* Gesta antiquiora *qui furent composés à Maestricht:* in libro miraculorum eius scripsimus (*Analecta Bollandiana,* I, *p.* 100), gaudium quod digni sumus talem habere patronum (*ibid.,* I, *p.* 103). *Jocundus se réclame de son autorité cinq fois, en précisant que les empereurs Charlemagne et Henri III ont lu ce* liber miraculorum (*Koepke, pp.* 97, 112) *et que, pendant son séjour à Maestricht, il l'a lu lui-même* (*Koepke, p.* 93: quae in libro miraculorum eius vidimus). *Voir aussi le chap. 86 à la note 3.*

[2] *B:* deo, constituit atque secundum canonica instituta vivere in omnibus semper monuit.

Misteria sacra cottidie agebat, sacrificium justicię se ipsum domino mactabat. At cum foris pacem populis annuntiabat, verbum salutis evangelizabat, fortiter conculcans hereticos, viriliter reprimens scismaticos. Elatos deiecit, humiles erexit; in omnibus revera iudex equissimus. Humani [1] vero generis adversarius, humane salutis hostis atrocissimus, nec quod veneno sue calliditatis inficeret nec quod fraude deciperet in eo [2] se aliquando invenisse gavisus est. Et quoniam his aliisque virtutibus pollebat, quod regis in palatio, quod regno in universo potestatis/erat et dignitatis, illi devotissime parebat. Erat et iuxta apostolum *inreprehensibilis in omnibus viis suis* [3]. Et quanto maior in seculo, tanto minus exaltavit se coram domino. In diebus eius pax et leticia multis. Nusquam enim gladius, nusquam adversarius [4]. Ideoque longe lateque gaudebat Christi ecclesia.

4ᵛ

28 In tanto ergo positus quiete, pontifex ille Tungrensem voluit reedificare civitatem, sed protinus a deo percussus [1], post multos dies vix mortis evasit periculum. Quam gravis, fratres, quam terribilis superni sententia iudicis, nulli in celo parcens, nulli in terra, sicut auditur cum ad memoriam reducitur angelorum ruina, Moysi et Aaron obiurgatio, ceterorum cetera [2]. Hinc autem psalmista: *Et ulciscens*, inquit, *omnes adinventiones eorum* [3].

29 Ubi autem pater venerandus de infirmitate sua convaluit, nichilominus expectans, Traiectum cum omni velocitate rediit ibique ex propria hereditate monasteria statuit plura, ex quibus, ut aiunt,
    superest adhuc unum, Sancta Maria, tuum [1],
quia peccatis principum agentibus multo post tempore alio translata

---

27 [1] *A:* humani; *B:* Humani.
    [2] *B:* in eo non indigno per omnia spiritus sancti habitaculo se invenisse...
    [3] 1 *Tim.* 3.2.
    [4] *B:* adversarius qui conturbaret terram, qui commoveret eam, quia bella cessabant atque Christi ecclesia longe lateque regnabat.

28 [1] *B:* percussus a demonio.
    [2] *B:* ..nulli parcit hominum, sicut in Iob et Tobya ipsisque videtur in angelis prevaricationis.
    [3] *Psal.* 98.8.

29 [1] *sic A et B. Allusion à un distique très répandu. Jocundus, ici, en donne le plus ancien témoignage qui soit connu. Parmi les manuscrits des Gesta sci Servatii, le ms. T (Trèves, 1151/54) est seul à en donner le texte complet (Wilhelm, p. 79 11.21–22):*
        Aliis alia meritis eorum condigna ex quibus adhuc
        in foro remanet unum, sancta Maria, tuum.
    Gilles d'Orval aussi le reproduira, mais dans une forme plus mutilée encore (MGH. SS. ,XXV, p. 27). Le distique est-il sorti de la plume de Jocundus? ou bien était-il courant avant lui déjà? Il y a lieu de le rapprocher du distique suivant d'un moine de Fleury:
        In laudem nunc tota dies expenditur ista,
        Caelorum regis et, Benedicte, tui.
    cfr. R. B. C. Huygens, *Poèmes inédits de Giraldus, moine de Saint-Benoît-sur-Loire, dans: Latomus, XVIII (1959) 433–458, spéc. à la p. 451.*

pontificali dignitate [2], res omnium ecclesiarum translatę sunt, ideoque ipsę ecclesię dilapsę et omnino deletę. Illud autem templum, in quo venerabilis SERVATIUS erat reconditus, sicut promiserat dominus, mansit et eius ineffabili misericordia protegente manet adhuc gloriosum et manebit in eternum.

130   Eo nimirum tempore populus terre dilatatus est valde; principes novi surrexerunt, more luporum devorantes, maxime bona iustorum. His occurrit pontifex gloriosus et nobilitate, qua ceteris supereminebat principibus – utpote homo genere ortus ex regali – ,⟨et⟩ dignitate qua aliis prestabat – utpote homo ministerio functus pontificali – pressit fortiter, calcavit viriliter, extans solus princeps, solus potens in universo regno [1].

131   Placuit ei inter hec castrum visitare Deonantum [1], quod erat suum et hereditarium bonum. Abiit. Cum autem veniret ad quandam villam f. 35ʳ aquis montanis iocundissimam, stetit, respexit, quia oculis/eius placuit nimis; quesivit nomen eius. Audito: *Legia*,: *Bene*, inquit, *Legia, quia elegit eam dominus in hereditatem sibi.* Hoc dicto, cui assidebat descendit equum, locum orationis designavit, velocius edificari iussit. Edificatam in honore Cosmę et Damiani consecravit ⟨ecclesiam⟩ [2], in [3] qua beatus LANTBERTUS [4] postmodum interfectus hodie magnifice gloriatur in Christo.

Deinde transiit. Ubi vero Deonantum pervenit, omnes quos invenit digne domino militare precepit, quia de familia eius erant. Et licet alterius sint conditionis apud homines domini et servi, eiusdem tamen esse apud dominum celi nullus fidelium ignorat. Hoc vir domini iuste perpendens et hoc semper in animo revolvens, quia dominus Ihesus Christus numquam se filium dei, sed semper filium hominis se appellabat, in [5] convivio suorum semper erat novissimus, nulli se preponens, nullum antecedens. Ab ore eius numquam cessebat laus dei.

132   Ubi vero ad sedem suam reversus est Traiectum, congregata multitudine civium, congregato venerabili senato sub regula degentium, omnium quę possidebat, quę ędificaverat, beatum Servatium heredem

---

129   [2] *B:* dignitate hec quoque omnia prohnefas dilapsa sunt.
130   [1] *B:* solus potens in Christo per universum regnum. Eum audire ex longinquis terrarum partibus confluebant sacri pontifices et cuncti Christi amatores, ab omni gradu, ab omni habitu et sexu; tanquam angelus de celo diligitur. Illius de clericis omnis ecclesia querebat sibi habere doctores et pastores, eius doctrina repleta est terra.
131   [1] *Deonantum: Dinant. B omet ce chapitre. Des biographes de saint Servais Jocundus est le premier a faire de Dinant un* bonum hereditarium *de saint Monulphe.*
         [2] *le mot* ecclesiam *manque dans A, mais il est exigé par le contexte.*
         [3] *A:* In.
         [4] *saint Lambert, évêque de Maestricht, assassiné à Liège, le 17 septembre 705/6 (708).*
         [5] *A:* In.

fecit et principem. Hac igitur ex causa, huiusmodi ex beneficiis ab omnibus amabatur. Solus [1] in stola sua formosus, solus in deo gloriosus. Quamdiu vixit, omni probitate floruit et in universo regno claruit.

Ut [2] autem magnificetur amplius in populo, quidam ex maioribus regni dives valde [3] obiit in illa regione. Hunc terrę commendare rogatur a parentibus, postulatur ab aliis principibus. Surrexit ille continuo, abiit, et ecce habet obviam grandem ac tenebrosam silvam, demonibus ut aiunt, errore gentilium olim consecratam. Quam ingressus cum pueris [4] suis – omnibus quidem magnę fidei, magnę in Christo devotionis –, quasi fremitum equorum, rugitum leonum aliarumque voces [5] bestiarum et volucrum sensit. Horum [6] et in medio tamquam parvulum amarissime flentem et sine intermissione clamantem: *Currite, currite,* 5ᵛ *iuvate, iuvate* [7]! audivit. Sistit ille/gradum, signare se levat manum. Riget dextera, silet lingua, frons pallet, oculi languent, vox faucibus hesit [8], coma in vertice stetit. Horror et mestitia quedam, sicut nubes, obduxerat floridam pontificis faciem. Ipsi etiam pueri eius eodem terrore prostrati, quasi mortui in terram ceciderunt [9].

33   Beatus vero Monulphus post pusillum ad se reversus levansque oculos sicut semper ad celos, vidit iuvenem vultus pulcherrimi adstantem sibi et dicentem: *Confortare, pater mi, confortare et noli formidare. Ex voluntate enim omnipotentis hoc iudicium – illi quandoque in salutem – tu, domine, agnoscere meruisti. Anima namque principis, quam commendare venisti, a spiritibus tenetur malignis, affligitur, cruciatur, sicut audisti, et nisi cicius occurreris ei, cum magno dolore detrahent eam ad claustra inferni. Redi ergo in civitatem ad tuos, et orationes, elemosinas atque ieiunium hoc triduo fac fieri pro eo in universo populo. Postea hunc regredere in locum et quid factum sit, sine mora videbis. Attamen, si nichil horum audietis, que modo nosti, tuis orationibus altissimo esse oblatam et in pace receptam certissime scias.* Hoc dicto, omnes pueros elevavit atque confortavit. Eadem hora et ipse discessit nec amplius visus est ab eis. Gavisi sunt omnes, proculdubio scientes, quia angelus dei esset. Rediit continuo episcopus, quę iussus fuerat constanter facturus.

---

32   [1] *A et B:* solus.

[2] *A:* ut.

[3] *B:* In diebus eius sacerdotii quidam de magnis principibus obiit....

[4] *B:* famulis.

[5] *B:* voces diversissimas.

[6] *A:* horum. *B:* Horum.

[7] *B:* Currite omnes, succurrite! *Cfr. Vita prima S. Monulphi:* Currite omnes et succurrite! (AA. SS. Boll., Julii IV, 158).

[8] Vox faucibus hesit: *cfr. Virgile, Enéide,* 3.48.

[9] *B:* ..pueri eius maiores quoque et fortiores hoc terrore prostrati, in terram ceciderunt quasi mortui, horribile profecto visu ac mirabile dictu.

Omnibus rite peractis, ad eundem rediit locum et iam tercia dies erat. Sine mora, sine pavore ingreditur silvam eandem, habens in ore verbum dei, in manu signum crucis, in humeris scutum fidei. Et ecce silentium, pax et gaudium. Securus pertransiit, principem sepelivit, ponens in medio quę viderat in heremo. Gaudebant omnes; placuit universis, ut dies recordationis eius non in tristicia, sed in leticia, more beatorum, deinceps ageretur, in laudem et gloriam ipsi quoque magno pontifici, cuius precibus liberaverat eum ab inferis qui regnat in celestibus. Omnibus ad consolationem fidelium Christi decentissime adimpletis, ad civitatem suam rediit/episcopus [1].

f. 36ʳ

134   Videns autem sibi imminere novissima, quanto vicinior extremis, tanto amplius laborabat in salutem plebis [1]. Universis ergo ad desiderium animę suę adimpletis, in medio ecclesię, in qua non minus atque XLII annos fuerat episcopus [2], designavit locum sepulturę, ubi vite huius termino feliciter transacto, cum magno honore reconditus est templo eodem, sicut usque in diem videtur hodiernum [3].

135   Nunc sequitur electio preciosissimi confessoris Christi et antistitis beatissimi Gundulfi, qui moribus continentia atque sapientia prestantissimus digne regebat eandem sanctam Traiectensem ecclesiam multorum etiam tempore annorum. Hic nimirum, ut litteris magnorum [1] agnovimus, magnis ex natalibus primis videlicet Lothorici regni [2]

133   [1] *B fait suivre:* Regressus vero pontifex gloriosus super universis beneficiis Christi circa sanctum ac inclytum Servatium et sui tempore frequentius factis letatus est valde, et sicut dignum erat mirabiliter glorificabat eum in auro et argento, in universis eciam quibus in ministerio opus est divino. Addidit familiam, addidit predia, quia in hiis terrenis possessionibus erat etiam ditissimus. *A peu près conforme à la* Vita prima S. Monulphi (AA. SS. Boll., Julii IV, 158).

134   [1] *B:* ..imminere finem vite, non timuit, non expavit, sed confortatus in domino omnem clerum omnemque populum per triduum sine intermissione docuit et monuit, ut semper parati essent occurrere Christo, quasi venienti ad iudicium. *Conforme à la* Vita prima (AA. SS. Boll., Julii IV, 158).

[2] *B:* ...fere quadraginta annos...

[3] *B:* eodem ad gloriam et benedictionem illius, qui vivit et regnat deus in secula seculorum amen.

135   [1] *B:* ...ut relatione quorumdam fidelium agnovimus...

[2] *B:* ...magnis ex nobilibus primis videlicet Lotharie.... *Les mss. B 1 et B 2: aussi, ainsi que les Bollandistes* (AA. SS. Julii IV, 163: Vita secunda S. Gondulphi), *portent* Lotharie. – *Il s'agit du* regnum Lotharii *de Lothaire II (855–879), appelé en français* Lothier, *en moyennéerlandais* Lothrike. *Dans ses* Miracula sci Servatii *Jocundus donne cinq fois (chapp.* 18, 22, 23, 24 *et* 28; *voir Koepke, pp.* 98–100) *la forme* Lotharia, *à l'exclusion de toute autre forme, ce qui prouve qu'elle lui était propre. Il rapporte, d'ailleurs, que le nom de* Lotharia *a été créé par le roi Henri l'Oiseleur (919–936); voir Koepke, p.* 99 (Miracula, c. 23).

Il est donc évident que dans le passage qui nous occupe, la forme romane Lotharia *que donne B, représente la lecture authentique de Jocundus qui vivait en France, et que la forme* Lothoricum regnum (*répondant à la forme germanique* Lothrike) *que donne A, trahit une manipulation ou erreur de copiste.*

A son rapport sur la création du nom de Lotharia *par Henri l'Oiseleur Jocundus fait suivre une observation toponymique de portée générale, à savoir que à peu près tous les noms de lieu*

fuit oriundus, omni lege sacra et divina in eadem civitate, in eadem ecclesia, ut sit primus doctorum, a deo instructus atque nutritus. Illo
sane in tempore hec civitas mater artium, mater studiorum dicebatur
et maior religione in Christo universa provincia habebatur. Hic ille
fortis et nobilis tyro positus, preeunte spiritus sancti clementia, non
sine magna gloria sub venerando principe, sub admirabili preside
magno et glorioso SERVATIO militavit in domino, in annos virilis
donec pervenit roboris.

36   Beato igitur Monulpho memorato de medio iam facto, iste sacerdos
domini devotissimus iuxta canonica instituta in solium pontificale
erigitur [1]. Omni mox deposita rerum temporalium diligentia, totus fer-
tur in deum in simplicitate columbe, in astutia serpentis, ministrans in
oculis omnipotentis regis. Timens autem, ne forte sit in rationem dampy-
nationis quod acceperat a domino in rationem dispensationis [2], omnem
curam regiminis in populo, quibus maxime credebat summo cum studio commendabat, ad perfectionis summam salutis perpetuę in gloriam, id fore necessarium existimans, si terrenis exutus inhereat omnino
celestibus. Hanc ergo ad voluntatem, hoc ad desiderium in domo domini
36ᵛ manens sacrisque/misteriis fideliter et devote inherens, profecto di-
vinus divinam agebat vitam, nusquam exiens nec exire cupiens. Considerantes autem in spiritu dei non esse bonum sibi soli vivere, maxime
cum sit proprium episcoporum vitam bonorum semper confortare in
domino, reproborum semper formare ad consortia sanctorum, civitatem
suam in omni timore servire domino docuit et monuit. Postquam vero
illam omni honore sacro florere, omni religione sacra cognovit fervere,
gratiarum donis non indignę celorum presidi oblatis exiit ecclesiasque
longius remotas circuit et quod verbis plantavit, prodigiis multis irrigavit. Placuit populo, placuit et regno universo.

37   Erat in diebus illis iuxta mare regio quedam multis affluens divitiis
et populis, sed noticiam dei nondum habens summi et veri. Illam visitare, illam domino preparare iussus est de celo et missus. Gratia igitur
iuvante divina in brevi multos illorum ad fidem convertit. Templa,
in quibus idola colebant, subvertit, simulachra confregit. In celo regnare
ostendit, qui est colendus in terris. Ecclesias construxit novas, ministros
posuit bonos. Et quod diabolo subtrahebat, absque mora deo consecra-
bat.

---

et de pays dérivent d'un nom de personne, comme par exemple Tiberias (*de* Tiberius), (Colonia)
Agrippina (*de* Agrippa), Aquisgrani (*du prince* Granus). *On pourrait ajouter la forme* Octavia
(*de* Octavianus, *pour Tongres*) *dont Joconde se sert au chap.* 139.

36   [1] *B:* . . ille ab universis civibus electus, ipse ab universo regno in solium pontificale erectus
consecratur episcopus. . .
        [2] *B:* benedictionis.

138   Hinc ad alias transivit provintias. Illis autem ad Christum conversis urbem ad suam festinavit redire. Extra illam diutius manere, extra illam longius stare eius sanctissima anima ferre non poterat. Ad sepulchrum namque huius excellentissimi atque serenissimi confessoris Christi et antistitis venerabilis Servatii regressus, apud quod in throno pontificali residens quasi unus ex paradisi fluminibus predicando, monendo atque docendo episcopatus sui terram irrigavit universam, cotidianis divine operationis et virtutis reficiebat deliciis [1]. At quia ipse cor et animam suam in radice humilitatis fundaverat, in partem alteram non flecti poterat, utpote cui spiritus sanctus doctor presidebat et rector, ab omnibus et in omnibus exaltari meruit atque honorari [2] magnarum etiam virtutum insignibus. Eius consilio regni negotia tractan-
f. 37ʳ tur, ecclesiarum iura disponuntur. Potenter in universo agit/regno, per omnia vir apostolicus atque servus fidelis dispensatorque prudentissimus. In quibus locis nondum erant ecclesię neque erat populus, quia tamen inhabitandum videbantur apta, multa elegit, ecclesias fundavit, apponens et ministros dignos atque idoneos. Illa videre, illa domino consecrare, licet invitus iterum exivit. Exivit sane et, sicut erat altissimo condignum, fecit ubique.

139   In hoc studio cum beatus pontifex desudaret, haut minimum, iuxta civitatem Tungrensium quadam contigit die eum iter agere. Et accedens propius, altitudinem eius et latitudinem, viam quoque maris necdum ex toto deletam [1], alia etiam innumerabilia [2] mirabatur. Preponit eam Babilonię, preponit eam Romę; nichil huic simile iudicat universę in urbibus Asię. Interea habet obviam senem quendam. A quo dum sibi peteret designari, quę ecclesiarum edificia, que regum palatia, ait ille inter cetera: *Hoc, pater, negotium, nequaquam est hominum. Est autem sed*

---

138   [1] *B poursuit:* Etenim ibi et in manu eius lumen recipiunt ceci, gressum claudi, lepros, mundantur, diverse curantur infirmitates. Ipsi quoque demoniaci gravioribus catenis ligatii mox ut adveniunt, et ab infestatione inimici solvuntur et a nexibus. Et dum exeunt illius advene, illius peregrini beati scilicet Servatii potestate insuperabili se nusquam habitare, se nusquam manere posse nec licere, publica voce fatentur necnon queruntur. Quapropter eius gloria crevit in omni ecclesia. Illos autem qui curati sunt, fidelis dispensator Christi beatus Gundulfus collegit, fovit, donec ad desiderium confortati et consolati cum gaudio quique redeunt in sua. Hec profecto videre, quis non optaret, quis non gauderet? Ille nimirum, ille egregius sacerdos Christi optavit, ille devotissimus antistes desideravit; ideoque nisi ex necessitate inevitabili aliquando deesse voluit nec sibi, que fiunt virtutes, assignavit, timens et hoc verbum domini: *Qui se humiliat, exaltabitur, et qui se exaltat, humiliabitur.*

[2] *B poursuit:* In augmentum ergo virtutum, nunquam defuit illi dominus virtutum. Quo presidente, potens in opere et sermone, disponebat iura regalia, ecclesiarum et legalia. Potenter itaque in universo agebat regno et in omni castello et oppido, et in quibus nondum erant, edificari iussit ecclesias, attendens illud Salomonis: *Quodcunque potest manus tua operare, instanter operate.*

139   [1] *B:* cotidianos quoque maris accessus. *Voir sur cette légende, le chap. 47 à la note 2.*

[2] *B:* aliaque miracula que nusquam in terra.

*illorum, quorum conversatio est cum angelis celorum. Ettamen, quod audi-
vi, quod agnovi, tibi, pater revelabo, tibi celare non potero.* Hec dicens,
apprehendit manum pontificis et per omnia eum ducens, ostendit et
palatium, quod in honore Octaviani cesaris erat constructum, a quo et
ipsa civitas dicta est Octavia. Hinc progressus pusillum, in quo vir
angelicus, presul magnificus beatus videlicet Servatius manebat [3],
demonstrabat edificium. Ipsius revera mirę et admirabilis sanctitatis
ob indicium, Christi fidelibus ad solatium, inter cetera minus dilapsum,
minus adhuc destructum. Huc se protinus vertit episcopus et intravit.
Ille ostendit senex omnia loca, in quibus aliquando dormierat, sederat,
quandoque hic nobilis heros et steterat. Pontifex bonus diligenter singula notavit ponensque genua universa labiis petivit, osculatur et os-
culando piis lacrimis rigavit. Hec tanta fecit cum reverentia acsi beatus
Servatius tunc resideret in throno glorię sę et in medio universę terrę.
Hec pre dolore cum diutius respicere non valeret, tristis exivit, ad alia
tetendit. In loco vero altaris et sanctuarii ,quod erat supereminens at-
37ᵛ que honorabilius universa civitate, quod/erat et ipsius beatę dei
genitricis Marię dicatum nobilitati, virgulta generis diversi ascendisse
ut vidit, vestem qua indutus erat, scidit, et, caput pulvere conspersus,
tamquam mortuus cecidit in terra.

140   Facto autem quasi trium horarum spatio, elevans se: *Ecce, ait, tua
Syon, domine! ecce tua Ierusalem! Sed quomodo desolata est! quomodo de-
vastata! Iure igitur ista humana dicuntur transitoria, quia dum stare
videntur, deficiunt et pereunt* [1]. *Hec autem regia celi, hec sedes magni dei
tonsa* [2], *cesa permanebit in eternum? Absit hoc a fidelibus et dicere et
credere. Neque enim videre potero, quia mens mea, dum recolit, perit;
dum respicit, deficit. Etiam si oportuerit me mori, non deero huic labori.
Si desunt homines, nec deerunt humeri nec manus nec pedes mei, tui,
domine, devotissimi famuli.*

141   Hec dicens, ex universo iussit convenire episcopatu, qui eam cicius
renovarent ibique deinceps habitarent. Statim surrexit et iter, quod
ceperat, peregit. Cum vero rediret et quod factum est placeret, aliquot dies ibi disposuit morari, volens saciari illius urbis, illius muri
edificatione incomparabili. Mansit itaque et in aspectu illius letatus est
vehementer. Dominus autem, non immemor, que fecerat mala urbs

---

[3] *B:* manebat dudum.

140   [1] *Au lieu de cette phrase, B donne:* O malitia hominum, o invidia demonum, per vos celum
deseritur, per vos terra desolatur!

     [2] *A et B:* tonsa, *pour* tunsa. *Cfr. Hériger de Lobbes* (MGH. SS., VII, 174): Tungris enim
sicuti nomine ita et opere tunsa et cesa permanebit in finem. *On trouve la même tournure au
chap. 45.*

illa superba dilecto suo Servatio, [1] repente lupos vespertinos, lupos gravissimos ad medium eorum convenire fecit, undique confluere iussit. Qui protinus ingressi, in conspectu ipsius pontificis devorabant colonos fere universos. Quod constructum est edificiorum, flamma de celo consumpsit, residuum igni fulgur percussit. Erat inter alia pericula terre motus adeo magnus, ingens atque frequens, ut ipse dominus antistes mortem evadere desperaret. Surrexit citius et abiit nec ultra redire curavit, pre omnibus et per omnia gratias altissimo agens, quia in presenti non periit iudicio. Ad civitatem autem regressus suam, quod quasi inscius gesserat, flendo, ieiunando aliaque bona operando delere vehementer laborabat nec cessabat [2], donec nocte quadam in visione, ut ipse postea referre solebat, dictum est sibi de celo: *Pax tibi, noli timere, dominus tecum.*

Ab illo ergo die beatus pontifex, quanto/certior ex visione, tanto amplius desudabat in amore divino et honore. Ad supernę igitur repromissionis gaudia, ad eternę beatitudinis premia domino iamiamque illum vocante, immo invitante, XVII. kl. augusti, quibus antecessor eius beatissimus Monulphus ad superos migraverat ex hoc mundo, et ipse morte iustorum digna et gloriosa transivit. Sed quia dissimilis non erat illi meritis, iuxta eum sepultus est in ecclesia prefata [1], ad laudem et honorem illius qui solus regnat in secula seculorum amen.

143   Quid ergo, fratres, nos pusilli, nos tantilli, istorum dignum referemus in gloriam sacerdotum? Hi sunt revera, ut confidenter dicamus, quos miraculis choruscare, verbis pluere, ut nubes volare, sancta dei ecclesia miratur hodie. Hi sunt profecto, quos virgo electus [1] a domino esse duas olivas, esse duo candelabra ante deum semper lucentia, et videbat et predicabat [2]. Ut sol et luna, isti illuminant terram [3]. Hi sunt nimirum, quos in caritate non ficta elegit gratia Christi [4]. Ideo [5] et eo dis-

---

141   [1] *B:* ..dilecto, dilecte genitricis sue consanguineo..

[2] *B:* ...operando, adiuvante se et pii patroni intercessione, annuente quoque pii redemptoris clementia, delere studuit summopere, semper habens in corde, semper in ore, que fecit Saul rex contra dominum, et timuit valde, nec defecit donec nocte quadam in visione...

142   [1] *B:* ..iuxta eum sepelitur in medio ecclesie illius incomparabilis viri gloriosissimi Servatii, ad laudem et honorem regis celorum, cuius regnum et imperium sine fine permanet in secula seculorum.

143   [1] *B:* ..virgo electus a domino, beatus evangelista et apostolus, esse olivas, esse lucernas....

[2] *B ajoute:* ...non indigne, non iniuste testatur, quia diligentibus deum, ne lampades eorum extinguantur, superne gracie amministrant oleum, per quam itur secure ad vitam. Ostendunt viam doctrinis sanis et exemplis splendidissimis. Defendunt patriam, custodiunt ecclesiam excellentia meritorum et instantia orationum. Ut sol et luna....

[3] *B poursuit:* Ministratur per eos salus, per eos deletur anime casus; vite presentis subsidium donatur per hos et eternum remedium.

[4] *B poursuit:* Iure eciam vocantur columpne, quia sicut columpne sustentant onera superimposita; ita et ipsi humeris sanctitatis sue portant benignam domini Ihesu familiam. In quibus, fratres, vobiscum; ut sit et nobis aliqua spes salutis, adiuvet oratio vestra obsecramus

ponente et spiritus sancti gratia agente, separati non sunt et in morte, quia eadem vita idem spiritus erat in utroque ad gloriam regnantis in celo.

44   DE EPISCOPIS TRAIECTENSIBUS

Ad excolendam autem in urbe Traiectensium vineam dominicam, aput beati et gloriosi confessoris Christi venerabilis Servatii monumentum, isti dehinc pontificale conscenderunt solium, quorum nomina videntur subscribta [1].

Primus eorum quidam *Perpetuus,* vir strenuus et deo dignus. Post hunc beatus *EVERGISUS,* sub quo patrono nunc quoque, ut dicunt, gaudet sancta Agrippina ecclesia [2]. Deinde quidem *Iohannes,* Hoiensis genere, magnarum et ipse in domino virtutum. Illo humanis exempto, sanctus *Amandus,* ceteris non impar meritis. Hinc quidam Equitanus nomine *Remaclus,* vir magnificus in domino et gloriosus [3]. Surrexit post eum beatus *Theodardus,* martir venerandus. Hoc egregio presule ad superos translato, ex ipsis civibus, ex ipsius beatii *Servatii* choro, eligitur, episcopus constituitur sanctus *LAMBERTUS* [4].

Apologia auctoris

45   Quod autem de hoc excellentissimo atque serenissimo confessore Christi et antistite beato *Servatio* aliisque duobus confessoribus beato videlicet *Monulpho* atque *Gundulfo,* que vidistis, que audistis/notavimus, de ceteris pauca aut fere nulla, ideo factum esse recognoscat caritas vestra, quia de quibusdam aliis [1] plura sunt scripta, de quibusdam preter

per eundem Christum dominum nostram. *L'auteur, ici, termine la cinquième Pars, en demandant la prière des chanoines de Saint-Servais* (oratio vestra) *à qui il a dédié son ouvrage: c'est la meilleure preuve, que B donne ici le texte authentique de Jocundus.*

    [5] *A:* ideo.

44   [1] subscribta: *sic A, pour* subscripta.

    Le scribe de A a rubriqué l'en-tête et les noms des évêques. Il a, en outre, exécuté en écriture capitale les noms d'Evergisus et de Lambert.

    [2] *A:* Evergisus; *B:* Evergisius. *Hériger de Lobbes dont Jocundus, ici, suit la liste épiscopale* (MGH. SS., VII, 176–192) *donne:* Ebergisus. *Pour le reste, la liste de Jocundus est identique à celle de Hériger. Le saint Evergisus Ier qui était vénéré à l'église de sainte Cécile à Cologne depuis la translation de ses reliques à cette église aux années 953/965, est un évêque légendaire de Cologne; voir W. Levison, dans: Festschrift für Albert Brackmann* (1931), *pp. 40 ss.*

    [3] *B:* ...Remaclus, cuius ex discipulis, sed indigenis, martyr venerandus sanctus Theodardus. Illo occiso, ex ipsis civibus et fratribus eligitur ad episcopatum martyr gloriosus sanctus Lambertus.

    [4] *B ajoute:* Novissimus omnium beatus Hubertus.

45   [1] *B:* alia plura.

quod magni meriti apud deum esse credimus et novimus, nichil invenire potuimus.

(*B continue:*) Ista vobis [2], fratres, dilectissimi, ego homo alienus, presbiter indignus nomine Iocundus, ut sciatis, quia a deo donata sunt nobis hec omnia et revelata per spiritum eius, ipso attestante qui vivit et regnat omnipotens in secula amen.[3]

Pars VI[a]: De sinodo Coloniensi

Le chap. 146 que le ms. A est seul à donner, contient les actes du synode de Cologne (12 mai 346) où fut excommunié l'évêque Euphratès. Sur l'authenticité et la transmission lire § 32, no. 16.

Seuls les noms de Iessis, évêque de Spire, et de Servais, évêque de Tongres, ont été rendus entièrement en capitales. Caprice ou dessein du copiste? Par rapport au manuscrit d'Orval qui passe pour le témoin unique (Bruxelles, Bibl. roy., ms. 495–505), le texte de notre ms. A présente peu de variantes de quelque importance. Les variantes dans les noms propres sont probablement de simples erreurs de copiste:

Effrata   pour Eufrata
Siscolius pour Discolius [1]
Diapetus pour Diclapetus [2]

Il manque l'exorde et, à la fin, les noms des éveques absents et consentants. Les jugements de Maximin et de Valérien ont été abrégés. Tout cela trahit la main d'un arrangeur qui pourrait être Jocundus lui-meme.

Ce qui bien compte, c'est la tournure *presbyteri et Quintini presbyteri* dans le jugement de Iessis (no. 6): ces mots manquent dans le ms. d'Orval, mais on les trouve aussi dans l'édition Jacques Sirmond (1629) qui est basée sur le manuscrit d'Orval. Sirmond a-t-il pris ses mots dans Jocundus? ou bien a-t-il pu consulter le manuscrit (perdu aujourd'hui) dont Jocundus s'était servi?

L'insertion des Actes du synode de Cologne est annoncée dans le chap. 146 de la *Vita sci Servatii* (Texte A.) Elle est donc bien authentique et les Actes ont figuré déjà dans l'original perdu de Jocundus. Il reste tout de même étrange qu'ils ont passé seulement dans le Texte A et qu'on ne les retrouve dans aucun autre dérivé de l'oeuvre de Jocundus.

146

DE SINODO COLONIENSI [1]

Tempus est nunc expedire, quod supra [2] promisimus, de sinodo

---

[2] *B:* nobis, *pour* vobis.

[3] *Cette formule (avec indication de l'auteur) manque dans A, qui, en revanche, donne à la tête de l'ouvrage une formule de dédicace (également avec indication de l'auteur) que B n'a pas. Voir ci-dessus, au chap. 2.*

[1] *évêque de Reims.*

[2] *évêque d'Orléans. cfr. Duchesne, Fastes épiscopaux de l'ancienne Gaule, II (2e éd.) 460: Diclopitus.*

146   [1] *A: l'en-tête et les numéraux ordinaux (primus, etc.) sont rubriqués.*

[2] *voir le chap. 37 où les Actes du synode de Cologne sont annoncés en ces termes:* quod profecto in sequentibus demonstratur expressius. *Les derniers mots du ch. 146 renvoient au ch. 63. Ces renvois croisés garantissent que le ch. 146 n'est pas un ajout postérieur, mais qu'il figurait déjà dans le texte original de Jocundus.*

Coloniensi, de episcopis qui convenerant adversus Effratam hereticum et de sententiis singulorum.

PRIMUS

Maximinus Treverorum episcopus dixit: *Quia ex voluntate domini nostri Ihesu Christi, quem Effrata negat esse filium dei, convenimus in hoc Agrippinense oppidum, in quo ipse perfidus hunc sacrum perdidit populum: dignum, vere est et iustum ut non solum episcoporum, sed omnium privetur communione christianorum et sit anathema in secula seculorum.*

SECUNDUS

Valentinus ab Arelatu episcopus dixit: *Quoniam Effrata Ihesum Christum negat esse deum, consentio eum non esse episcopum nec laicam habere professionem.*

TERTIUS

Donatianus Cabellonorum episcopus dixit: *In pace negavit Christum filium dei et ideo* [3] *constat Effratam nec esse catholicum.*

QUARTUS

Severinus Senonum episcopus dixit: *Cum constat, Effratam subscriptione fratrum plurimorum in spiritum sanctum blasphemasse negando Christum Ihesum redemptorem nostrum et ego consentio, eundem iuxta evangelica precepta iure ab episcopatu esse deiciendum.*

QUINTUS

Optatianus Tricassium episcopus dixit: *Et ego censeo, Effratam in episcopatu permanere non posse, quia in spiritum sanctum blasphemavit, negando dominum nostrum Ihesum Christum.*

SEXTUS

IESSIS Nemetum episcopus dixit: *Non solum epistolis* [4] *omnium eccle-*

---

[3] *Wilhelm (p. 282), à tort, donne:* idcirco.
[4] *A:* cplis (*pour* eplis).

siarum quę audierant Effratam negare dominum Ihesum Christum, sed quod ego ipse auribus meis audivi sub presentia Martini consenioris nostri et Metropi presbyteri et Quintini presbiteri et Victoris diaconi, fateor illum iure esse deponendum et consentio.

SEPTIMUS

Victor Vvangionum episcopus dixit: *Quoniam palam factum est et probatum, Effratam blasphemasse in spiritum sanctum negando Christum dominum esse dei filium, et multis criminibus arguitur, quod episcopum non decet, consentio illum iure esse deponendum.*

OCTAVUS

Valerianus Antissiodorensium [5] episcopus dixit: *Iuxta verba maio-*
f. 39ʳ *rum/suffecerat, a quinque episcopis Effratam iure esse depositum, sed quia plures convenerunt hanc apud civitatem, quam ipse commaculavit docendo Ihesum Christum tantum nudum esse hominem et non deum, cuiuslibet christiani sententia illum [6] ferire oportet, utpote adversarium domini nostri Ihesu Christi et omnium nostrum. Quaporpter et ego consentio, illum iuste esse deponendum.*

NONUS

Simplicius Augustidunensium episcopus dixit: *Esse episcopum non posse Effratam consentio, quia Christum dominum negat.*

DECIMUS

Amandus Argentoracensium episcopus dixit: *Quia Effrata a multis sententiam accepit, me inter ipsos fateor esse consentaneum et iure illum esse deponendum.*

UNDECIMUS

Iustinianus Rauracorum episcopus dixit: *Ex epistula [7] clericorum Agrippinensium et episcoporum multorum cognovimus, Effratam blas-*

---

[5] *sic A. Wilhelm, à tort, donne:* Autisiodorensium.
[6] *sic A; Wilhelm a omis* illum.
[7] *Wilhelm (p. 283), à tort, donne:* Exempla.

phemasse salvatorem nostrum dominum Ihesum Christum, et ideo [8] *consentio, ut ab episcopatu deponatur et ab universa ecclesia deiciatur.*

DUODECIMUS

Eulogius Ameanorum episcopus dixit: *Diabolus qui ab initio periit et secum alios perire semper letatur, hodie in Effrata persistit et facit eum negare Christum domini, qui est salus et vita omnibus diligentibus se. Et ideo* [9], *ne sit in sorte sanctorum hoc et in futuro seculo, publica voce censeo.*

TERTIUS DECIMUS

Post hec ille nobilis heros, ille Tungrorum presul, magnus et venerabilis SERVATIUS surrexit et quasi vice Ihesu salvatoris nostri constanter et confidenter agebat, in oculis omnium dicens: *Quid fecerit quidve docuerit Effrata pseudo-episcopus, non opinione sed veritate cognovi, cuique publice et domestice, audiente etiam cum multis presbiteris et diaconibus Anastasio* [10] *Alexandrię episcopo sepius restiti et vici. Sed ne venenum huius maligni amplius diffundatur in ecclesia Christi, tollatur impius; vivat tamen et videat crescere regnum dei in iudicium et confusionem sibi, quia per omnia et in omnibus illum esse magistrum erroris et non religionis, diabolum et non angelum, subversorem et non doctorem annuntio et annuntiare vobis non revereor nec timeo; ideoque* [11] *censeo, illum nec habere consortium in numero clericorum et vix in parte laicorum.*
9v *Ideo* [12] *autem inter illos, ut maiori verecundia/pereat in medio eorum, quia dignus est per omnia.*

QUARTUS DECIMUS

Siscolius Remorum episcopus dixit: *Qui Ihesum Christum negat deum, in ecclesia permanere non potest, dicente ipso domino nostro Ihesu Christo:* Qui me negaverit coram hominibus, et ego negabo eum coram patre meo, qui est in celis. *Et ideo* [13] *Effratam inter ceteros fratres meos arbitror et censeo rectissime deponendum esse et dampnandum.*

---

[8] *Wilhelm (p. 283), à tort, donne:* idcirco.
[9] *Wilhelm (p. 283), à tort, donne:* idcirco.
[10] *A.:* Anastasio, *pour* Athanasio.
[11] *Wilhelm (p. 283), à tort, donne:* Idcircoque.
[12] *Wilhelm (p. 283), à tort, donne:* idcirco.
[13] *Wilhelm (p. 283), à tort, donne:* idcirco.

QUINTUS DECIMUS

Diapetus episcopus Aurilianorum dixit: *Inter omnium voces Effrata dampnationi tradatur et puniatur, qui Ihesum Christum negat esse filium dei. Cuius falsa machinatio multis attulit subversionem et perdicionem. Quapropter necesse est, ut ille inveteratus dierum malorum, qui tantum molitus est scelus, plaga celesti feriatur.*

Quia vero beatus Servatius non quasi homo, sed quasi angelus de celo operabatur et in medio aliorum loquebatur, rogato omnium episcoporum, omnium presbiterorum atque canonicorum fortissime persistit in adversarium, illum vicit, deposuit et eiecit aliumque in locum eius succedere fecit, virum magni meriti et gloriosum nomine Severinum, sicut audistis superius [14].

Additamentum

147   Hec de synodo Coloniensi dicta sunt; alia pretermisimus, quoniam multa sunt nimis, ne forte oneri simus bonis et benivolis auditoribus. Placet enim quod succincte narratur, si tamen non caret utilitate atque honestate, quod in hoc, karissimi, nequaquam invenitur opusculo. Ideoque, si forte inciderit in manus vestras libellus iste, non quasi novi nova hic argumenta exigatis, non hic verba preciosa et aurea, non hic positiones gloriosas, quibus gratia dei et vos habundare novimus, queratis obsecramus, sed cum omni mansuetudine, omni cum bonitate, ut filii, ut fratres suscipiatis, certissime scientes, hec idcirco esse edita, ut liquido agnoscatis, perfecte videatis, quibus ex parentibus surrexerit, quibus sub imperatoribus vixerit hic nobilis heros iam Traiectensium presul. Agunt enim contentiose super hoc electo dei, maxime qui sunt in terra vestra, monachi et canonici [1], quasi ignotus sit celestibus et non sit nec esse debeat apud homines in gloriam benedictionis, in gratiam, quod cotidie eum mille millenis virtutibus magnificat et glorificat altissimus, sicut factum esse iuxta Flandriam / ante biennium [2]

f. 40ʳ

audivimus ab his qui viderunt boni testimonii viri.

148   Erat enim ibi castellum magnum et altum, in quo tres iuvenes nimie presumptionis et elationis manebant; cum eis magna multitudo [1] latronum. Euntibus vero Traiectum in festivitate beati Servatii

---

[14] *voir au chap.* 63.

147   [1] *A:* cononici.
[2] *Koepke (p. 92) donne la note explicative:* id est anno 1086. *De quel droit?*

148   [1] *Koepke (p. 92), à tort ,donne* manus.

obstabant, impugnabant, ablatisque omnibus quę habebant, redire cogebant; nec longius hinc arrepti a diabolo, gravissima laborabant vesania. Videntes autem, qui in regione illa erant parentes eorum, timuerunt valde. Et assumentes eos duxerunt Traiectum. Ex quo autem loco viderunt opidum, nec movebantur nec moveri poterant. Reversi, cicius perierunt. Unde timor eius crevit in universa provincia illa. Ille autem bonus Ihesus, qui est via veritas et vita, aperuit viam et secure duxit; ducit adhuc et reducit, non solum ad propriam terram, verum etiam ad eternę patrię gloriam, omnes revera qui querunt et diligunt eum in veritate.

149   *Divina* autem *operatio*, karissimi, ut beatę memorię papa Gregorius [1] nos edocet, *si ratione humana comprehenditur, mirabilis non est; nec fides habet meritum, si ratio prebet experimentum.* Unde ait apostolus: *Nemo novit quę dei sunt nisi spiritus dei* [2]. – *Exsuperat*, inquit rursum, *omnem sensum* [3]. Quare melius convenit reticere quam de secretis celestibus impudenter agere [4].

---

149 [1] *S. Gregorii Magni Homiliae in Evangelia. lib. II, Homilia XXVI* (*Migne, Patr. Lat.*, tome *LXXVI, c. 1197*).

[2] *saint Paul*, 1 *Cor.* 2.11.

[3] *le même, Philipp.*, 4.7.

[4] *A: fait suite la* Translatio sancti Servatii. *Début: Eiusdem de translatione gloriosi magni SERVATII.* Revertamur iterum nunc, dilectissimi, ad ipsum . . . . . .

TABLE DES MANUSCRITS UTILISÉS ET CITÉS [1]

---

[1] Nous excluons les manuscrits (des *Gesta* surtout) que nous avons consultés, mais non pas cités.

[2] Parmi les manuscrits qu'il a collationnés pour son édition des *Miracula* de Jocundus, R. Koepke fait figurer trois manuscrits de la Bibliothèque Royale à Bruxelles, à savoir les mss. 4488, 8404–9 et 18087. Les signatures qu'il leur confère, il les a empruntées à G. Pertz (Archiv, VIII, 512). Or, des trois signatures, seule la deuxième (8404–9 = *Cat.*, VI, 4484) est exacte; les deux autres (4488 = *Cat.*, III, 1835; 18087 = *Cat.*, VIII, 5494) sont erronées et ne couvrent aucun texte relatif à saint Servais. Nous nous demandons, si Pertz et Koepke ont jamais vu les manuscrits envisagés; nous doutons même de la soi-disante collation faite par Koepke.

TABLE DES NOMS DE LIEUX ET DE PERSONNES

94